Learn 1100
English Words
with
Illustrations

石井辰哉【著】

カミムラ晋作【絵】

クロスメディア・ランゲージ

はじめに

　単語を覚えるのがつらいという方は多いようです。単語集を途中で挫折した経験は、学習者なら誰しも一度はあるのではないでしょうか。

　その原因の1つに、実感がないまま無理やり覚えようとしていることが挙げられます。英単語を文字のまま丸暗記しようとしても、単なる文字の詰め込みで終わってしまい、イメージも湧きません。そのため、覚えにくい上に忘れやすいのです。

　そこで本書は、収録した1100を超える見出し語のすべてにイラストをつけ、イメージを使って英語を学ぶ練習ができるようにしました。これにより、英語と日本語訳を結びつけるのではなく、イメージと英語を直接結びつけ、効率的に覚えることができます。

　また、絵を使って単語を覚えるということには、この他にも大きな利点があります。それは、イラストを見て英語を口に出す練習ができるということです。流暢に話せるようになるためには、自分の言いたいことを、日本語や文字を通さずに即英語として口に出すことが必要です。翻訳をしていてはうまく話せません。イラストを使えば、その練習を、より実践的に行うことができるのです。

　それだけではありません。無味乾燥な文字だけを見て英語にするより、絵を見て英語にしたほうが実際に話している感じがして、その分楽しさが増すはずです。これはちょうど、子ども向けの英語学習書と同じです。子ども向けの教材には必ず絵がついていますね。そして、子どもたちは楽しそうに単語を覚えます。これは子どもだけではなく、大人でも同じなのです。それを、大人が日常使うような単語でできないかと考え、執筆したのが本書です。

　絵を見て英語に直す練習をするとき、きっと、これまで使ったことのないような脳の回路を使っているような気がすると思います。そして、それが思った以上に楽しいことにも気がつかれるでしょう。これまで、単語集を最後までやりきれなかった方も、ぜひ最後まで楽しんで取り組んでいただければと思います。

なお本書は、中級の方を対象に、身の回りにあるもの、実際の生活で目にしそうなものを片っ端から英語で言えるようになることを目指しています。これらは日常会話でよく出て来るだけでなく、「これさえ言えれば相手に理解してもらいやすい」ものです。たとえ、英語がうまく話せなくても、キーとなる単語を口に出せば、よりコミュニケーションがスムーズに行くようになったと実感していただけるはずです。

　著者として、1人の英語講師として、本書がみなさまのスピーキング力向上に少しでもお役に立てることをお祈りしております。

石井辰哉

CONTENTS

はじめに 2
本書の構成と使い方 6
練習のポイント 8
音声データの無料ダウンロード 10

Chapter 1 日常生活の動作

Section 1 日常生活の動作1 12
Section 2 日常生活の動作2 20
Section 3 日常生活の動作3 28
Section 4 日常生活の動作4 36
 Hints and Tips 44
 復習テスト 58
  COLUMN 単語暗記のコツ 62

Chapter 2 人々の暮らし

Section 1 住まい 64
Section 2 台所用品・設備 70
Section 3 家具・雑貨・家電 80
Section 4 工具・道具・DIY 86
Section 5 洗面・洗濯・衛生 93
Section 6 服飾・寝具・赤ちゃん 98
Section 7 文具 108
Section 8 通信・書類・印刷物 114
 Hints and Tips 125
 復習テスト 146
  COLUMN 感情移入 152

Chapter 3 街の風景

Section 1 催し物・集まり 154
Section 2 街の施設 160
Section 3 交通・車両 169
Section 4 遊び・スポーツ 179
 Hints and Tips 186
 復習テスト 197
  COLUMN スピーキングの練習方法 200

CONTENTS

Chapter 4 食物
Section 1 食品 202
Section 2 野菜・果物 210
  Hints and Tips 214
  復習テスト 221
    COLUMN ネタを作ってペラペラに 224

Chapter 5 さまざまな生き物
Section 1 植物 226
Section 2 動物 231
Section 3 鳥 238
Section 4 魚類・海洋生物 241
Section 5 昆虫・その他の生き物 246
  Hints and Tips 250
  復習テスト 262
    COLUMN 薬局と錬金術師 ～アメリカ英語とイギリス英語 265

Chapter 6 地理・気象
Section 1 地形・地理 268
Section 2 気象・自然災害・天文 272
Section 3 十二宮の星座 279
  Hints and Tips 281
  復習テスト 284

Chapter 7 健康・医療
Section 1 体の状態・症状 288
Section 2 医療器具 297
Section 3 体の部位 304
  Hints and Tips 310
  復習テスト 316
    COLUMN 言いたいことは言えるように言う 319

INDEX 320

本書の構成と使い方

本書は分野別にChapter 1～7に分かれており、各Chapterの構成は次の通りです。

見出し語

本書のメインパートです。

1 イラスト
覚える助けとするだけでなく、イラストを見て瞬時に答えられるようにしましょう。

2 見出し語
覚えるべき語句です。何度も口頭練習してください。

3 発音記号
見出し語の発音記号を掲載しています。

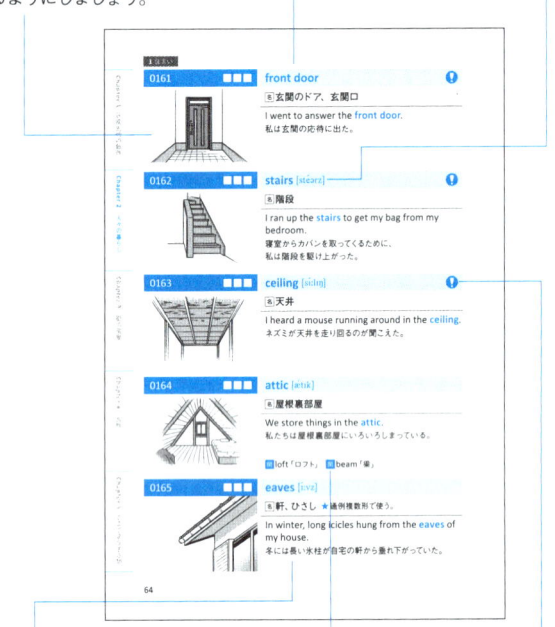

4 例文
そのまま使える例文やフレーズを掲載しています。ぜひ覚えて使ってみてください。

5 類語など
類語や別の言い方、あるいは関連表現を掲載しています。

6 Hints and Tips
❶がついている語は、Hints and Tipsのページに解説があります。

※本書の見出し語のうち、2語以上の語句については、発音記号をつけていないことがあります。また見出し語の語句のうち一部の語にのみ発音記号をつけている場合は、それにあたる見出し語に下線を引いています。

Hints and Tips

より深く理解するための細かな情報、関連語句、またはちょっとした小ネタのページです。❗のマークがついたものが対象です。読みもののつもりで気軽に読んでください。

復習テスト

その Chapter で学んだ語句をまとめてテストします。対応するセクションから抜き出したイラストがランダムに並んでいますので、英語で答えてください。

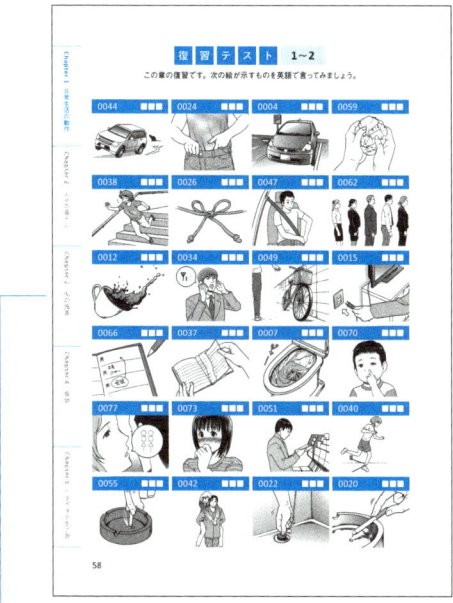

段取り

- 1つあたり1〜1.5秒程度で制限時間を計算します。24問ありますので、24秒〜36秒です。
- タイマーで時間を測り、制限時間内に言えれば合格です。
- 答えのページを見ながら、単語を読み上げてみて、それにかかった時間と同程度のスピードで、絵を見て答えられることを目指してください。

練習のポイント

① 好きなChapterからやってみる

一言で日常会話と言っても、普段どのような会話をしているかは人それぞれです。年齢や職業、趣味や生活の違いにより、話すトピックも大きく異なります。例えば、小さなお子さんを持つ方なら、「おむつ」など育児に関する語や、子どもが好きそうな動物や生き物の名前を覚えておくと便利です。ガーデニングに興味のある方は、花の名前や「じょうろ」といった道具の名前が覚えやすいでしょう。まずは、パラパラと本書をめくって、「あ、これ英語で言ってみたい」と思う語が含まれたChapterから始めてください。

② 常にイラストを見て英語を口に出す

英語や単語訳も見て暗記するのですが、常にイラストを見ながら英語を口に出すことを忘れないでください。単語訳をそのまま英語に変換することのないように。できるだけ文字を通さずにイメージと英語を直結させることが大切です。また、単に暗唱するというよりも、イラストを見て自分で英語で描写しているフリをしてください。このイメージトレーニングがスピーキングで使えるかどうかに大きく影響します。

③ 敏捷性に気をつける

実際の会話で重要なのはスピードです。ちょっと思い出せないからといって何秒も黙っているわけにはいきませんし、いちいち別の語に置き換えるのも大変です。そこで、「見た瞬間に英語が出る」ことを目標にしましょう。
復習テストでもタイマーで時間を測ってください。1つ1～1.5秒で暗唱できるように。

④ 使ってみる

もし英語を話す機会があるなら、実際に使ってみることをおすすめします。少々覚えられない語でも、使ってみることによって印象が強まり、記憶に残りやすくなります。そして、口に出した数だけ、自分のものになっていくのです。

■表記について

本書で使用している略号は次の通りです。

類 類義語、同義語
英 イギリス英語
関 関連表現

英米で異なる語句を使う場合は、アメリカ英語を見出し語として収録しています。なお、熟語やイディオムについては、代名詞が必要なところは、oneやone'sにせず、一律myやmeの一人称で統一しています。また、冠詞や単数・複数についても、適宜変更してください。

上記のroll up my sleeveの例では、myをhisやyourにしたり、sleeveは両袖をまくるならsleevesにするなど、状況に合わせて使ってください。

※本書の英文はネイティブスピーカーが作成し、別のネイティブスピーカーにチェックを受けています。また、イラストも英米双方のネイティブに確認を取っています。

購入者特典 音声データの無料ダウンロード

本書『イラストだから覚えられる 会話で必ず使う英単語1100』をご購入いただいた方への特典として、本書に対応した音声ファイル（MP3ファイル）を下記URLから無料でダウンロードすることができます。

https://www.cm-language.co.jp/books/illustratedvocabulary/

本書で紹介している英単語と和訳、そして例文（英語）が収録されています。聞き取りやすいスピードでの、アメリカ英語のナレーションです。

お好みでお使いいただけるよう、次の3種類の音声が入ったフォルダをご用意いたしました。

---

1 英単語→単語の和訳→例文
（英語の次に日本語。電車の中など、本がない状況でも使える）

2 単語の和訳→英単語→例文
（日本語の次に英語。電車の中など、本がない状況でも使える）

3 英単語→例文
（日本語なし。本の絵を見ながら使う）

英単語→和訳の順に聞きたい場合は1、和訳→英単語の順に聞きたい場合は2、和訳なしで聞きたい場合は3をお選びください。本の掲載順に読まれているのは1です。

音声ファイル名の数字は、本書の英単語の番号（1〜1106）に対応しています。

ダウンロードした音声ファイル（MP3）は、iTunes等のMP3再生ソフトやハードウエアに取り込んでご利用ください。ファイルのご利用方法や、取込方法や再生方法については、出版社、著者、販売会社、書店ではお答えできかねますので、各種ソフトウエアや製品に付属するマニュアル等をご確認ください。

音声ファイル（MP3）は、『イラストだから覚えられる 会話で必ず使う英単語1100』の理解を深めるために用意したものです。それ以外の目的でのご利用は一切できませんのでご了承ください。

[Chapter 1]

日常生活の動作

なかなか英語にしにくい日常の動作を集めました。

Section 1	日常生活の動作 1
Section 2	日常生活の動作 2
Section 3	日常生活の動作 3
Section 4	日常生活の動作 4

1 日常生活の動作1

0001 hang out the laundry
洗濯物を外に干す

It was a very sunny day, so I **hung out the laundry** in the garden.
とても晴れていたので、庭で洗濯物を干した。

関 do the laundry「洗濯する」

0002 stir the coffee [stə́:r]
コーヒーをかき混ぜる

I put some sugar in my coffee and **stirred it**.
私はコーヒーに砂糖を入れてかき混ぜた。

★stirの発音注意。「スティア」ではなく「スター」に近い。

0003 hang up (the phone)
電話を切る

Mary got angry and **hung up the phone**.
Maryは怒って電話を切った。

関 answer the phone「電話に出る」

0004 park a car
車を止める

park the car in the supermarket parking lot
スーパーの駐車場に車を止める

0005 take out the garbage
ゴミを出す

take out the garbage on collection day
収集日にゴミを出す

関 combustible garbage [kəmbʌ́stəbl]「燃えるゴミ」

12

0006 go flat

炭酸が抜ける

The soda has **gone flat** and tastes like sweetened water.
そのソーダは炭酸が抜けて砂糖水の味がする。

0007 flush the toilet

トイレを流す

My 5-year-old son sometimes forgets to **flush the toilet**.
5歳の息子は時々トイレを流すのを忘れる。

0008 go off

（目覚ましや警報が）鳴る

My alarm clock **went off** at 3 A.M. this morning.
私の目覚ましが今朝3時に鳴った。

0009 gargle

うがいする

You should wash your hands and **gargle** after coming home.
帰宅したら手洗いとうがいをしたほうがいい。

関 rinse my mouth out「口をゆすぐ」

0010 tap an egg on the table

テーブルで卵を叩く

I **tapped an egg on the table** to break it.
卵を割るためにテーブルで叩いた。

★tap「コンコンと軽く叩く、打ちつける」

0011 peel an apple

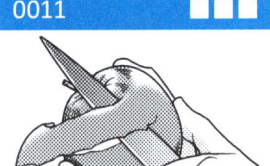

リンゴの皮をむく

peel an apple and cut it into six pieces
リンゴの皮をむいて6つに切る

★peelは名詞で「(果物の)皮」の意味もある。

0012 spill coffee

コーヒーをこぼす

I **spilled my coffee** on the table.
私はコーヒーをテーブルにこぼした。

★spillの活用はspill - spilled/spilt - spilled/spilt

0013 pour some water into the glass

水をグラスに注ぐ

The waiter **poured some water into my glass**.
ウエイターが私のグラスに水を入れた。

★pourは「〜を注ぐ」の意味。

0014 plant seeds

種を植える 類 sow seeds [sóu]

I **planted** vegetable **seeds** in the garden.
私は庭に野菜の種を植えた。

0015 plug in the TV

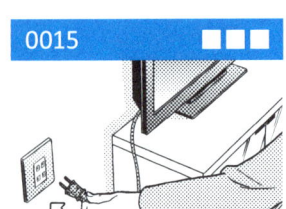

コンセントにTVのプラグを差し込む

I **plugged in the** new **TV** and turned it on.
私は新しいTVをコンセントに繋いで電源を入れた。

0016 ■■■ take apart the bookcase

本棚を分解する

I **took apart the bookcase** to put it in the car.
私は、車に積み込むために、本棚を分解した。

関 dismantle the stage「ステージを解体する」

0017 ■■■ put together the desk

机を組み立てる 類 assemble

I **put together the desk** after it was delivered in pieces.
私はバラバラで配達された机を組み立てた。

0018 ■■■ flicker [flíkər]

(電球などが)チカチカする

The light bulb was **flickering**, so I replaced it.
電球がチカチカしていたので、取り替えた。

関 go off「(ライトなどが)消える」

0019 ■■■ wring out the towel [ríŋ] ❗

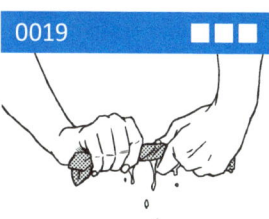

タオルを絞る

wring the towel out and hang it on the rack
タオルを絞ってタオルかけにかける

0020 ■■■ flick my cigarette ash ❗

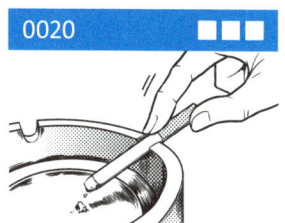

タバコの灰を指で弾いて落とす

I **flicked my cigarette ash** into the ashtray.
私はタバコの灰を指で弾いて灰皿に落とした。

1 日常生活の動作1
2 日常生活の動作2
3 日常生活の動作3
4 日常生活の動作4

0021

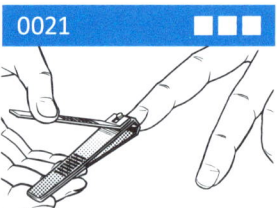

clip my nails
爪を切る

Clip your fingernails before your piano lesson.
ピアノのレッスンの前に指の爪を切りなさい。

★clip は「〜を切り揃える」の意味。

0022

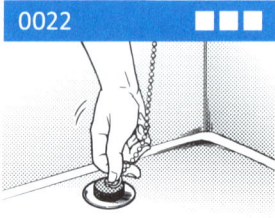

plug the drain in the bathtub
風呂の栓をする

plug the drain in the bathtub and run the water
風呂の栓を閉めて水を出す

★drain「排水口、排水管」

0023

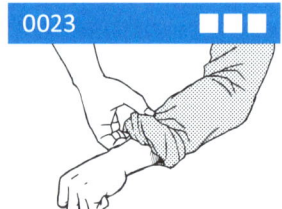

roll up my sleeve
袖をまくる

I **rolled up my sleeve** to take my blood pressure.
血圧を測るために袖をまくった。

★両方の袖ならsleeves。

0024

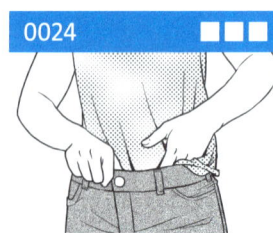

tuck my shirt in
シャツを中に入れる

I **tucked my shirt in** before I entered the room.
私はその部屋に入る前にシャツを中に入れた。

★tuck「(衣類などの端)をたくし込む、押し込む」

0025

come off
(ボタンやラベルなどが) 取れる、はがれる

A button **came off**, so I sewed it back on.
ボタンが取れたので、私は元通りに縫いつけた。

16

0026 ■■■ tie a bow [bóu]

蝶結びをする

It's difficult to **tie a** perfect **bow**.
完璧な蝶結びをするのは難しい。

★bowは「蝶結び」の意味。

0027 ■■■ roll over

寝返りをうつ

I **rolled over** on the edge of the bed and fell off.
私はベッドの端っこで寝返りをうって落ちた。

関 toss and turn「(寝られずに何度も)寝返りする」

0028 ■■■ button up my shirt ❗

シャツのボタンをはめる

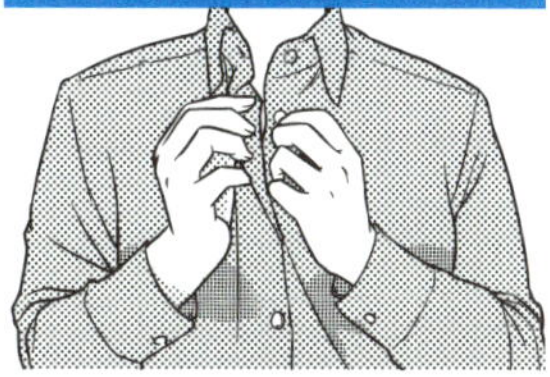

My little brother can't **button up his shirt** yet.
幼い弟はまだシャツのボタンをかけられない。

0029 ■■■ wear a T-shirt inside out ❗

Tシャツを裏返しに着る

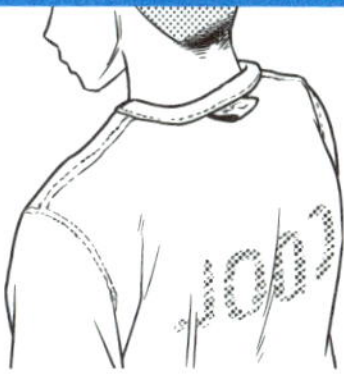

My son was **wearing his T-shirt inside out**, and I could see the label.
息子がTシャツを裏返しに着ていたので、ラベルが見えた。

0030 ■■■ wear a T-shirt back to front

Tシャツを後ろ前に着る

I noticed I was **wearing my T-shirt back to front**.
私はTシャツを後ろ前に着ていることに気がついた。

★back to frontの代わりにbackwardでもよい。

17

0031 loosen my tie

ネクタイを緩める

I **loosened my tie** and sat down on the sofa.
私はネクタイを緩めてソファーに座った。

★loosenの反意語はtighten「締めつける」。

0032 untangle the cord

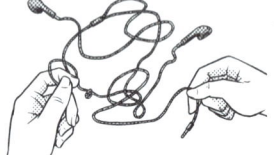

（もつれた）コードをほどく

It took me a few minutes to **untangle the phone cord**.
電話コードのもつれをほどくのに数分かかった。

0033 undo my shoelaces

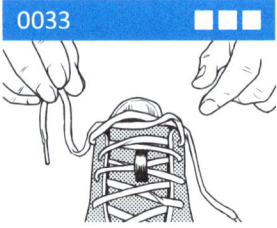

靴紐をほどく

I **undid my shoelaces** and pulled off my shoes.
私は靴紐をほどいて靴を脱いだ。

★undoの代わりにuntie「ほどく」でもよい。

0034 have bad reception

受信状態が悪い

My mobile phone **has bad reception** around here.
この辺りでは私の携帯の受信状態が悪い。

★receptionは「（テレビなどの）受信状態」。

0035 flip through a magazine

雑誌をパラパラとめくる

flip through a magazine while waiting in the waiting room
待合室で待つ間に雑誌をパラパラめくる

0036

put a calendar on the wall

カレンダーを壁に貼る

I **put the** new year's **calendar on the wall**.
私は新年のカレンダーを壁に貼った。

関 put up「掲示する、貼る」

0037

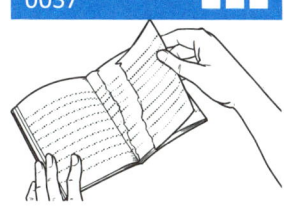

rip out a page

ページを破り取る

Tom **ripped out a page** from his notebook and gave it to me.
Tom はノートから1枚破り取って私に渡した。

★rip は「破る」の意味。

0038

miss a step on the stairs

階段で1段踏み外す

I **missed a step on the stairs** and fell down.
私は階段で1段踏み外して転倒した。

関 stumble「つまずく」

0039

run up the stairs two steps at a time

1段飛ばして階段を駆け上がる

In a hurry, I **ran up the stairs two steps at a time**.
急いでいたので、私は1段飛ばして階段を駆け上がった。

0040

trip over the cord

コードにつまずく

I **tripped over the** vacuum cleaner **cord**.
私は掃除機のコードにつまずいた。

★trip over は「〜につまずく」の意味。

2 日常生活の動作2

0041 hold onto a strap

つり革につかまる

hold onto a strap while standing on the busy train
混んでいる電車で立ってつり革につかまる

★strap「つり革」。grab handleとも言う。

0042 give me a piggyback

私をおんぶする

My mother often **gave me a piggyback** when I was little.
小さかった頃、母はよく私をおんぶしてくれた。

0043 run into a bus

バスに衝突する collide with a bus

The car **ran into a bus** at the intersection.
交差点で車がバスに突っ込んだ。

 head-on collision「正面衝突」

0044 swerve [swə́ːrv]

（何かを避けるために）急に曲がる

The car **swerved** and missed me by 5 cm.
車が私をよけて、あと5センチのところでぶつからずに済んだ。

0045 pull over

（車が）道路脇に止まる、（車）を道路脇に止める

I **pulled over** my car to take the call on my cell phone.
携帯電話にかかってきた電話を取るために私は車を道路脇に止めた。

20

0046 back up

バックする

I **backed up** to park my car in my parking space.
自分の駐車スペースに止めるためにバックした。

0047 put on my seat belt

シートベルトを締める

The little girl told her dad to **put on his seat belt**.
その幼い女の子は父親にシートベルトをするように言った。

0048 snap my fingers

指を鳴らす

I **snapped my fingers** to call a waiter over.
私はウエイターを呼ぶために指を鳴らした。

★ call ~ over「~を呼び寄せる」

0049 prop up the bike against the wall

自転車を壁に立てかける

I **propped up the bike against the wall** of the shop and went in.
私は店の壁に自転車を立てかけて中に入った。

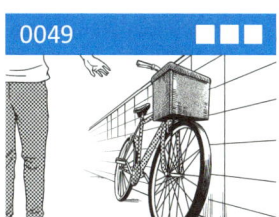

0050 doze off

居眠りする　類 drop off, nod off

I **dozed off** while watching TV.
テレビを見ている間に居眠りしてしまった。

21

0051 browse a magazine

雑誌を立ち読みする

browse a magazine at a bookstore to kill time
暇つぶしに書店で雑誌を立ち読みする

0052 walk my dog

犬を散歩させる

I always **walk my dog** before going to work.
仕事に行く前にいつも犬の散歩に行く。

★take my dog for a walk でもよい。

0053 bark [bάːrk]

吠える

The neighbor's dog **barks** all night, and I can't sleep.
隣の犬が夜通し吠えて、うるさくて寝られない。

0054 wag its tail

(犬が) しっぽを振る

My dog **wagged her tail** happily when she saw me.
飼い犬が私を見て嬉しそうにしっぽを振った。

0055 put out a cigarette

タバコを消す

Put out that cigarette. This is a no-smoking area.
タバコを消してください。ここは禁煙ですよ。

★put out は「(火など)を消す」の意味。

0056 oversleep

寝坊する

I **overslept** because the alarm didn't go off.
目覚ましが鳴らなかったので寝坊した。

0057 have an argument

言い争いをする

I **had an argument** with my colleague about the meeting.
私は会議のことで同僚と言い争いをした。

0058 smudge [smʌdʒ]

(乾いていないインクを触って) 汚す

The ink was still wet, and I accidentally **smudged** it.
インクはまだ乾いておらず、誤って汚してしまった。

0059 crumple the letter [krʌmpl]

手紙をくしゃくしゃにする

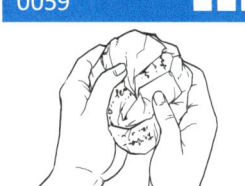

I **crumpled the letter** and threw it in the wastebasket.
手紙をクシャクシャにしてゴミ箱に投げ捨てた。

★crumpleは「(紙など)をくしゃくしゃにする」

0060 get a flat tire

パンクする

I **got a flat tire** on my way to work.
仕事に行く途中でパンクした。

★tireは省略可能。

0061 ■■■ bully a little boy [búli]

小さな男の子をいじめる

The older kids **bullied the little boy** when the teachers weren't looking.
先生が見ていないときに、年長の子どもたちがその小さな男の子をいじめた。

0062 ■■■ stand in line

列に並ぶ

I **stood in line** waiting for the store to open.
私は列に並んで店が開くのを待った。

関 get in line「列に入る」

0063 ■■■ cut in line

列に割り込む

The older kid who **cut in line** was sent to the back by a teacher.
年長の子どもが列に割り込んで、先生に後ろに行かされた。

0064 ■■■ get jammed

（可動部分が）動かなくなる、（紙などが）詰まる

The old printer **got jammed** too often, so I bought a new one.
古いプリンターがあまりにも詰まるので、新しいものを買った。

0065 ■■■ stretch on my tiptoes

背伸びする

I **stretched on my tiptoes** to reach the top shelf.
私は一番上の棚に届くように背伸びした。

24

0066 | bring forward a meeting

会議を前倒しして行う

We **brought forward the** general **meeting** to Monday so that everyone could attend.
全員が出席できるように、総会を月曜日に前倒しした。

0067 | frown [fráun]

顔をしかめる、眉をひそめる

My mother **frowned** when she heard the news.
母はその知らせを聞いて眉をひそめた。

0068 | bow [báu]

お辞儀する

Mr. Tanaka **bowed** to the client.
Mr. Tanakaはクライアントにお辞儀をした。

関 bow out「退職する、辞める」

0069 | shrug my shoulders

肩をすくめる

I just **shrugged my shoulders** and said nothing.
私はただ肩をすくめて何も言わなかった。

0070 | pick my nose

鼻をほじる

I got a nosebleed after I kept **picking my nose**.
鼻をほじり続けたら、鼻血が出てしまった。

関 pick my teeth「歯をせせる」

0071 ■■■ rub my eye

目をこする

The child woke up and **rubbed her eyes**.
その子どもは目を覚まして、目をこすった。

0072 ■■■ sit cross-legged

あぐらをかいて座る

The boys **sat cross-legged** on the floor.
少年たちは床にあぐらをかいて座った。

関 sit on my knees「ひざまずいて座る」

0073 ■■■ blush [blʌʃ]

赤面する

Karen **blushed** when she called me Dad by mistake.
Karenは間違えて私を「お父さん」と呼び、赤面した。

★brush「ブラシ」との混同注意。

0074 ■■■ fold my arms

腕を組む

My mother **folded her arms** and looked at me angrily.
母は腕を組んで怒って私を見た。

0075 ■■■ lie on my back

仰向けに寝る

I **lay on my back** watching the stars.
私は仰向けに寝転がって星を見た。

関 lie on my stomach「うつ伏せに寝る」

0076

sigh [sáɪ]

ため息をつく

I sighed with relief after finishing the task.
作業を終わらせて私は安堵のため息をついた。

★名詞としても使える。
関 breathe in/out「息を吸う/吐く」

0077

whisper in my ear

耳元にささやく

Sue whispered the answer to the question in my ear.
Sueはその問題の答えを私の耳にささやいた。

0078

pinch my cheek

頬をつねる

My 2-year-old daughter pinched my cheek.
2歳になる娘が私の頬をつねった。

0079

fidget [fídʒət]

（退屈や緊張で）そわそわする

The little boy started to fidget because he wanted to go to the toilet.
幼い男の子はトイレに行きたくなってそわそわしだした。

0080

cross my legs

足を組む

I sat down and crossed my legs.
私は座って足を組んだ。

3 日常生活の動作3

0081 ■■■ dig a hole

穴を掘る

I **dug a hole** in the garden to plant the tree in.
私は庭に木を植えるための穴を掘った。

★ digの活用は dig - dug - dug
関 bury「埋める」

0082 ■■■ stay behind

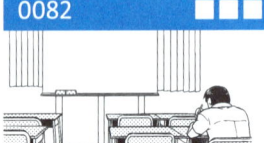

後に残る、居残る

I **stayed behind** to finish a task after everyone left.
みんなが帰った後も仕事を終わらせるために居残った。

0083 ■■■ blow out the candles

ろうそくを吹き消す

blow out the candles on the cake
ケーキのろうそくを吹き消す

0084 ■■■ do the ironing

アイロンがけをする

I usually **do the ironing** while watching TV.
私はたいていテレビを見ながらアイロンがけをする。

関 scorch my shirt「シャツを焦がす」

0085 ■■■ vacuum the carpet

カーペットに掃除機をかける

vacuum the carpet before the guests arrive
訪問客が到着する前にカーペットに掃除機をかける

28

0086

scour a frying pan [skáuər]

フライパンを磨く

scour the old **frying pan** with a wire brush
ワイヤーブラシで古いフライパンを磨く

関 scouring pad「研磨パッド、たわし」

0087

sweep

掃く

I **swept** the porch because there were so many fallen leaves.
落ち葉がたくさんあったので、玄関先を掃いた。

★sweepの活用は sweep - swept - swept

0088

get a perm

パーマをかける

I didn't like my straight hair so I **got a perm**.
私は自分のストレートの髪が好きではなかったので、パーマをかけた。

0089

scold a child [skóuld]

子どもを叱る

The girl was **scolded** for coming home late.
少女は遅く家に帰ってきたので叱られた。

0090

praise [préɪz]

褒める

The teacher **praised** Tom for getting good test scores.
Tomが試験で良い点数を取ったのを先生が褒めた。

関 flatter「お世辞を言う」 関 complain「不満を言う」

0091

look up a word in the dictionary
辞書で単語を調べる

I **looked up** several **words in the dictionary**.
私は辞書で幾つかの単語を調べた。

関 definition「定義」 関 entry word「見出し語」

0092

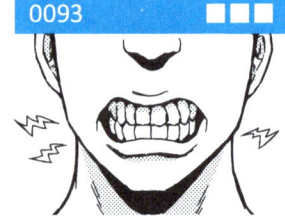

get out of the car
車から降りる

I **got out of the car** to open the garage door.
私はガレージの扉を開けるために車から出た。

関 get in the car「車に入る」

0093

grind my teeth
歯ぎしりする

I didn't know I **grind my teeth** while sleeping until my wife told me.
私が寝ているときに歯ぎしりしていることを、妻が教えてくれるまで知らなかった。

0094

blow my nose
鼻をかむ

I took out a tissue to **blow my nose**.
私はティッシュを取り出し、鼻をかんだ。

0095

get out of breath
息が切れる

I **got out of breath** just running for the bus.
バスに間に合うよう走っただけで息が切れた。

関 be out of breath「息が切れている状態である」

30

0096 go on a vacation

休暇に出かける

We **went on a vacation** to Tahiti.
私たちは休暇旅行でタヒチに行った。

0097 shiver [ʃívər]

震える

I got wet in the rain and was **shivering**.
私は雨に濡れて震えていた。

0098 spread butter

バターを塗る

I **spread** some **butter** on the toast and put some bacon on it.
私はトーストにバターを塗ってベーコンを乗せた。

0099 skip a class

授業をサボる

I **skipped the** afternoon **classes** and went to the game arcade.
私は午後の授業をサボってゲームセンターに行った。

0100 snore [snɔ́ːr]

いびきをかく

My husband **snored** so loudly I couldn't sleep.
夫のいびきがうるさすぎて寝られなかった。

0101 sniff [sníf]

鼻をすする、クンクン匂いをかぐ

In some countries, it's less impolite to blow one's nose than to **sniff**.
国によっては、鼻をすするより鼻をかんだほうが失礼ではないことがある。

0102 scratch my head

頭を掻く

I couldn't answer the question, and all I could do was **scratch my head**.
質問に答えられず、頭を掻くことしかできなかった。

0103 duck [dʌ́k]

(かわすために)かがむ、頭を下げる

I **ducked** and the ball flew right over my head.
私がかわすと、ボールは頭のすぐ上を飛んで行った。

0104 wave at me

私に手を振る

My friend **waved at me** from across the street.
友人が通りの向こう側から私に手を振った。

0105 swallow [swάlou]

(ゴクリと)飲み込む

I **swallowed** the big pill with some water.
大きな錠剤を水で飲み込んだ。

32

0106

whistle [hwísl]

口笛を吹く

I **whistled**, and Shep, my dog, came running.
私が口笛を吹くと、飼い犬のShepが走ってきた。

★tは発音しない。

0107

eavesdrop [íːvzdrɑp]

盗み聞きする 類 listen in on

I put my ear against the door to **eavesdrop** on the conversation.
私は会話を盗み聞くためにドアに耳を押し当てた。

0108

drink a toast

乾杯する

Let's **drink a toast** to the success of our project.
プロジェクトの成功に乾杯しましょう。

0109

pick me up

（車などで）私を拾う、迎えに行く

My wife **picked me up** at the airport.
妻が空港まで車で迎えに来てくれた。

0110

pout [páut]

唇を尖らせる

The little girl **pouted**.
幼い女の子が唇を尖らせた。

★発音注意。[páut]は「パウト」に近い。

1 日常生活の動作1
2 日常生活の動作2
3 日常生活の動作3
4 日常生活の動作4

0111　step on my foot

私の足を踏む

Someone **stepped on my foot** on the bus.
バスで誰かが私の足を踏んだ。

関 step on the brakes「ブレーキを踏む」

0112　pat me on the shoulder

私の肩をポンと叩く

Ken **patted me on the shoulder** and said, "Cheer up!"
Kenは私の肩を叩いて、「元気出して」と言った。

0113　slap my face

私に平手打ちをする

She **slapped my face** and left the room.
彼女は私に平手打ちをして部屋を出て行った。

類 slap me across the face
★ slapは「ピシャリと叩く」の意味。

0114　call in sick

病欠の連絡をする

I had a high fever, so I **called in sick**.
高い熱があって、私は病気で休むと連絡した。

関 be off sick「病欠である」

0115　learn by rote

丸暗記をする

The children **learned** their times tables **by rote**.
子どもたちは九九を丸暗記した。

関 cram「詰め込み勉強をする」

0116
clean up my room
部屋を片づける 類 straighten up 英 tidy up

I **cleaned up my room** before James came.
James が来る前に自分の部屋を片づけた。

0117
put away the dishes
皿を片づける、しまう

I **put away the dishes** after washing and drying them.
皿を洗って乾かした後、私はそれらを片づけた。

0118
throw away old clothes
古い服を捨てる

I **threw away** some **old clothes** because I didn't have enough space in the closet.
クローゼットがいっぱいで、私は古い服を捨てた。

0119
hang my coat on a hanger
ハンガーにコートをかける

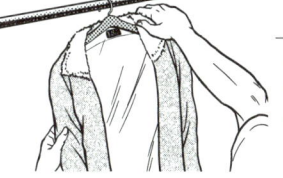

Cathy **hung my coat on a hanger** and told me to make myself at home.
Cathy はハンガーに私のコートをかけて、楽にするように言った。

0120
housebreak my dog
犬にトイレのしつけをする 英 housetrain

It was easy to **housebreak my dog** because he is smart.
私の犬は賢いので、トイレのしつけをするのは簡単だった。

4 日常生活の動作4

0121 fill in the form
用紙に記入する 類 fill out

I **filled in the form** and gave it to the hotel clerk.
私は用紙に記入してホテルのフロント係に渡した。

0122 bang my little toe against the chair ❗
足の小指をいすにぶつける

I **banged my little toe against the chair** on my way out.
私は部屋を出るときに足の小指をいすにぶつけた。

★bangは「〜をぶつける、叩く」の意味。

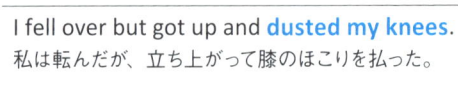

0123 dust my knee ❗
膝のほこりを払う

I fell over but got up and **dusted my knees**.
私は転んだが、立ち上がって膝のほこりを払った。

★両膝を指すならkneesにする。

0124 be put on hold
（電話で）保留にされる

I **was put on hold** for 10 minutes before the line was connected to customer services.
カスタマーサービスに繋がるまで10分保留にされた。

0125 hand in
提出する 類 submit

I **handed in** the report to the manager.
私はレポートを部長に提出した。

0126 write down the address

住所を書き留める

I **wrote down** my friend's new **address** in my address book.
私は友人の新住所をアドレス帳に書き留めた。

0127 fold the letter in four

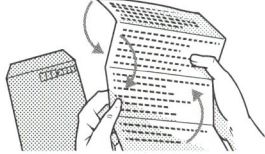

手紙を四つ折りにする

I **folded the letter in four** and put it in the envelope.
私は手紙を四つ折りにして封筒に入れた。

0128 crawl on my hands and knees

両手をついて這う

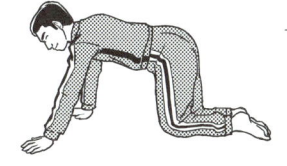

I **crawled** around **on my hands and knees** with my son on my back.
私は息子を背中に乗せて両手をついて這いまわった。

0129 spit out the seeds

種を吐き出す

I took a big bite from a slice of watermelon and **spat out the seeds** on the plate.
私はスイカにかぶりついて、皿に種を吐き出した。

★ spit の活用は spit - spat - spat

0130 look for the key

鍵を探す

I **looked for** my car **keys**, but I couldn't find them.
車の鍵を探したが、見つからなかった。

0131 knock over the chair
椅子を倒す

I accidentally **knocked over the chair** on my way out.
私は部屋から出るとき、誤っていすを倒してしまった。

0132 fall over
倒れる

The carton **fell over**, spilling milk on the table.
牛乳のパックが倒れて、牛乳がテーブルにこぼれた。

0133 put the book back
本を元に戻す

I **put the book back** on the shelf.
私はその本を棚に戻した。

★ put ～ back「～を元の位置に戻す」

0134 dry my hands with a towel
タオルで手を拭く

I washed my hands and **dried them with a towel**.
私は手を洗って、タオルで拭いた。

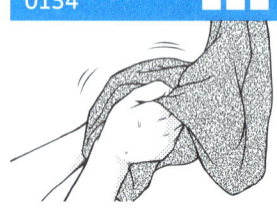

0135 run an errand
お使いする

The boy **ran some errands** for his mother.
少年は母親のためにいくつかのお使いをした。

★ run の代わりに do でもよい。

0136 take up

(物が)(場所を)取る、占める

My bed **takes up** more than half of my room.
私のベッドは部屋の半分以上を占める。

0137 split the bill

割り勘にする

The students living in the house **split** all **the** utility **bills**.
その家に住む学生たちはすべての光熱費を割り勘にしている。

0138 be running low on battery

電池が残り少なくなっている

My mobile phone **is running low on battery**.
私の携帯電話の電池がなくなってきた。

0139 put up a tent

テントを立てる 類 pitch a tent

My kids **put up a tent** in the garden to practice camping.
私の子どもたちはキャンプの練習のため庭にテントを立てた。

0140 crouch down

しゃがむ

I **crouched down** and stroked my dog's back.
私はしゃがんで飼い犬の背中を撫でてやった。

0141 overtake a truck

トラックを追い越す 類 pass

I **overtook the** slow **truck** going up the hill.
私は丘を登っている遅いトラックを追い越した。

0142 hum a tune [hʌ́m]

鼻歌を歌う

My husband always **hums a tune** while cooking.
夫は料理中いつも鼻歌を歌う。

0143 play dead

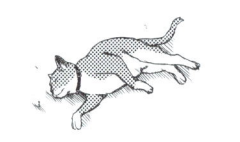

死んだふりをする

Some animals **play dead** when in danger.
動物の中には危ない目に遭うと死んだふりをするものがいる。

関 play possum「死んだふり・寝たふりをする」

0144 miss a train

電車に乗り遅れる

I **missed the** last **train** home, so I took a taxi.
家に帰る最終電車に乗り遅れたので、タクシーを拾った。

関 catch a train「電車に乗る」

0145 be drowning

溺れかかっている

A boy **was drowning** in the pond when I passed by.
私が通りかかったとき、少年が池で溺れかけていた。

★drownの発音は[dráun]。

0146 squeeze the toothpaste [skwíːz]

歯磨き粉を絞り出す

Squeeze the toothpaste from the bottom of the tube.
歯磨き粉はチューブの下から絞り出しなさい。

0147 burn the fish

魚を焦がす

I completely **burnt the fish**, so I couldn't eat it.
私は魚を完全に焦がしてしまったので、食べることができなかった。

0148 erase the chart

図を消す

I **erased the chart** on the whiteboard at the end of the meeting.
会議の後、私はホワイトボードの図を消した。

0149 clap my hands

手を叩く

The children **clapped their hands** in time to the music.
子どもたちは音楽に合わせて手を叩いた。

0150 do my hair

整髪する

I **did my hair** carefully before I left for an important meeting.
私は重要な会議に出かける前に念入りに髪を整えた。

0151 get a ticket

交通違反切符を切られる

I **got a ticket** because I didn't stop at a stop sign.
一旦停止の標識で止まらなかったので、切符を切られた。

0152 get towed [tóud]

（車が）レッカー移動される

My car **got towed** because I parked it in a no-parking zone.
駐車禁止区域に駐車したので、私の車がレッカー移動された。

0153 make a copy

コピーを取る

I **made a copy** of the report for each of the staff.
スタッフそれぞれのために報告書をコピーした。

関 copier「コピー機」

0154 skid [skíd]

（車が）スリップする

The car **skidded** on the wet road.
車が濡れた道路でスリップした。

★通例車の場合は slip よりも skid を使う。

0155 be caught in a traffic jam

交通渋滞につかまる

I **was caught in a traffic jam** and was late for work.
交通渋滞につかまって仕事に遅れた。

0156 recline my seat

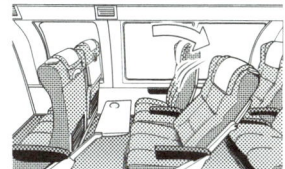

座席の背を倒す

I asked the passenger behind me if I could **recline my seat** a bit.
後ろの乗客に少し座席を倒してよいか尋ねた。

0157 put my seat up

倒した座席を元に戻す

I **put my seat up** before getting out of the car.
私は車から降りる前に、倒した座席を元に戻した。

0158 share a table with another customer

他の客と相席する

The restaurant was full, and we were asked to **share a table with another customer**.
レストランは満員で、私たちは他の客と相席するように求められた。

0159 avert my eyes

目をそらす

I **averted my eyes** from the scene of the accident.
私は事故現場から目をそらした。

0160 thread a needle

針の穴に糸を通す

My wife is very good at **threading a needle**.
妻は針に糸を通すのがとてもうまい。

関 the eye of a needle「針の穴」

Hints and Tips ❗

0001 **hang out the laundry**「洗濯物を外に干す」
★hang の活用は hang-hung-hung。
★laundry は「洗濯物」の意味で、洗うべき衣類と、洗った後の衣類の両方を指しうる。
take the laundry to the laundromat
「コインランドリーに洗濯物を持って行く」
take in the laundry「洗濯物をとりこむ」

★「すすぐ」「脱水する」はそれぞれ、rinse と spin を使う。
rinse the laundry「洗濯物をすすぐ」
spin the laundry「洗濯物を脱水する」

0002 **stir the coffee**「コーヒーをかき混ぜる」
★かき混ぜるための棒を日本語では「マドラー」と言うが、英語では stir の -er 形 stirrer を使う。muddler はカクテルを作る際に果物をつぶすためのすりこぎのような道具を指し、別物。
★stir の発音はカタカナで書くと「スター」に近いが、star とは異なる。あまり口を開けずに発音すると [əːr] の音に近くなる。
関 stirrer「(コーヒーなどをかき混ぜる)棒」

0003 **hang up (the phone)**「電話を切る」
★文脈から電話の話をしているとわかれば、the phone はなくてもよい。

0004 **park a car**「車を止める」
★「車、どこに置いてきたの?」「スーパーに駐車してる」と言う場合、「〜している」という日本語につられて
? I'm parking my car at the supermarket.
などと言わないように。進行形にすると、「止めようとしているところである」の意味になる。すでに駐車するという動作を終えて車が

止められているはずなので、現在完了か過去形を使って、
I've parked / I parked my car at the supermarket.
とする。または、形容詞parked「(人が) 駐車して」を使って、
I'm parked at the supermarket.
でもよい。

0008 **go off**「(目覚ましや警報が)鳴る」
★offにつられて「鳴り止む」と誤解しないように注意。ただし、主語がlightsなどになると、「消える」という意味になる。
The lights went off.「電気が消えた」

★go offにはこの他、「爆弾が爆発する」という意味がある。

0012 **spill coffee**「コーヒーをこぼす」
★英語では秘密を漏らすことをspill the beansと言う。つまり、「豆をこぼす」である。

0014 **plant seeds**「種を植える」
★plantには名詞で「植物」「工場」の意味がある。
★関連語のsowは、よく似たスペルの単語が多いので注意。
sow「(種を)まく」
sew「縫う」
saw「のこぎりで切る」、seeの過去形
sue「訴える」

0015 **plug in the TV**「コンセントにTVのプラグを差し込む」
★「plug in +機械」で、その機械のプラグをコンセントに差し込むという意味。また、受動態でも使われる。
The TV isn't plugged in.「TVはコンセントに繋がれていない」
関 unplug the TV「TVのプラグを抜く」

0019 **wring out the towel**「タオルを絞る」
★wring outは、水気を取るためにタオルなどをひねるという意味。「レモンを絞る」という場合は、squeeze the lemonのようにする。

0020 **flick my cigarette ash**「タバコの灰を指で弾いて落とす」
★flickは「(指先などで)弾く、さっと払ってどこかにやる」の意味。机の上で消しゴムを指で弾くような動作。スマホのフリック入力はこの単語から来ている。

0022 **plug the drain in the bathtub**「風呂の栓をする」
★drainは「排水口、排水管」の意味。
★plugは動詞では、コンセントに繋ぐという意味だけでなく、「〜に栓をする」の意味がある。つまり、バスタブの排水口に栓をするということ。なお、排水口の穴に差し込む栓自体は、"bath plug"あるいは"drain stopper"などと言う。

0023 **roll up my sleeve**「袖をまくる」
★roll upは「〜を巻く」の意味。袖以外にも使える。
I rolled up my sleeping bag and put it in my backpack.
「私は寝袋を巻いて、バックパックに入れた」

0028 **button up my shirt**「シャツのボタンをはめる」
★「button up ＋衣服」の形で使う。
★「ボタンを1つはめる」などボタンを目的語にしたい場合は、do up a buttonなどとする。
I always do up my top button.
「いつも一番上のボタンをはめる」
関 unbutton the shirt「シャツのボタンを外す」

0029 **wear a T-shirt inside out**「Tシャツを裏返しに着る」
★inside outで「裏返しに」の意味。また、wearの代わりにput onでも正しい英語だが意味が異なることに注意。put onは装着するという動作を指し、wearは身に着けている状態を指す。

0032 **untangle the cord**「(もつれた)コードをほどく」
★tangleは「もつれ、からまり」の意味で、untangleはそのからまりをほどくことを指す。なお、結ばれた紐をほどくのは0033のundoやuntieを使うほうが自然。
関 tangled rope「もつれたロープ」

0035 **flip through a magazine**「雑誌をパラパラとめくる」
★flipは「(さっと)開く、めくる」の意味。

0037 **rip out a page**「ページを破り取る」
★ripの代わりにtearでもよい。
tear out a page from the memo pad
「メモ帳から1枚破り取る」

0038 **miss a step on the stairs**「階段で1段踏み外す」
★stairsは階段全体を指し、その1つの段はstepと言う。もともとstairも1段を指し、それが複数形となって階段全体を指すのだが、「1段」の意味では使われることが少ないため、stepを使ったほうが無難(決まった言い回しを除く)。
★また、stepも複数形になると階段の意味で使われるが、これは道路より高いところにある入り口に続く段など、外部にある階段を指すことが多い。

stair「階段の1段」→ただし、一般的にはstepのほうが無難。
stairs「階と階を繋ぐ階段」
step「階段の1段」
steps「地面より高い入り口などに繋がる階段」

0040 **trip over the cord**「コードにつまずく」
★「trip over + つまずくもの」という使い方。
★また、単に「つまずく」と言う場合は、tripだけか、あるいはtrip upと言う。
I tripped (up) and fell.「私はつまずいて転倒した」
★ちなみにtripには「ある場所までの往復」の意味がある。
make two trips to the kitchen「キッチンまで2往復する」

0043 **run into a bus**「バスに衝突する」
★run intoは「〜に衝突する」の他に、「〜にばったり出くわす」の意味もある。
I ran into an old friend.「古い友人にばったり出会った」
★collideも「衝突する」だが、ややフォーマルな単語。

47

★「追突する」はrear-end。
My car was rear-ended when I stopped at the signal.
「信号で止まったとき、私の車は追突された」

0045 **pull over**「(車が)道路脇に止まる、(車)を道路脇に止める」

★警官が車両を止めさせるのにも使われる。
The police pulled me over.「警察が私の車を止めた」
関 curb「路肩」

0046 **back up**「バックする」

★back upにはこの他、「(データ)をバックアップする」「渋滞する」の意味もある。
The traffic started to back up.「交通が渋滞し始めた」

0047 **put on my seat belt**「シートベルトを締める」

★「締める」という日本語につられて、悩まないように注意。英語では、帽子や指輪、靴、シートベルトもput onで済む。とりあえず「身につける、着用する」に該当しそうならput onを使おう。たいてい何とかなる。

★put onとwearの違いに注意。wear my seat beltとすると「シートベルトをつけた状態である」の意味になる。

★put onの代わりに、やや堅い語だがfastenでもよい。飛行機では "Please fasten your seat belt." というアナウンスをよく聞く。

0049 **prop up the bike against the wall**
「自転車を壁に立てかける」

★propは「〜をもたせかける、寄りかからせる」の意味。prop upと言われることが多い。

0050 **doze off**「居眠りする」

★そのつもりがなく眠ってしまうこと。dozeだけだと「うたた寝する」の意味。

0051 **browse a magazine**「雑誌を立ち読みする」

★browseはこの他に「(店などを)見て回る」の意味がある。

browse the shop「その店を見て回る」
★インターネットの閲覧ソフトはbrowserと言う。

0053 **bark**「吠える」

★主に犬に対して使う語。「うなる」はgrowl。
My dog growled at the visitor.「私の犬は訪問客にうなった」
★ネコがニャーニャー鳴くのはmeow [miáu]を使う。
My cat meowed all night.「私のネコが一晩中鳴いた」
★bark up the wrong tree
「お門違いの非難をする、見当違いのことに労力を使う」

0056 **oversleep**「寝坊する」

★oversleepの活用は、sleepと同じ型。
oversleep - overslept - overslept
★oversleepは自分が起きるつもりだった時刻よりも遅くまで寝てしまうという意味。週末などでわざとゆっくり寝るというつもりの「寝坊」ならsleep in「(わざと)いつもより遅くまで寝る」を使う。
I sleep in on Sundays.
「私は、日曜日はいつもより遅くまで寝る」

0058 **smudge**「(乾いていないインクを触って)汚す」

★インクや署名などを主語にすることもできる。
The ink smudged.「インクが汚れてしまった」

0060 **get a flat tire**「パンクする」

★「パンク」は和製英語。英語ではpunctureで、主にイギリス英語で使われる。
I had a puncture on my way to work.
「出勤途中でパンクした」

0061 **bully a little boy**「小さな男の子をいじめる」

★bullyは「いじめっこ」という意味の名詞としても使える。
He is a bully.「彼はいじめっこだ」
関 bullying「いじめ」

0065 **stretch on my tiptoes**「背伸びする」
★stretchは「体を伸ばす」、on my tiptoesは「つま先で」の意味。つまり、つま先で立って体を伸ばすこと。
★on my tiptoesは他の動詞とも使える。
walk on my tiptoes「つま先で歩く」→忍び歩きをする

0066 **bring forward a meeting**「会議を前倒しして行う」
★bring forwardは予定されていた催し物などを前倒しして行うという意味。
★逆に「延期する」はput offやpostponeが使われる。
We put off the meeting until Friday.
「私たちは会議を金曜日まで延期した」

0067 **frown**「顔をしかめる、眉をひそめる」
★何に対して眉をひそめるのかを言う場合は、frown atを使う。
frown at the news「その知らせに眉をひそめる」
★賛成しないという意味で比喩的に「眉をひそめる」なら、frown on/uponという熟語を使う。
Smoking in a public place is sometimes frowned upon even if it isn't banned there.
「たとえ禁止されていなくても、公共の場で喫煙することは眉をひそめられることがある」

0068 **bow**「お辞儀する」
★bowにはこの他「弓」という意味があるが、発音が異なるので注意が必要。
bow「弓」→ [bóu]「ボウ」に近い。rainbowと同じ。
bow「お辞儀する」→ [báu]「バウ」に近い。

0071 **rub my eye**「目をこする」
★rubは「〜をこする」の意味。日本人は、rとlや、bとvの発音を区別するのが苦手な人が多い。そうすると、I love you.と言ったつもりが、相手にはI rub you.に聞こえてしまう可能性がある。「私はあなたをこすります」と聞こえてはせっかくのムードに水を指す。使う機会のある方はご注意を。

0072 **sit cross-legged**「あぐらをかいて座る」
cross my legs「(座った状態で) 足を組む」と間違えないように注意。

0074 **fold my arms**「腕を組む」
★怒ったときや、考え事をするときに腕を胸の前で組むことを指す。foldは「たたむ」の意味。
誰かと腕を組んで歩くときは、
walk arm in arm with him「彼と腕を組んで歩く」
などとする。
★同じ「組む」でも、「足を組む」はcross my legs。

0078 **pinch my cheek**「頬をつねる」
★日本語では、現実が信じられなくて「頬をつねる」という言い方があるが、英語でもpinch myself「(信じられなくて) 自分をつねる」と、同じ言い方をする。
I hadn't expected to pass the test, so I had to pinch myself.
「試験に受かるとは思っていなかったので、自分をつねらなければならなかった」
★a pinch of「ひとつまみの〜」も併せて覚えておきたい。
add a pinch of salt「ひとつまみの塩を加える」

0086 **scour a frying pan**「フライパンを磨く」
★scourは「(かなり力を入れてゴシゴシと) 磨く」の意味。特に、フライパンや鍋類などに用いられることが多い。焦げつきやサビをたわしなどで磨くイメージ。
関 scrub「こする」

0088 **get a perm**「パーマをかける」
★permはpermanentの略。そして、permanentはpermanent waveのこと。つまり、恒久的なウェーブ。

0089 **scold a child**「子どもを叱る」
★scoldは子どもに対して使われることが多い。ただしイギリス英語では、tell off「叱る」のほうが会話で好まれる傾向にある。アメ

リカ英語では逆にtell off a childとは言わず、scoldのほうが使われる。また、「けん責する」のようなフォーマルな言い方としてはreprimandが用いられる。

0092 **get out of the car**「車から降りる」
★同じ「乗る」「降りる」でも交通機関によって前置詞が異なる。

乗用車やタクシー
　get in the car / get out of the car
電車やバス、飛行機など
　get on the train / get off the train

となる。このin/onは、「車で／電車で」などの「〜で」と同じであるとわかれば覚えやすい。

go to Kyoto in his car「彼の車で京都に行く」
go to Kyoto on the express train「急行で京都に行く」
go to Kyoto by car「車で京都に行く」
※交通手段にhisやtheなどをつけたい場合は、byは使わない。

0093 **grind my teeth**「歯ぎしりする」
★grindは「(物)にきしむような音をさせる」の意味。活用は、grind - ground - ground
★この他に「(穀物や肉など)を挽く」の意味がある。
grind the coffee beans「コーヒー豆を挽く」

0101 **sniff**「鼻をすする、クンクン匂いをかぐ」
★クンクン言わせながら鼻から息を吸い込む動作を指す。風邪を引いたときや泣いたときに鼻をすする、あるいは、何か匂いをかぎ取ろうとして鼻をクンクン言わせるのと、両方に使える。

0102 **scratch my head**「頭を掻く」
★「scratch＋部位」という使い方。
★日本語と同じように、scratch my headも、照れや恥を感じたことを表すためにも使える。

★scratchには名詞で「引っかき傷」の意味もある。(p.292)
関 itchy「形（部位が）痒い」

0103 **duck**「（かわすために）かがむ、頭を下げる」
★アヒルと同じスペル。それをイメージすると覚えやすいかもしれない。ただし、語源的には動詞のduckが先にあって、アヒルは、この動作をすることからそう呼ばれるようになったと言われている。実際にアヒルは水底のエサを食べるとき、首から上を水中に突っ込み、ほとんど逆立ち状態になる。

0105 **swallow**「（ゴクリと）飲み込む」
★喉を通過させることに焦点を置く語。
★swallow hardで「（緊張などで）喉をゴクリとさせる、息を飲む」の意味。
★「ツバメ」と同じスペル。(p.239)
関 chew「噛む」関 choke「窒息する」

0106 **whistle**「口笛を吹く」
★この他、whistleには「（やかんが）ヒューヒュー言う」という意味もある。
The kettle was whistling when I entered the kitchen.
「台所に入ったとき、やかんがヒューヒューと鳴っていた」
★名詞として使う場合は、口笛、あるいはサッカーの審判などが用いる笛を指す。
The referee blew his whistle.「審判が笛を吹いた」

0107 **eavesdrop**「盗み聞きする」
★自動詞なので、直接目的語は取れない。何を盗み聞きするか言う場合は、eavesdrop on「～を盗み聞きする」。
★eavesdropが盗み聞きしようという意志があるのに対して、overhearは「たまたま聞く、偶然耳にする」の意味。
★eavesdropのeavesは「軒」(p.64)の意味。軒の下で建物内部の会話を盗み聞きするという意味から転じてきた語。
関 peep「覗き見る」

0108 **drink a toast**「乾杯する」
★toastは「乾杯、祝杯」の意味。パンの「トースト」と同じスペルなので、文脈で判断する必要がある。ちなみに「トースト」の意味では不可算。
★フォーマルな場面で乾杯する場合は、propose a toast「乾杯を提案する」がよく用いられる。
I'd like to propose a toast to the bride and groom.
「新郎新婦のために乾杯の音頭を取らせていただきます」

★また、toastは口語で「破滅する、にっちもさっちも行かなくなる」という意味の形容詞としてよく使われる。
If I make a single mistake, I'm toast.
「もし1つでもミスをしたら、俺は終わりだ」
★乾杯のかけ声は"Cheers!"「乾杯!」と言う。ちなみに、cheersはイギリス英語で「ありがとう」の意味もある。

0109 **pick me up**「(車などで)私を拾う、迎えに行く」
★pick upは物を拾い上げるという意味でも使われる。
I picked up my son's dirty clothes and put them in the washing machine.
「私は息子の汚れた服を拾い上げて洗濯機に入れた」

★なお、日本語の「ピックアップ」は「選ぶ」という意味で使われるが、英語のpick upにはその意味はなく、通例pick outと言うことに注意。
pick out a hotel for the wedding reception
「結婚式のためにホテルを選ぶ」

0112 **pat me on the shoulder**「私の肩をポンと叩く」
★英語では、人を叩く・蹴るなどの動作を使う場合、「動詞+人+前置詞+the+部位」という構文をよく使う。
hit him in the face「彼の顔を殴る」
poke me in the shoulder「私の肩をつつく」

0115 **learn by rote**「丸暗記をする」
- ★roteは、機械的にひたすら繰り返して覚えることを指す。rote learningで「丸暗記学習」。
- ★ちなみに、日本の塾や予備校はcram「詰め込み勉強（をする）」を使って、cram schoolと呼ばれることもある。このcramも併せて覚えておきたい。
  My son is cramming for tomorrow's exam.
  「私の息子は明日の試験のために詰め込み勉強中だ」
- ★例文のtimes tablesは九九の表のこと。硬い言い方は、multiplication tables。timesには「かける、倍」の意味がある。また、tableは「表、一覧表」。

0118 **throw away old clothes**「古い服を捨てる」
- ★throwが使われているが、必ずしも投げる必要はなく、単に捨てることを意味する。よって、throw away an old deskと言っても本当に投げるわけではないので問題ない。
  もし本当に投げるなら、
  throw the trash into the wastebasket
  「ゴミをゴミ箱に投げ入れる」
  などとする。

0120 **housebreak my dog**「犬にトイレのしつけをする」
- ★housebreakには「押し込み強盗をする」という意味もあるので、文脈に注意。
- ★インターネット上では、how to housebreak your dogとか、housebreaking your puppyなどと銘打ったサイトや記事が溢れているので、英語でしつけ方法を知りたい方は検索してみよう。
- ★ちなみに、熟語のbreak inは「家に押し入る」の他に、
  break in a new employee （新人）を訓練する
  break in a new car （車）を慣らし運転する
  break in new boots （新しい靴）を履き慣らす
  の意味がある。
- ★形容詞のhousebrokenもよく使われる。
  My dog is housebroken.「私の犬はトイレのしつけができている」

0122 **bang my little toe against the chair**
「足の小指をいすにぶつける」

★bangは「(バン、ガタンと音が出るくらいに) ぶつける、叩く、閉める、置く」の意味。

★前置詞againstは、ぶつけたり、こすったり、寄りかかったりする対象を指すのによく使われる。
lean against the wall「壁に寄りかかる」
put the desk against the wall「机を壁にぴったり寄せる」

★bangには名詞の用法もあり、「ドカン」「バタン」という音、あるいはその一撃を指す。
close the door with a bang「バタンとドアを閉める」

ちなみに、宇宙の始まりとなったビッグバンは "The Big Bang" である。

0123 **dust my knee**「膝のほこりを払う」

★dustは名詞「ほこり」でよく知られているが、この動詞の意味も覚えておきたい。

★dustは、はたきで家具のほこりを払うのにも使われる。
I dusted the furniture and vacuumed the floor.
「私は家具のほこりを払って、床に掃除機をかけた」

0129 **spit out the seeds**「種を吐き出す」

★spitは「ペッ」と吐き出す動作。目的語なしで使うと「つばを吐く」の意味になる。
spit on the road「道路につばを吐く」

0137 **split the bill**「割り勘にする」

★日本人学習者にはgo Dutchがよく知られているが、実際にはあまり使われない。ただし、通じないわけではない。また、食事代を割り勘にする場合、食べたものに関係なく等しく支払うのか、それとも食べたものだけを払うのかを厳密に区別するときは、
split the bill evenly 「等しく割り勘にする」
pay for what I ate/ordered 「食べた/注文したものを払う」
などとする。

56

0138 **be running low on battery**
「電池が残り少なくなっている」
★電池がなくなっている場合は、deadを使い、
The battery is dead.「電池がなくなった」
などとする。

0143 **play dead**「死んだふりをする」
★関連語にあるpossumはフクロネズミのこと。フクロネズミは生命の危険を感じると死んだふりをする習性を持つ。なお、英語ではopossumが正式名称だが、possumとも呼ばれているのでどちらでもよい。

0145 **be drowning**「溺れかかっている」
★日本語の「溺れる」とは異なり、英語のdrownは「溺死する」である。よって、「溺れたけど助かった」と言いたければ
I almost drowned but the lifeguard saved me.
「私は溺死しそうになったが、ライフガードに助けられた」
のように、almostなどを使って死ななかったことを言う必要がある。

0152 **get towed**「(車が)レッカー移動される」
★駐車違反などで車がレッカー移動されること。
★towには、単に「牽引する」の意味がある。
The tow truck towed my car to a garage.
「レッカー車が私の車を修理工場まで運んだ」

復習テスト 1〜2

この章の復習です。次の絵が示すものを英語で言ってみましょう。

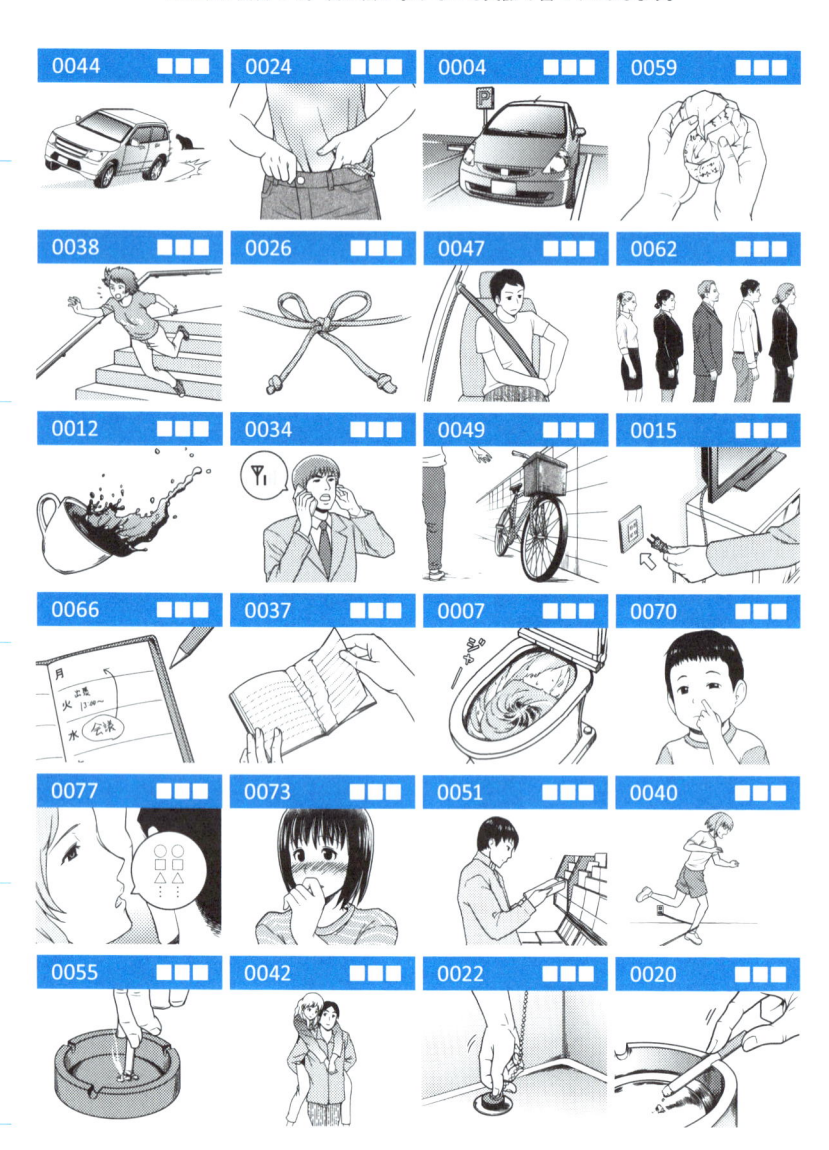

0044	0024	0004	0059
0038	0026	0047	0062
0012	0034	0049	0015
0066	0037	0007	0070
0077	0073	0051	0040
0055	0042	0022	0020

3〜4

1～2

0044 ▶ swerve
〈何かを避けるために〉急に曲がる

0038 ▶ miss a step on the stairs
階段で1段踏み外す

0012 ▶ spill coffee
コーヒーをこぼす

0066 ▶ bring forward a meeting
会議を前倒しして行う

0077 ▶ whisper in my ear
耳元にささやく

0055 ▶ put out a cigarette
タバコを消す

0024 ▶ tuck my shirt in
シャツを中に入れる

0026 ▶ tie a bow
蝶結びをする

0034 ▶ have bad reception
受信状態が悪い

0037 ▶ rip out a page
ページを破り取る

0073 ▶ blush
赤面する

0042 ▶ give me a piggyback
私をおんぶする

0004 ▶ park a car
車を止める

0047 ▶ put on my seat belt
シートベルトを締める

0049 ▶ prop up the bike against the wall
自転車を壁に立てかける

0007 ▶ flush the toilet
トイレを流す

0051 ▶ browse a magazine
雑誌を立ち読みする

0022 ▶ plug the drain in the bathtub
風呂の栓をする

0059 ▶ crumple the letter
手紙をくしゃくしゃにする

0062 ▶ stand in line
列に並ぶ

0015 ▶ plug in the TV
コンセントにTVのプラグを差し込む

0070 ▶ pick my nose
鼻をほじる

0040 ▶ trip over the cord
コードにつまずく

0020 ▶ flick my cigarette ash
タバコの灰を指で弾いて落とす

3〜4

0094▶blow my nose
鼻をかむ

0089▶scold a child
子どもを叱る

0111▶step on my foot
私の足を踏む

0120▶housebreak my dog
犬にトイレのしつけをする

0085▶vacuum the carpet
カーペットに掃除機をかける

0099▶skip a class
授業をサボる

0122▶bang my little toe against the chair
足の小指をいすにぶつける

0101▶sniff
鼻をすする、クンクン匂いをかぐ

0118▶throw away old clothes
古い服を捨てる

0100▶snore
いびきをかく

0124▶be put on hold
(電話で)保留にされる

0108▶drink a toast
乾杯する

0114▶call in sick
病欠の連絡をする

0091
▶look up a word in the dictionary
辞書で単語を調べる

0083 blow out the candles
ろうそくを吹き消す

0115▶learn by rote
丸暗記をする

0133▶put the book back
本を元に戻す

0160▶thread a needle
針の穴に糸を通す

0137▶split the bill
割り勘にする

0096▶go on a vacation
休暇に出かける

0140▶crouch down
しゃがむ

0146▶squeeze the toothpaste
歯磨き粉を絞り出す

0092▶get out of the car
車から降りる

0155▶be caught in a traffic jam
交通渋滞につかまる

COLUMN 単語暗記のコツ

　速く正確に暗記し、さらに使えるようにするためには、ただがむしゃらに丸暗記しようとしても効率が悪いです。次のポイントに気をつけてください。

①思い出した回数を増やそう
　単語が覚えられるかどうかは、頑張って頭に入れようとした回数ではなく、実際に頭から引き出した回数で決まります。ちょっと出て来ないからといって、すぐに答えを見るのでは、「ああ、そうだった」と思うだけで、自分で引き出したことにはならないのです。思い出せないときは、1文字目を見る、あるいは例文を見るなどして、少しでも自分で思い出すという回数を重ねてください。

②五感をフルに使って覚えよう
　効率的に暗記するために大切なのは、いろんな種類の刺激をたくさん脳に送ってやることです。目で見て覚えようとするだけでは絶対的な刺激の量が足りないために、覚えるのが大変です。目で読み、耳で聞いて、手で書き、口に出しましょう。よく、「学生の頃はもう少し速く覚えられた」と言う方がいますが、実際は、中高生の頃とは練習方法が異なることが多いのです。学生の頃は、書いたり発音したり、友人と出題し合いっこしたのに、今は電車の中で無言で眺めるだけになってはいませんか？　ぜひ五感をフルに活用してください。

③使いたい方法で覚えよう
　基本的に単語は覚えた方法でしか使えないと考えてください。視覚だけで覚えた単語は、読めばすぐに思い出せても、聞いたときには同じ速さで処理できないどころか、覚えた単語だと認識できないことすら起こります。聞いたときにもわかるようにしたいなら、聞いて思い出す練習、スピーキングで使いたいなら話して使う練習が必要なのです。

[Chapter 2]

人々の暮らし

身の回りの品々など、暮らしに密接に関わりのある語句ばかりです。

Section 1	住まい
Section 2	台所用品・設備
Section 3	家具・雑貨・家電
Section 4	工具・道具・DIY
Section 5	洗面・洗濯・衛生
Section 6	服飾・寝具・赤ちゃん
Section 7	文具
Section 8	通信・書類・印刷物

1 住まい

0161 front door

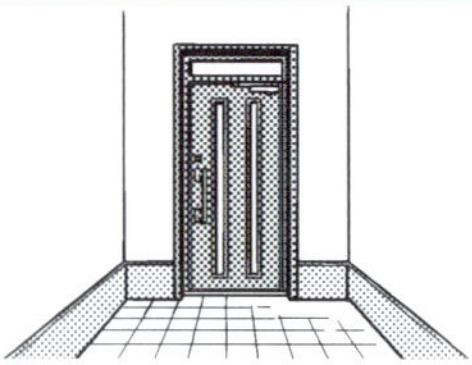

名 玄関のドア、玄関口

I went to answer the **front door**.
私は玄関の応待に出た。

0162 stairs [stéərz]

名 階段

I ran up the **stairs** to get my bag from my bedroom.
寝室からカバンを取ってくるために、私は階段を駆け上がった。

0163 ceiling [síːlɪŋ]

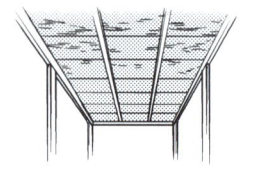

名 天井

I heard a mouse running around in the **ceiling**.
ネズミが天井を走り回るのが聞こえた。

0164 attic [ǽtɪk]

名 屋根裏部屋

We store things in the **attic**.
私たちは屋根裏部屋にいろいろしまっている。

関 loft「ロフト」　関 beam「梁」

0165 eaves [íːvz]

名 軒、ひさし　★通例複数形で使う。

In winter, long icicles hung from the **eaves** of my house.
冬には長い氷柱が自宅の軒から垂れ下がっていた。

0166 garage [gərάːdʒ]

名 ガレージ

The car in the garage is mine.
ガレージにある車は私のだ。

★発音注意。「ガラージュ」に近い。

0167 alcove [ǽlkòuv]

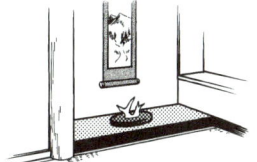

名 壁などを凹ませて作ったスペース、床の間

A traditional Japanese house has a small alcove called a Tokonoma.
伝統的な日本の家には床の間と呼ばれる、壁を凹ませて作った小さなスペースがある。

0168 basement [béɪsmənt]

名 地下室、地階

We have a wine cellar in the basement.
私たちは地下室にワインセラーを持っている。

0169 pillar [pílər]

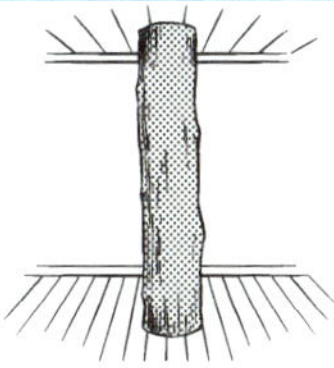

名 柱

The pillar in the middle of the room held up the roof.
部屋の真ん中にある柱が屋根を支えていた。

関 column「柱」

0170 fireplace [fάɪəplèɪs]

名 暖炉

light a fire in the fireplace
暖炉に火をつける

0171 windowsill [wíndousìl]

名 窓台、窓敷居

grow some flowers in pots on the **windowsill**
窓台の上で鉢植えの花を育てる

0172 window screen

名 網戸

The **window screen** keeps out mosquitoes.
その網戸は蚊をシャットアウトする。

★開閉せずはめ殺しになっているものも含む。

0173 wall socket [sákɪt]

名 壁のコンセント 類 wall outlet

I plugged the electric cable into the **wall socket**.
私は電気ケーブルをコンセントに差し込んだ。

★「コンセント」は和製英語。

0174 chimney [tʃímni]

名 煙突

I got sooty when I cleaned the **chimney**.
煙突を掃除して、すすだらけになった。

★「すす」は soot。

0175 mailbox [méɪlbɑks]

名 郵便受け 英 letter box

There was a lot of mail in the **mailbox** this morning.
今朝はたくさんの郵便物が郵便受けにあった。

★路上のポストも指しうる（英 post box）。

0176 greenhouse [grí:nhàus]

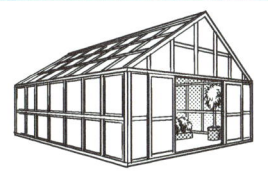

名 温室

We grew tomatoes in a **greenhouse**.
私たちはトマトを温室で育てていた。

関 greenhouse effect「温室効果」

0177 hedge [hédʒ]

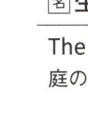

名 生け垣

The **hedge** in the garden is overgrown.
庭の生け垣は伸びすぎている。

0178 lawn [lɔ́ːn] ❗

名 芝生

I mow the **lawn** every week during summer.
夏の間は毎週芝生を刈っている。

★ mow は「(芝生など)を刈る」の意味。

0179 garden shed [ʃéd]

名 庭の物置

After finishing the work, I put the tools back in the **garden shed**.
作業を終えて、私は道具を庭の物置に戻した。

関 back yard「裏庭」

0180 flower bed

名 花壇 類 plant bed

I weed the **flower bed** every morning.
私は毎朝花壇の雑草を取り除いている。

★ weed は「(場所)から雑草を取り除く」の意味。

0181

gutter [gʌ́tər]

名 雨とい

I climbed a ladder to clear the leaves from the **gutter**.
はしごに登って、雨といの落ち葉を掃除した。

0182

weathercock [wéðərkὰk]

名 風見鶏　類 weather vane

The **weathercock** showed which way the wind was blowing.
風見鶏は、どの方向に風が吹いているのかを示していた。

0183

shrub [ʃrʌ́b]

名 低木

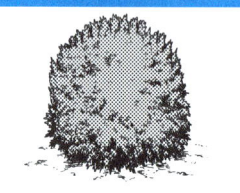

I planted some **shrubs** in my garden.
庭にいくつかの低木を植えた。

0184

brick [brík]

名 レンガ

A low **brick** wall surrounded the house.
低いレンガの壁が家を囲んでいた。

関 lay bricks「レンガを積む」

0185

apartment [əpɑ́ːrtmənt]

名 賃貸マンション、アパート　英 flat

I rented an **apartment** near my office.
私はオフィスの近くにアパートを借りた。

0186 sliding door [sláɪdɪŋ]

名 引き戸

There wasn't much room, so the closet had a **sliding door**.
あまりスペースがないので、クローゼットは引き戸になっていた。

0187 breaker panel [bréɪkər]

名 分電盤

The breaker on the **breaker panel** will trip if you use too much electricity.
電気を使いすぎると分電盤のブレーカーが落ちる。

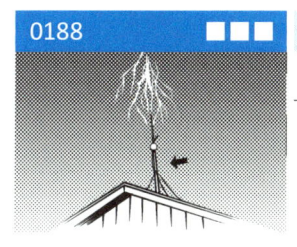

0188 lightning rod [láɪtnɪŋ]

名 避雷針　英 lightning conductor

The tall buildings all had **lightning rods** to protect them from lightning strikes.
落雷から守るために高い建物はすべて避雷針を備えていた。

0189 a leak in the roof

名 雨漏り　類 leaky roof

I fixed the **leak in the roof** myself.
私は自分で雨漏りを直した。

2 台所用品・設備

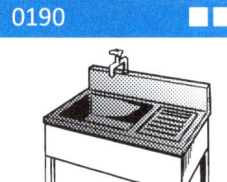

0190 sink [síŋk]

名 流し台

Put the plates in the sink and I'll wash them.
皿を流しに入れてください。私が洗いますから。

0191 faucet [fɔ́ːsɪt]

名 蛇口　英 tap

The leaky faucet dripped all the time.
その漏れる蛇口から四六時中ポタポタと水が滴り落ちた。

0192 dishwasher [díʃwɑ(ː)ʃər]

名 食器洗い機

I stacked the dishes in the dishwasher.
私は食器洗い機に皿を積み重ねた。

★ stackは「積み重ねる」の意味。

0193 refrigerator [rɪfrídʒərèɪtər]

名 冷蔵庫

I put the vegetables in the refrigerator.
私は冷蔵庫に野菜を入れた。

★ 口語では fridge とも言う。

0194 microwave (oven) [máɪkrəwèɪv]

名 電子レンジ

reheat the meal in the microwave
電子レンジで食事を温め直す

0195 rice cooker

名 炊飯器

I washed the rice and set the rice cooker.
私は米を洗って、炊飯器をセットした。

0196 electric griddle [grídl]

名 ホットプレート

cook pancakes on the electric griddle
ホットプレートでホットケーキを焼く

0197 induction range [ɪndʌ́kʃən]

名 IHレンジ

Water boils more quickly on this induction range.
このIHレンジではお湯がより速く沸く。

0198 gas stove

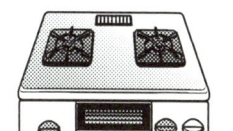

名 ガスコンロ、ガスレンジ　類 gas range

put the kettle on the gas stove
ガスレンジにやかんをかける

0199 cupboard [kʌ́bərd]

名 戸棚　類 cabinet

put the clean dishes away in the cupboard
洗った皿を戸棚にしまう

0200

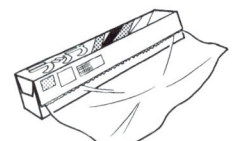

plastic wrap

名 ラップ 英 clingfilm [klíŋfɪlm]

cover the food with **plastic wrap** to keep it fresh
新鮮に保つためにその食品にラップをかける

★ plastic はビニールの意味としても使う。

0201

aluminum foil [əlúːmənəm]

名 アルミホイル 類 tinfoil [tínfɔil]

wrap the meat in **aluminum foil** and put it in the oven
肉をアルミホイルに包み、オーブンに入れる

0202

toothpick [túːθpik]

名 つまようじ

I picked up a piece of apple with a **toothpick**.
1切れのリンゴをつまようじで取った。

関 pick my teeth「歯をせせる」

0203

ice cube tray

名 製氷器

fill the **ice cube tray** with water and put it in the freezer
製氷器に水を入れて冷凍庫に入れる

関 freezer「冷凍庫」

0204

can opener

名 缶切り 英 tin opener

We don't have a **can opener**, so we can't eat the canned food.
缶切りがないので缶詰が食べられない。

関 canned「缶詰にした」

0205 cutting board

名 まな板　類 chopping board

I cut an onion on the cutting board.
私はタマネギをまな板の上で切った。

関 knife「包丁」　関 cleaver「肉切り包丁」

0206 corkscrew [kɔ́ːrkskrùː]

名 コルク抜き

I opened the wine with a corkscrew.
私はコルク抜きでそのワインを開けた。

★ cork は「コルク」。

0207 frying pan

名 フライパン　類 frypan, skillet

put some oil in the frying pan before frying the onion
タマネギを炒める前にフライパンに油を入れる

0208 sieve [sív]

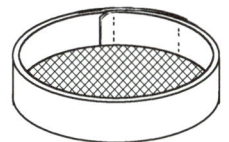

名 ふるい、こし器

put flour through a sieve to remove lumps
だまを取り除くために小麦粉をふるいにかける

0209 pot [pάt]

名 鍋

I made some stew in a large pot.
大きな鍋にシチューを作った。

0210 saucepan [sɔ́ːspæn]

名 片手鍋

I heated the milk in a small **saucepan**.
小さな片手鍋で牛乳を温めた。

0211 dishwashing liquid [líkwɪd]

名 食器洗剤　類 dishwashing soap, dish soap

put some **dishwashing liquid** on the sponge
食器洗剤をスポンジにつける

0212 kettle [kétl]

名 やかん

I put the **kettle** on for a cup of tea.
紅茶をいれるためにやかんを沸かした。

0213 tea strainer [stréɪnər]

名 茶こし

I didn't have a **tea strainer**, so I bought tea bags.
茶こしがなかったのでティーバッグを買った。

0214 spatula [spǽtʃələ]

名 ヘラ

spread the mixture on top of the cake with a **spatula**
混ぜ合わせたものをヘラでケーキの上に塗る

0215 turner [tə́ːrnər]

名 フライ返し 類 flipper 英 spatula

I flipped the pancakes with a **turner**.
フライ返しでホットケーキをひっくり返した。

★flip「ひっくり返す」

0216 colander [kʌ́ləndər]

名 水切りざる

I put the lettuce leaves in the **colander** and washed them.
私はレタスの葉を水切りざるに入れて洗った。

関 drain the pasta「パスタの水を切る」

0217 funnel [fʌ́nl]

名 じょうご

I poured the oil into the bottle through a **funnel**.
じょうごを使って油をびんに注いだ。

0218 ladle [léɪdl]

名 おたま

use a **ladle** to serve the soup
スープをつぐためにおたまを使う

0219 mortar [mɔ́ːrtər]

名 すり鉢

grind some sesame seeds in the **mortar**
すり鉢でごまをする

★grind は「挽く、粉にする」の意味。

1 住まい

2 台所用品・設備

3 家具・雑貨・家電

4 工具・道具・DIY

5 洗面・洗濯・衛生

75

0220

pestle [pésl]

名 すりこぎ

grind the nuts using a **pestle**
すりこぎを使って木の実を挽く

★tは発音しない。

0221

oven mitt ❗

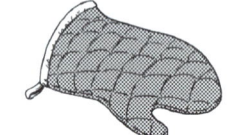

名 鍋つかみ、オーブン用の手袋

take the food out of the oven with **oven mitts**
鍋つかみでオーブンから食べ物を取り出す

0222

peeler [píːlər] ❗

名 皮むき器

remove the potato skins with a **peeler**
皮むき器でじゃがいもの皮を取り除く

0223

rolling pin

名 麺棒

roll out the pastry with a **rolling pin**
パイ皮を麺棒で伸ばす

★roll out「(生地などを)伸ばす」
関 pastry「パイ皮、(パイ生地の)菓子パン」

0224

scales [skéɪlz]

名 はかり、体重計

I measured flour on the **scales**.
はかりで小麦粉を量った。

★通例複数形で使う。

0225 scoop [skúːp]

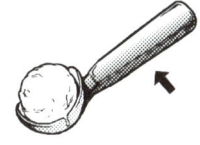

名 (アイスクリーム用などの) スクープ、すくい

I had one **scoop** of ice cream.
ひとすくい分のアイスクリームを食べた。

0226 whisk [hwísk]

名 泡立て器

beat the egg with a **whisk**
卵を泡立て器で泡立てる

★beat は「~を強く混ぜる、泡立てる」の意味。

0227 brim [brím]

名 (容器の) 縁

fill with beer to the **brim** of the glass
ビールをグラスの縁いっぱいまで注ぐ

0228 grater [gréɪtər]

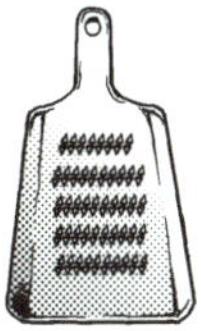

名 おろし器

I used the **grater** to grate some cheese over the pasta.
おろし器でチーズをおろしてパスタにふりかけた。

0229 place mat

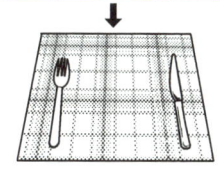

名 テーブルマット、ランチョンマット

take off the table cloth and set the table with **place mats**
テーブルクロスをはずして、ランチョンマットをテーブルに置く

0230 tea cozy [kóuzi]

名 保温用ティーポットカバー

I put the **tea cozy** on the pot so that it would stay warm.
ポットを温かいままにしておくために、
カバーをかぶせた。

0231 chopsticks [tʃɔ́pstìks]

名 箸

Some **chopsticks** are made of bamboo.
竹から作られた箸もある。

0232 ovenproof [ʌ́vnprùːf]

形 (食器が) 耐熱性の、オーブンに入れられる

This dish isn't **ovenproof**, so don't put it in the oven.
この皿は耐熱ではないので、
オーブンに入れてはいけない。

0233 rice paddle [pǽdl]

名 しゃもじ

I'd never seen a **rice paddle** before coming to Japan.
日本に来るまでしゃもじを見たことがなかった。

★ paddle は「へら」の意味。

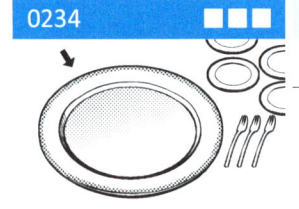

0234 platter [plǽtər]

名 大皿

The guests helped themselves to food from large **platters**.
客は大皿から自由に食べ物を取った。

0235 tongs [tɔ́ːŋz]

名 トング

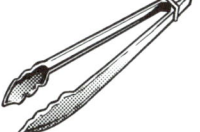

I used **tongs** to turn the meat over on the barbecue.
バーベキューセットの金網上で
肉をひっくり返すために、トングを使った。

0236 portable gas stove

名 カセットコンロ

We cooked on a **portable gas stove** in front of the tent.
私たちはテント前で、カセットコンロで調理した。

関 gas canister「(コンロ用の) ガス缶」

0237 wok [wák]

名 中華鍋

I bought a **wok** to cook Chinese food with.
私は中華料理を作るための中華鍋を買った。

0238 bowl [bóul]

名 ボウル、鉢

mix flour, butter, and milk in a **bowl**
ボウルで小麦粉、バター、牛乳を混ぜる

★発音注意。ball [bɔ́ːl] と間違えられないように。

0239 garbage bag [gáːrbɪdʒ]

名 ゴミ袋

You must use transparent **garbage bags**. Otherwise, they won't collect your garbage.
透明な袋を使わなければなりません。そうでないと、ゴミを回収してくれませんから。

3 家具・雑貨・家電

0240 drawer [drɔ́ːər]
名 引き出し

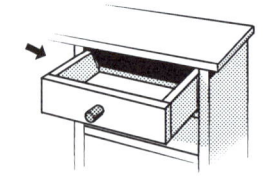

The desk comes with three **drawers**.
その机は3つの引き出しがついている。

0241 bookcase [búkkèɪs]
名 本棚　類 bookshelf

put the book back in the **bookcase**
その本を本棚に戻す

0242 chest of drawers [drɔ́ːrz]
名 たんす

I folded my clothes and put them away in the **chest of drawers**.
私は服をたたんで、たんすにしまった。

関 dresser「鏡台」

0243 wastebasket [wéɪstbæ̀ːskɪt]
名 ゴミ箱　類 wastepaper basket

I threw the direct mail into the **wastebasket**.
私はダイレクトメールをゴミ箱に投げ入れた。

★ 通例、紙くずなどを捨てる小型のもの。

0244 umbrella stand [ʌmbrélə]
名 傘立て

I left my umbrella in the **umbrella stand** in front of the store.
私は店の前の傘立てに傘を忘れてきた。

0245 kerosene heater [kérəsìːn]

名 灯油ストーブ 英 paraffin heater

The kerosene heater was cheaper to use, but it smelled bad.
灯油ストーブの利用は安かったが、臭いにおいがした。

0246 vacuum cleaner [vǽkjuːm]

名 掃除機 英 hoover

I quickly ran the vacuum cleaner over the carpet.
カーペットにさっと掃除機をかけた。

0247 ironing board [áɪərnɪŋ]

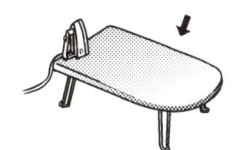

名 アイロン台

iron a shirt on the ironing board
アイロン台の上でシャツにアイロンをかける

★ironingの発音に注意。
関 do the ironing「アイロンがけをする」

0248 air conditioner

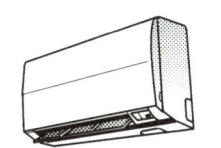

名 エアコン

set the temperature to 28℃ on the air conditioner
エアコンの温度を28度にする

0249 electric fan

名 扇風機

The wind from the electric fan was warm.
扇風機からの風は温かった。

関 oscillating fan「首振り機能のある扇」

0250 vase [véɪs]

名 花瓶

I put some flowers in a **vase** on the table.
テーブルの花瓶に花を挿した。

0251 shoehorn [ʃúːhɔːrn]

名 靴べら

My shoes were a bit too tight, and I needed a **shoehorn** to put them on.
私の靴は少しきつくて、履くのに靴べらが必要だった。

関 horn「角」

0252 step stool

名 踏み台

My 3-year-old daughter needs a **step stool** to wash her hands in the sink.
3歳の娘は流しで手を洗うのに踏み台が必要だ。

関 reach out for「〜を取ろうと手を伸ばす」

0253 mosquito coil [məskíːtou]

名 蚊取り線香

Light a **mosquito coil**, and we'll eat dinner outside.
蚊取り線香をつけて。外でご飯を食べましょう。

★ coilは「巻いたもの」の意味。

0254 roach motel [róutʃ, moutél]

名 (粘着式) ゴキブリ捕獲器　類 roach trap

After seeing a cockroach, I put down a **roach motel**.
ゴキブリを見たので、私は捕獲器を置いた。

0255 mouse trap

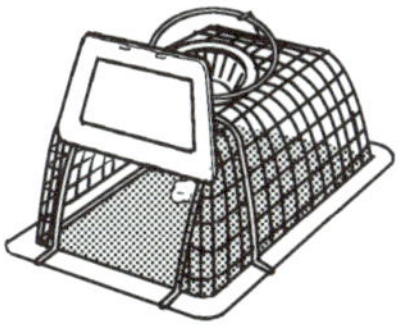

名 ネズミ捕り

put down **mouse traps** to catch the mice
ネズミを捕まえるためにネズミ捕りを置く

★ スピード違反の取り締まりは speed trap。

0256 safe [séɪf]

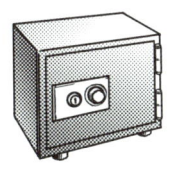

名 金庫

I can't open the **safe** because I've lost the key.
鍵をなくしてしまったので、金庫を開けることができない。

関 cashbox「現金入れ」

0257 lint roller [línt]

名 コロコロ、カーペットクリーナー

use a **lint roller** to remove dog hairs from the car seat
コロコロを使って車の座席から犬の毛を取る

★ lint は「毛玉、毛くず」の意味。

0258 extension cord [ɪksténʃən]

名 延長コード

The electric cable's too short! Do we have an **extension cord**?
電気コードが短すぎだ。延長コードある？

★ extension「延長」には「内線」の意味もある。

0259 power strip

名 テーブルタップ

I plugged all the devices into a **power strip**.
私はすべての機器を1つのテーブルタップに繋いだ。

★ テーブルタップは和製英語。

1 住まい
2 台所用品・設備
3 家具・雑貨・家電
4 工具・道具・DIY
5 洗面・洗濯・衛生

83

0260

tripod [tráɪpɑd]

名 三脚

put the video camera on a **tripod**
ビデオカメラを三脚に取りつける

関 extendable「伸長可能な」

0261

folding umbrella [ʌmbrélə]

名 折りたたみ傘

open a **folding umbrella**
折りたたみ傘を広げる

★ fold は「折る、たたむ」
関 parasol「日傘」

0262

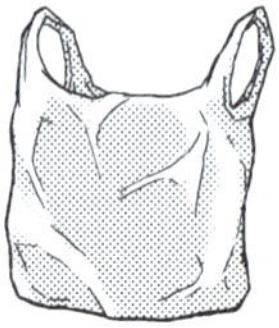

plastic bag

名 ビニール袋

I always line my wastebasket with a **plastic bag**, so it won't get dirty.
私はゴミ箱を汚さないようにいつもビニール袋をかぶせることにしている。

0263

bubble wrap

名 (梱包材の) プチプチ

Some people like popping **bubble wrap** for fun.
プチプチを遊びでつぶすのが好きな人もいる。

★ 元は登録商標。

0264

piggy bank [pígi]

名 (ブタの形をした) 貯金箱　類 moneybox

I put all my pocket money in my **piggy bank**.
私は自分の小遣いをすべて貯金箱に入れた。

0265　incense stick [ínsens]

名 線香

I sometimes light **incense sticks** in my room because I like the smell.
香りが好きなので時々自分の部屋で線香を焚く。

★ incense は「香、香の香り」の意味。

0266　ashtray [ǽʃtrèɪ]

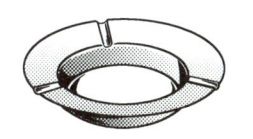

名 灰皿

The **ashtray** was full of cigarette butts.
灰皿は吸い殻でいっぱいだった。

★ ash「灰」
関 cigarette butt「吸い殻」

0267　fluorescent tube [fluərésnt]

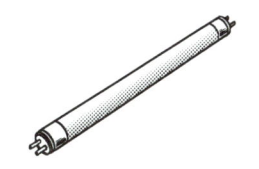

名 蛍光灯

replace **fluorescent tubes** with LEDs
蛍光灯を LED に置き換える

0268　incandescent bulb [ìnkəndésnt]

名 白熱電球

Incandescent bulbs are cheaper than LEDs, but they burn out quicker.
白熱電球は LED より安いがすぐに切れる。

関 burnt-out「形 (電球が) 切れた」

4 工具・道具・DIY

0269 ladder [lǽdər]

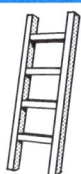

名 はしご

I climbed a ladder to clean the roof gutters.
屋根の雨といを掃除するためにはしごを登った。

関 climb down the ladder「はしごを降りる」

0270 step ladder

名 脚立

I climbed a step ladder to change a light bulb.
私は電球を替えるために脚立に登った。

0271 wheelbarrow [hwíːlbæ̀rou]

名 手押し車

The worker carried the soil with a wheelbarrow.
作業員は手押し車を使って土を運んだ。

★ soil「土」

0272 rake [réɪk]

名 熊手 動 熊手で集める

rake fallen leaves in the garden
庭の落ち葉を熊手で集める

関 pitchfork「(干し草用の) 熊手」

0273 garden shears [ʃíərz]

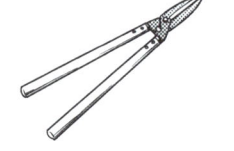

名 植木ばさみ

prune the pine tree with garden shears
植木ばさみで松の木を剪定する

★ prune「刈り込む、剪定する」
★ scissorsと同じく複数形であることに注意。

86

0274 flower pot

名 植木鉢

I planted a seed in a **flower pot** and watered it.
私は植木鉢に種を植えて水をやった。

関 planter「プランター」

0275 shovel [ʃʌ́vəl]

名 ショベル　類 spade [spéɪd]

dig a hole in the garden with a **shovel**
ショベルで庭に穴を掘る

0276 watering can

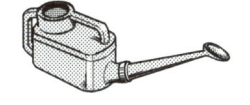

名 じょうろ

fill the **watering can** and water the plants
じょうろに水を入れて植物にやる

★ can の代わりに pot でもよい。
★ water「〜に水をやる」

0277 padlock [pǽdlɑk]

名 南京錠

The garden shed is locked with a **padlock**.
庭の物置は南京錠で鍵がかけられている。

0278 bicycle pump [báɪsəkl]

名 自転車用の空気入れ

a portable **bicycle pump** for cycling trips
自転車旅行用の携帯空気入れ

関 pump up a tire「タイヤに空気を入れる」

0279 pickaxe [píkæks]

名 つるはし

I dug a hole in the concrete with a **pickaxe**.
私はつるはしでコンクリートに穴を開けた。

0280 nut [nʌ́t]

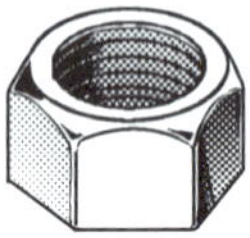

名 ナット

tighten the **nut** with a wrench
スパナでナットを締める

関 bolt「ボルト」 関 tighten/loosen「締める/緩める」

0281 screw [skrúː]

名 ねじ

The back of the clock was attached with **screws**.
時計の裏側はねじで止められていた。

0282 screwdriver [skrúːdràɪvər]

名 ねじ回し

The **screwdriver** was too big and didn't fit the screws.
そのねじ回しは大きすぎて、ねじに合わなかった。

0283 hinge [híndʒ]

名 ちょうつがい

put a bit of oil on the **hinge** to stop the door squeaking
ドアが軋まないようにちょうつがいに少し油をさす

★ squeak「(物が) ギィッと軋む」

0284 pliers [playerz]

名 ペンチ、プライヤー、ニッパーなど

bend the wire into shape with a pair of **pliers**
ペンチを使って針金を曲げて形を作る

★ 複数形であることに注意。

0285 vise [váɪs]

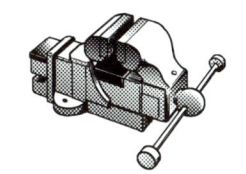

名 万力

hold the wood tight in a **vise**
万力でしっかりと木材を固定する

★ イギリス英語ではviceと綴る。

0286 saw [sɔ́ː]

名 のこぎり 動 〜をのこぎりで切る

use a **saw** to cut the wood into one-meter lengths
のこぎりを使って1メートルの木材に切り分ける

★ seeの過去形と同じスペル。

0287 file [fáɪl]

名 やすり

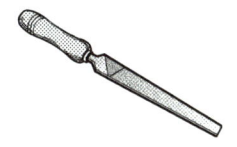

use a **file** to smooth down the sharp edges on the metal
やすりを使って金属の鋭い端を滑らかにする

★ smooth down「滑らかにする」

0288 nail [néɪl]

名 釘 動 釘を打つ

The pieces of wood were attached together with **nails**.
木材が釘で取りつけられていた。

★ 爪の意味もある (p.305)。

0289 crowbar [króubɑ̀:r]

名 バール、釘抜き　類 wrecking bar

I pulled out a nail with a crowbar.
私はバールで釘を引き抜いた。

★釘を抜くのにも使われる。

0290 plane [pléɪn]

名 かんな　動 ～にかんなをかける

sweep the plane over the surface of the wood to smooth it down
木材の表面を滑らかにするためにかんなをかける

0291 trowel [tráuəl]

名 園芸用移植こて、小型スコップ

I dug a small hole with a trowel and put the tulip bulb in it.
私はスコップで小さな穴を掘り、そこにチューリップの球根を植えた。

0292 chisel [tʃízl]

名 のみ　★彫刻刀も含む

My son bought a set of hand chisels for his art class.
息子は図工の授業のために彫刻刀のセットを購入した。

0293 hoe [hóu]

名 くわ

I weeded the garden using a hoe.
私はくわを使って庭の草むしりをした。

0294 work gloves

名 作業用手袋、軍手

My **work gloves** protected my hands from the thorns.
作業用手袋がとげから手を守ってくれた。

0295 jack [dʒǽk]

名 ジャッキ

I took out a **jack** from the trunk to replace the flat tire.
パンクしたタイヤを交換するためにトランクからジャッキを取り出した。

0296 suction cup [sʌ́kʃən]

名 吸盤　類 suction cap, sucker

This cell phone holder has a **suction cup**, so it won't come off the dashboard easily.
この携帯電話ホルダーは吸盤がついているので、ダッシュボードからたやすく外れない。

0297 string [strɪ́ŋ]

名 紐

I tied **string** around the pile of old magazines.
古い雑誌の束の周りに紐を結んだ。

0298 fire extinguisher [ɪkstɪ́ŋgwɪʃər]

名 消火器

Point the nozzle of the **fire extinguisher** at the fire.
消火器のノズルを火に向けてください。

関 extinguish「消火する (put out)」

0299 ■■■ battery [bǽtəri]

名 電池

I replaced the **batteries** in the clock.
私は時計の電池を交換した。

0300 ■■■ flashlight [flǽʃlaɪt]

名 懐中電灯　類 torch

It was so dark that I needed a **flashlight** to see where I was going.
あまりに暗かったので、私は自分がどこに向かっているのかを見るために懐中電灯が必要だった。

0301 ■■■ cardboard box [kάːrdbɔːd]

名 段ボール箱

I packed my old books in a **cardboard box**.
私は古い本を段ボール箱に梱包した。

5 洗面・洗濯・衛生

0302 clothespin [klóʊzpɪn]

名 洗濯ばさみ 英 clothes peg

hang the clothes on the line with clothespins
洗濯ひもに洗濯ばさみで服をかける

関 clothes drying rack「物干しラック」

0303 nail clippers

名 爪切り

I trimmed my toenails with nail clippers.
私は足の爪を爪切りで揃えた。

★ scissorsと同じで、刃が2枚あるので通例複数形。

0304 bristles [brɪ́slz]

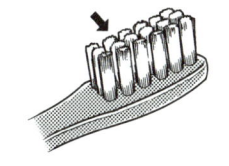

名 ブラシなどの毛

I bought a new toothbrush because the bristles on my old one were worn out.
古い歯ブラシの毛がすり減ってきたので新しいものを買った。

0305 cotton swab [swɑ́b]

名 綿棒 類 Q-tip 英 cotton bud

I cleaned my ears with a cotton swab.
私は耳を綿棒で掃除した。

関 cotton ball「綿球」

0306 safety razor [réɪzər]

名 安全カミソリ

I prefer shaving with a safety razor to shaving with a shaver.
シェーバーより安全カミソリでひげを剃るほうが好きだ。

93

0307 lipstick [lípstìk]

名 口紅

I wiped **lipstick** off my glass after finishing the drink.
私は飲み終えた後、グラスについた口紅を拭き取った。

0308 false eyelashes [fɔ́ːls, áɪlæʃiz]

名 つけまつげ

I put on **false eyelashes** and checked them in the mirror.
私はつけまつげをつけて鏡で確認した。

★falseはこの場合「人工の」の意味。

0309 comb [kóum]

名 くし

I needed a **comb** to part my hair.
髪を分けるのにくしが必要だった。

0310 air freshener [éər, fréʃənər]

名 消臭スプレー、芳香剤

We need an **air freshener** because the car smells like a wet dog.
車が濡れた犬のような臭いがするので消臭スプレーが必要だ。

0311 tissue [tíʃuː]

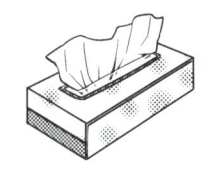

名 ティッシュペーパー

I pulled out two **tissues** from the box and blew my nose.
私は箱からティッシュを2枚取って鼻をかんだ。

★可算名詞で、紙1枚を指す。

0312 washing powder

名 洗濯用粉石けん　類 laundry detergent

I put a full scoop of washing powder in the washing machine.
スプーン1杯の洗剤を洗濯機に入れた。

0313 washing machine

名 洗濯機

I put my dirty uniform in the washing machine.
私は自分の汚れたユニフォームを洗濯機に入れた。

0314 thinning scissors [θínɪŋ]

名 すきばさみ

The hairdresser used thinning scissors to reduce the volume of my hair.
理容師はすきばさみを使って、
私の髪のボリュームを減らした。

0315 nail polish

名 マニキュア液

I put on nail polish and blew on it.
私はマニキュアを塗って、息を吹きかけた。

0316 bucket [bʌ́kət]

名 バケツ　類 pail

I put a bucket under the leak in the roof.
私は屋根が雨漏りしている箇所の下にバケツを置いた。

関 bucket down「土砂降りになる」

0317

wet wipe

名 ウェットティッシュ

clean a baby's bottom with a wet wipe
赤ちゃんのおしりをウェットティッシュできれいにする

★可算名詞で、1枚を指す。

0318

bath plug [bǽθ, plʌ́g]

名 浴槽の栓　類 drain stopper

The bath plug is old and leaking hot water.
浴槽の栓が古くて、お湯が漏れている。

★plug は「栓」の意味。

0319

soap dispenser

名 石鹸のポンプ

fill the soap dispenser from a soap refill pack
つめかえ用の石鹸を石鹸ポンプに入れる

0320

foot file

名 かかとやすり、足用のやすり

I rubbed the foot file on my feet to remove the hardened skin.
私はかかとやすりを使って硬くなった足の角質を取り除いた。

0321

toilet seat

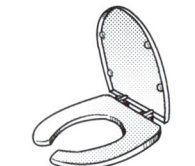

名 便座

The toilet seat was cold when I sat down on it.
私が座ったとき便座は冷たかった。

0322 lather [lǽðər]

名 石鹸の泡

I rubbed the soap in my hands to form a lather.
石鹸を手でこすって泡を立てた。

0323 stain [stéɪn]

名 しみ

I couldn't get the coffee stain out of the carpet.
カーペットからコーヒーのしみを取ることはできなかった。

0324 dustpan [dʌ́stpæn]

名 ちりとり

sweep the dirt and dust into a dustpan
チリやゴミを掃いてちりとりに入れる

関 sweep「掃く」

0325 broom [brúːm]

名 ほうき

The bristles of this broom are made of nylon.
このほうきの毛はナイロン製だ。

6 服飾・寝具・赤ちゃん

0326

hoodie [húdi]

名 パーカー　類 hooded sweatshirt

It was cold outside, and I put the hood up on my **hoodie**.
外は寒く、私はパーカーのフードをかぶった。

0327

sleeve [slíːv]

名 袖

The **sleeves** of the shirt were too short, so I returned it.
シャツの袖が短すぎたので、返品した。

0328

belt loop

名 ベルト通し、ベルトループ

I often miss a **belt loop** when I'm putting on my belt.
ベルトをつけているとき、よくベルト通しを1つ飛ばす。

0329

shoestring [ʃúːstrɪŋ]

名 靴紐　類 shoelace

My little son is learning to tie his **shoestrings**.
私の幼い息子は靴紐を結ぶ練習をしている。

0330

scarf [skɑ́ːrf]

名 マフラー、スカーフ

I'm knitting a **scarf** for my father.
私は父のためにマフラーを編んでいるところだ。

98

0331 mitten [mítn]

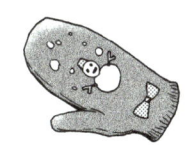

名 ミトン

I wore **mittens** instead of gloves because they are warmer.
手袋よりも温かいので、ミトンをつけていた。

0332 earmuffs [íərmʌfs]

名 耳あて

It was so cold that I put on **earmuffs** when I went out.
とても寒かったので、外出するとき耳あてをした。
★複数形であることに注意。

0333 suspenders [səspéndərz]

名 ズボン吊り、サスペンダー　英 braces

The trousers were a bit large, but I held them up with **suspenders**.
ズボンは少し大きかったが、ズボン吊りを使って、ずり落ちないようにした。
★左右両側を指すので通例複数形になる。

0334 hand-me-downs

名 お下がり、お古の服

I was the youngest child, so I wore a lot of **hand-me-downs**.
私は一番下の子どもだったので、お古の服を多く着ていた。

0335 fitting room

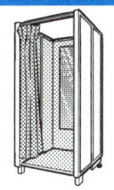

名 試着室

try on some shirts in the **fitting room**
試着室でシャツを何枚か試着する

0336 snap (fastener) [snǽp]

名 スナップ、ホック　類 snap button　英 stud

The handbag is closed with a **snap fastener**.
そのハンドバッグはスナップで留める。

★「ホック」はオランダ語から。

0337 Velcro [vélkrou]

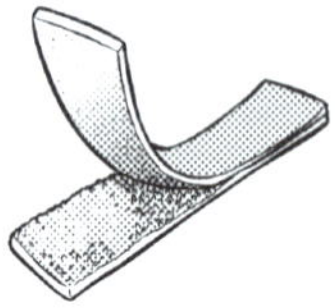

名 マジックテープ　類 hook and loop fastener

Velcro fastening shoes are much easier to put on.
マジックテープで留めるタイプの靴は履くのがより簡単だ。

0338 crease [kríːs]

名 ズボンの折り目

iron a **crease** down the front of the trousers
ズボンの前部にアイロンで折り目をつける

関 pleat「プリーツ、ひだ（の1本）」

0339 safety pin

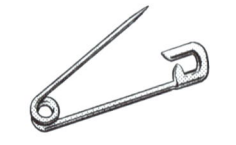

名 安全ピン

I attached the flower to my lapel with a **safety pin**.
私は安全ピンで花を下襟に留めた。

★ lapel は「下襟」の意味。

0340 thread [θréd]

名 糸

cut off a loose **thread** from my shirt
シャツからほどけた糸を切る

★ ネット掲示板の「スレッド」の意味もある。
関 needle threader「糸通し」

0341 hem [hém]

名 すそ 動 ～のすそを縫う

My mother lowered the **hem** on my trousers when I got taller.
母は私の背が高くなったとき、ズボンのすそを下げてくれた。

0342 thimble [θímbl]

名 (裁縫用の) 指ぬき

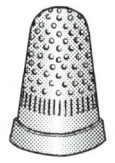

I put a **thimble** on my finger so that I could push the needle through the thick cloth.
分厚い布に針を押して通せるよう、私は指ぬきをはめた。

0343 scrunchie [skrʌ́ntʃi]

名 シュシュ 類 scrunchy

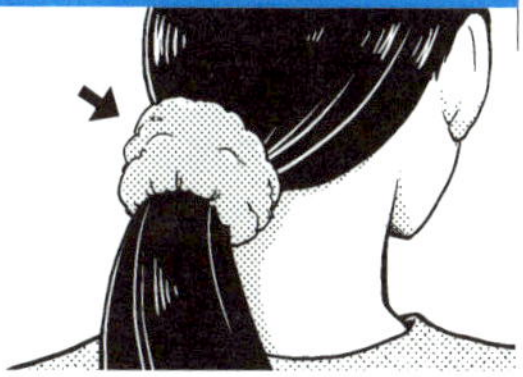

I hold my hair together with a **scrunchie**.
私はシュシュで髪をまとめた。

★「シュシュ」はフランス語。
関 Alice band「カチューシャ」

0344 braid [bréɪd]

名 三つ編み

I had my hair in **braids** when I was a child.
私は子どもの頃、髪を三つ編みにしていた。

関 crop「丸刈り」

0345 tape measure

名 巻き尺、メジャー 類 measuring tape

I measured my waist with a **tape measure**.
私はウエストを巻き尺で測った。

★ 金属製のものも含まれる。

6 服飾・寝具・赤ちゃん
7 文具
8 通信・書類・印刷物

0346 seam [síːm]

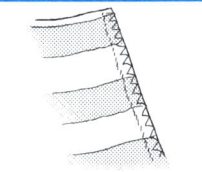

名 縫い目、継ぎ目

The seam came apart and I had to sew the edges together again.
縫い目がほどけてしまって、
私は端をもう一度縫い直さなければならなかった。

0347 sewing machine [sóuɪŋ]

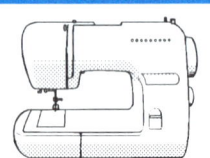

名 ミシン

My sister made her own clothes with a sewing machine.
私の姉はミシンで自分の服を作っていた。

関 sew ~ on a sewing machine「~をミシンで縫う」

0348 pillow [pílou]

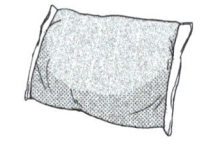

名 枕

I sleep with my head on two pillows.
私は2つの枕を置いて寝ている。

0349 blanket [blǽŋkət]

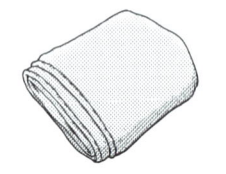

名 毛布

I put an extra blanket on my bed because it was cold.
寒かったので、もう1枚毛布をベッドに敷いた。

関 sheet「シーツ」

0350 comforter [kʌ́mfərtər]

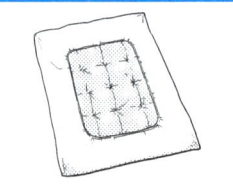

名 かけ布団 英 duvet [duːvéɪ]

It was so hot, I kicked off my comforter in my sleep.
暑かったので、寝ている間にかけ布団を蹴飛ばした。

関 down「羽毛の」 関 mattress「マットレス」

0351 sleeping bag

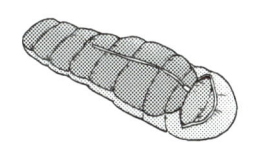

名 寝袋

I slept in my **sleeping bag**.
私は寝袋で寝た。

★「シュラフ」はドイツ語のSchlafsackから。

0352 cloth [klɔ́:θ]

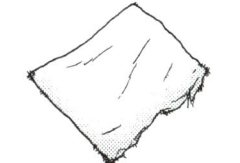

名 布切れ

wipe my glasses with a clean **cloth**
清潔な布切れでメガネを拭く

0353 keyring [kí:rɪŋ]

名 キーホルダー 類 key chain

I put all my keys on one **keyring**.
私は自分の鍵をすべて1つのキーホルダーにつけた。

0354 wallet [wɑ́lət]

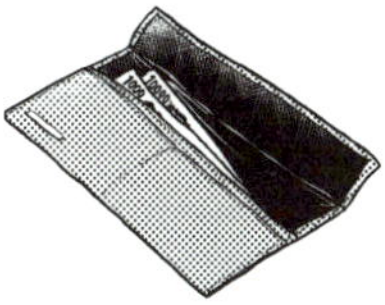

名 札入れ、財布 類 billfold

I pulled out my **wallet** to pay for the meal.
私は食事の代金を払うために財布を取り出した。

0355 (coin) purse [pə́:rs]

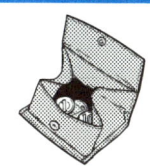

名 小銭入れ

I had a few coins in my **purse**.
小銭入れの中にコインを数枚持っていた。

★ purseはアメリカ英語ではhandbagの意味でも使われる。

0356 diaper [dáɪəpər]

名 おむつ 英 nappy

I have to change Leo's **diaper**.
私はLeoのおむつを替えなければならない。

0357 toddler [túdlər]

名 よちよち歩きの子ども

Going shopping with a **toddler** is hard.
よちよち歩きの子どもを連れて買い物に行くのは大変だ。

関 infant「幼児」

0358 bib [bíb]

名 よだれかけ

Put the **bib** on Ben before feeding him.
Benに食事を与える前によだれかけをつけて。

0359 crib [kríb]

名 ベビーベッド 英 cot

I put my baby down to sleep in the **crib**.
私はベビーベッドに赤ちゃんを置いて寝かせた。

★ ベビーベッドは和製英語。

0360 playpen [pléɪpen]

名 乳幼児用の囲い、ベビーサークル

I put Jim in the **playpen** while cooking dinner.
私は夕食を作る間Jimをベビーサークルに入れた。

0361 cradle [kréɪdl]

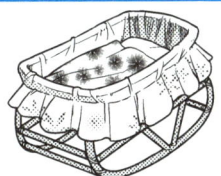

名 ゆりかご

I put Mary in the cradle and rocked her to sleep.
私はMaryをゆりかごに入れて眠りにつくように揺らした。

0362 pacifier [pǽsəfaɪər]

名 おしゃぶり 英 dummy

The baby was crying, so his mother gave him a pacifier to suck on.
赤ちゃんが泣いていたので、母親がおしゃぶりを吸わせてあげた。

0363 high chair

名 (幼児用の) 高いす

The waiter brought a high chair for our daughter.
ウェイターが娘に幼児用の高いすを持ってきてくれた。

0364 incubator [ínkjubèɪtər]

名 保育器

My newborn son is in an incubator because he was born premature.
生まれたばかりの息子は早産だったので、保育器にいる。

0365 potty [pɑ́ti]

名 おまる

My 2-year-old son likes sitting on the new potty even when he doesn't need it.
私の2歳の息子は、用のないときまで新しいおまるに座るのが好きだ。

105

0366

baby formula [fɔ́ːrmjulə]

名 乳児用人工ミルク、粉ミルク

I couldn't breastfeed my baby, so I used **baby formula**.
私は赤ちゃんに母乳を与えることができなかったので、粉ミルクを使った。

0367

go into labor

陣痛が始まる、産気づく

My wife **went into labor** at 8 last night.
妻は昨晩8時に陣痛が始まった。

0368

breast-feed [bréstfìːd]

動 母乳を与える　関 breast milk「母乳」

There is a room in the department store for mothers who are **breast-feeding**.
そのデパートには母乳を与える母親のための部屋がある。

0369

pregnant [prégnənt]

形 妊娠している

My wife is **pregnant** with our third child.
妻は私たちの3人目の子どもを身ごもっている。

0370

rattle [rǽtl]

名 ガラガラ

I shook the **rattle**, and the baby chuckled.
私がガラガラを振ると、赤ちゃんはキャッキャと笑った。

0371 morning sickness

名 つわり

My **morning sickness** wasn't so bad when I was pregnant with my son.
息子を妊娠しているとき、つわりはそんなにひどくなかった。

0372 give birth to a baby

赤ちゃんを産む

Kevin's wife **gave birth to a baby** girl last night.
Kevinの妻が昨晩女の子の赤ちゃんを産んだ。

0373 baby carriage [kǽrɪdʒ]

名 寝かせて乗せる乳母車 類 pram [præm]

The baby was lying asleep in the **baby carriage**.
赤ちゃんは乳母車の中で横たわって眠っていた。

0374 stroller [stróulər]

名 座らせる乳母車 類 push chair, buggy

I put Jeff in the **stroller** and took him down to the park.
私はJeffを乳母車に座らせて公園に連れて行った。

7 文具

0375 glue [glúː]

名 のり

I put a spot of **glue** on the broken parts and stuck them together.
私は壊れた部品に少量ののりをつけて一緒にくっつけた。

0376 pushpin [púʃpìn]

名 画鋲　類 thumbtack

put up a poster on the wall with **pushpins**
画鋲でポスターを壁に貼る

0377 mechanical pencil [məkǽnɪkl]

名 シャープペンシル　英 propelling pencil

I like using **mechanical pencils** because then I don't need a pencil sharpener.
鉛筆削りがいらないので、シャープペンシルを使うことが好きだ。

0378 lead [léd]

名 鉛筆やシャープペンシルの芯

0.5 mm pencil **leads** for a mechanical pencil
シャープペンシル用の0.5ミリの芯

★発音注意。「レッド」に近い。
★lead には「鉛」の意味がある。

0379 stapler [stéɪplər]

名 ホッチキス

use a **stapler** to hold the newsletter together
ニュースレターをまとめるのにホッチキスを使う

関 staple「ホッチキスの歯、ホッチキスで留める」

0380 ruler [rúːlər]

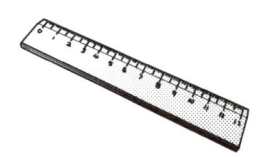

名 定規

measure the length of the line with a ruler
定規でその線の長さを測る

関 triangle「三角定規(英 set square)」

0381 hole punch

名 穴開けパンチ

I made two holes with a hole punch and put the letter in a binder.
私はパンチで2つの穴を開けてその手紙をバインダーに閉じた。

0382 memo pad

名 はぎ取り式のメモ帳

jot down a phone number on the memo pad next to the phone
電話横のメモ帳に電話番号を書き留める

関 jot down「手早く書き留める」

0383 sticky note

名 付箋 類 post-it

mark an important page with a sticky note
重要なページに付箋で印をつける

0384 globe [glóub]

名 地球儀

I spun the globe around trying to find the name of the country.
国の名前を見つけようと私は地球儀を回した。

0385 ballpoint pen

名 ボールペン 英 biro

write a check with a **ballpoint pen**
ボールペンで小切手を書く

0386 fountain pen [fáuntən]

名 万年筆

It takes some getting used to before you can write with a **fountain pen** well.
万年筆でうまく書けるようになるには慣れが必要だ。

関 nib「ペン先」 関 quill「羽ペン」

0387 correction tape

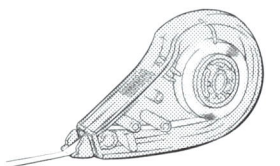

名 修正テープ

delete a line of text with **correction tape**
修正テープで文書の1行を削除する

0388 correction fluid [flúːɪd]

名 修正液 類 whiteout

I used **correction fluid** to cover my mistake before writing the correct word.
私は修正液で間違いを隠して、正しい単語を書いた。

0389 rubber fingertip [rʌ́bər]

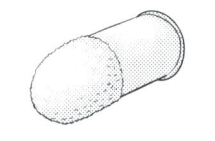

名 (ゴムの) 指サック 類 thimblette

The **rubber fingertip** made it easier to thumb through the pages of the document.
指サックで、書類のページをめくるのが楽になった。

0390 ■■■ eraser [ɪréɪsər]

名 黒板消し、消しゴム

I used a vacuum cleaner to clean the chalk off the eraser.
掃除機を使って黒板消しからチョークを取り除いた。

0391 ■■■ protractor [proutrǽktər]

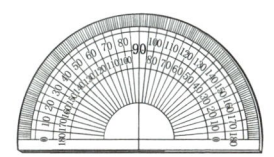

名 分度器

measure an angle with a protractor
分度器で角度を測る

関 angle「角度」

0392 ■■■ compass [kʌ́mpəs]

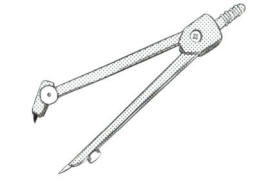

名 コンパス

I drew two circles with a pair of compasses.
私はコンパスを使って2つの円を描いた。

関 circle「円」

0393 ■■■ bookmark [búkmɑːrk]

名 しおり

put my bookmark on page 135
135ページにしおりを挟む

0394 ■■■ bookend [búkend]

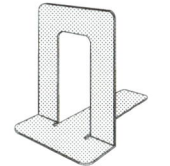

名 ブックエンド、本立て

I put my favorite books between bookends on my bedside table.
ベッドサイドテーブルにある本立ての間に自分の好きな本を置いた。

0395

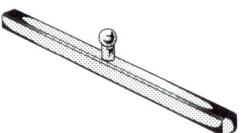

paper weight

名 文鎮

I put a paper weight on the documents so that they wouldn't blow away.
書類が飛ばないように私は文鎮を置いた。

0396

calculator [kǽlkjulèɪtər]

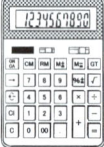

名 電卓

check the figures with a calculator
電卓で数値を確認する

0397

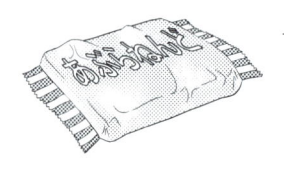

clay [kléɪ]

名 粘土

The potter shaped the spinning clay to make a vase.
陶芸家は回転する粘土を使って花瓶を作った。

関 pottery「陶芸」

0398

rubber band

名 輪ゴム 類 elastic band

tie a plastic bag with a rubber band
輪ゴムでビニール袋を縛る

0399

telescope [téləskòup]

名 望遠鏡

look at the moon through a telescope
望遠鏡で月を見る

関 radio telescope「電波望遠鏡」
関 observatory「展望台」

0400 microscope [máɪkrəskòup]

名 顕微鏡

look at the bacteria through a **microscope**
顕微鏡でバクテリアを見る

関 electron microscope「電子顕微鏡」

0401 magnifying glass [mǽgnəfàɪŋ]

名 虫眼鏡

focus a **magnifying glass** on a piece of paper and make a fire
虫眼鏡の焦点を紙に当てて火をつける

★magnify は「拡大する」の意味。

0402 binoculars [bənɑ́kjələrz]

名 双眼鏡　類 field glasses

These **binoculars** can magnify 20 times.
この双眼鏡は20倍まで拡大できる。

★「メガネ」と同じ発想で、通例複数形。

8 通信・書類・印刷物

0403 questionnaire [kwèstʃənéər]
名 アンケート、質問用紙

I filled in the **questionnaire** and gave it back to the researcher.
私はアンケート用紙に記入して調査員に返した。

0404 encyclopedia [ensàıkləpí:diə]
名 百科事典

I used an **encyclopedia** to find information about my homework topic.
私は宿題のトピックについての情報を得るために百科事典を使った。

0405 chart [tʃɑ́:rt]
名 図　類 infographic

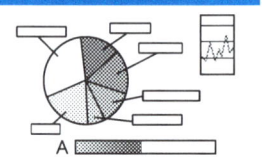

The **charts** made the presentation easy to understand.
図のおかげでプレゼンテーションが理解しやすくなった。

0406 contract [kɑ́ntrækt]
名 契約書

read the **contract** carefully before signing it
契約書にサインする前に注意深く読む

0407 résumé [rézumèı]
名 履歴書　英 CV (curriculum vitae)

I sent my **résumé** to the company along with a cover letter.
私はカバーレターとともに履歴書を会社に送った。

114

0408 photocopier [fóutoukàpiər]

名 コピー機

make a copy of the report on the **photocopier**
コピー機でレポートのコピーを取る

★単にcopierとも言う。

0409 instruction manual

名 取扱説明書

read the **instruction manual** before calling customer services
カスタマーサービスに電話する前に説明書を読む

0410 application form

名 申込用紙

send my **application form** before the deadline
締め切り前に申込用紙を送る

0411 scribble [skríbl]

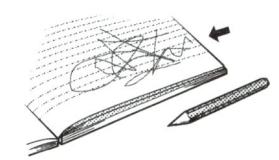

名 落書き

I found someone's **scribble** in the back of my notebook.
私は自分のノートの裏に誰かの落書きを見つけた。

0412 calligraphy [kəlígrəfi]

名 書道、カリグラフィー

I studied **calligraphy** to improve my writing.
字がうまくなるように書道を学んだ。

115

0413

signature [sígnətʃər]

名 署名

I put my signature at the bottom of the letter.
私は手紙の最後に署名した。

0414

autograph [ɔ́ːtəɡræf]

名 有名人のサイン

I asked the famous actress for her autograph.
私は有名女優にサインを頼んだ。

0415

insurance policy [ɪnʃúərəns]

名 保険証券、保険証書

take out a travel insurance policy
旅行保険をかける

0416

sheet music

名 楽譜

I searched through the sheet music to find something to play.
何か弾く曲を見つけるために、楽譜をめくって探した。

0417

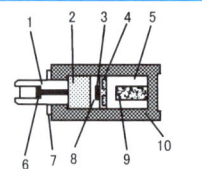

cross-section [krɔ́ːssèkʃən]

名 断面図

The diagram showed a cross-section of the component.
その部品の断面図がその図に描かれている。

0418 will [wíl]

名 遺言

My uncle left me some money in his will.
おじが遺言でいくらかのお金を私に残してくれた。

関 inherit「相続する」 関 inheritance「遺産」

0419 minutes [mínəts]

名 議事録

I was asked to take the minutes of the meeting.
私は会議の議事録を取るように頼まれた。

★通例複数形で使う。

0420 notice [nóutəs]

名 お知らせ

I read the notice pinned on the board.
掲示板に貼られていたお知らせを読んだ。

0421 recipe [résəpi]

名 レシピ

You should follow the recipe to the letter if you're not a good cook.
もし料理が得意でないなら、レシピに文字通りに従うべきだ。

0422 itinerary [aɪtínərèri]

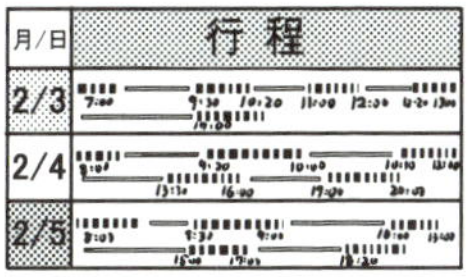

名 旅程表

The travel agency sent me the itinerary for my trip.
旅行代理店が旅程表を送ってきた。

関 destination「目的地」

0423 graffiti [ɡrəfíːti]

名 (壁などに描かれる) 落書き

The residents painted the wall to cover the **graffiti**.
住民たちは落書きを消すために壁を塗った。

0424 stub [stʌ́b]

名 半券

The woman at the door of the theater tore off the ticket **stub** and gave it back to me.
劇場のドアにいた女性が半券をちぎって私に返した。

0425 brochure [brouʃúər]

名 パンフレット

We looked through the travel **brochure** to decide where to go.
私たちはどこに行くか決めるために旅行パンフレットに目を通した。

0426 atlas [ǽtləs]

名 地図帳

look through an **atlas** to find a map of Europe
ヨーロッパの地図を見つけるために地図帳に目を通す

★冊子や本の形になっているものを指す。

0427 price tag

名 値札

buy a diamond ring without looking at the **price tag**
値札を見ずにダイヤの指輪を買う

0428

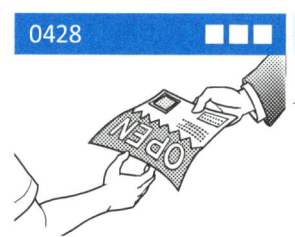

flier [flάɪər]

名 チラシ

hand out **fliers** to passersby
通行人にチラシを配る

★flyerと綴られることもある。

0429

article [άːrtɪkl]

名 記事

read a short **article** in the newspaper
新聞で短い記事を読む

0430

cursive (writing) [kə́ːrsɪv]

名 筆記体

My father's **cursive writing** was difficult to read.
父の筆記体は読むのが難しかった。

0431

comic strip

名（新聞などに掲載される）マンガ

enjoy reading the **comic strip** in the newspaper every day
毎日、新聞のマンガを読むのを楽しむ

0432

Braille [bréɪl]

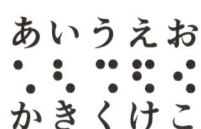

名 点字

At the library, **Braille** versions are available for blind readers.
図書館では、目の不自由な読者のために点字版が入手可能です。

6 服飾・寝具・赤ちゃん

7 文具

8 通信・書類・印刷物

119

0433

sign language

名 手話

The speech was also given in sign language.
スピーチは手話でも行われた。

関 read lips「唇の動きを読み取る」

0434

cell phone

名 携帯電話　英 mobile (phone)

Please set your cell phones to silent mode.
携帯電話はマナーモードにしてください。

★ silent mode「マナーモード」

0435

signal bars

名 受信のアンテナ表示　類 reception bars

I had only two signal bars on my cell phone.
私は携帯にアンテナが2本しか立っていなかった。

関 bad reception「受信状態が良くないこと」

0436

ringtone [ríŋtoun]

名 着信音

The ringtone on my cell phone is "Mary had a little lamb."
私の携帯の着信音は「メリーさんのヒツジ」である。

0437

area code

名 市外局番

03-××-××××

You can look up the area code of the city you're calling on the internet.
電話をかける街の市外局番を
インターネットで調べることができる。

0438 stamp [stǽmp]

名 切手

stick a **stamp** on the envelope
封筒に切手を貼る

関 post office box「私書箱」 関 postage「郵便料金」

0439 zip code

名 郵便番号　英 post code

The letter took longer because I didn't write the **zip code**.
私は郵便番号を書かなかったので、手紙が着くのが遅れた。

0440 postmark [póustmà:rk]

名 消印　動 消印を押す

I knew when it was mailed from the **postmark**.
消印を見ていつ投函されたのかわかった。

関 postmarked stamp「消印の押された切手」

0441 envelope [énvəloup]

名 封筒

put the letter in an **envelope**
手紙を封筒に入れる

関 flap of an envelope「封筒の折り返し部分」

0442 package [pǽkɪdʒ]

名 小包　類 parcel

The **package** was delivered first thing in the morning.
小包は朝一番に配達された。

0443

telegram [téləgræm]

名 電報

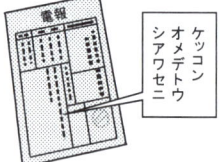

My uncle sent a **telegram** to congratulate me on my wedding.
おじが私の結婚を祝う電報を送ってくれた。

0444

business card

名 名刺

exchange **business cards** with clients
顧客と名刺を交換する

0445

bill [bíl]

名 紙幣　英 banknote

I found a $10 **bill** in my old book.
私は自分の古い本の中に10ドル札を見つけた。

0446

commemorative coin [kəmémərətɪv]

名 記念硬貨

Commemorative coins can be used at their face values.
記念硬貨は額面通りの価値で使用可能だ。

関 heads/tails「コインの表/裏」

0447

change [tʃéɪndʒ]

名 小銭、お釣り

I left the **change** on the table as a tip.
私はお釣りをチップとしてテーブルに残した。

0448 check [tʃék]

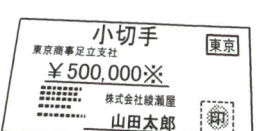

名 小切手 英 cheque

I wrote a **check** to pay the electricity bill.
私は電気代を払うために小切手を書いた。

関 cash the check「小切手を現金化する」

0449 passbook [pǽsbuk]

名 銀行通帳 類 bankbook

I put the **passbook** into the ATM to update the information.
情報を更新するためにATMに通帳を入れた。

0450 water bill

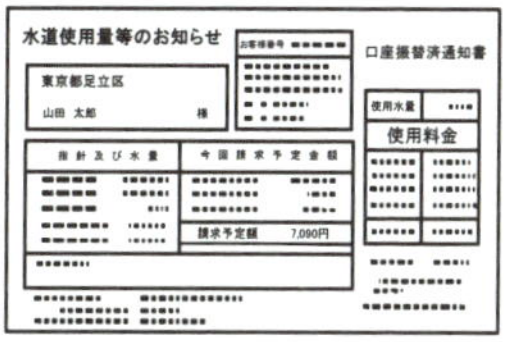

名 水道代の請求書

I paid the **water bill** at the bank.
銀行で水道代を払った。

0451 lottery ticket [lάtəri]

名 宝くじ券

I keep my **lottery ticket** in the safe.
私は金庫に宝くじ券を保管している。

★ lotteryは「宝くじ」。

0452 answering machine

名 留守番電話

leave a message on the **answering machine**
留守番電話にメッセージを残す

0453

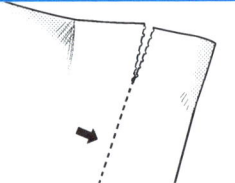

perforation [pəːrfəréɪʃən]

名 ミシン目

tear the ticket along the **perforation**
ミシン目に沿ってチケットをちぎる

関 perforated「形 ミシン目の入った」

0454

watermark [wɔ́ːtərmɑ̀ːrk]

名 透かし

The sales clerk held the $100 bill to the light to check for a **watermark**.
店員は透かしを確認するために、100ドル紙幣を光にかざした。

0455

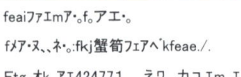

garbled [gɑ́ːrbld]

形 文字化けした

The email was so **garbled** that I couldn't understand it.
Eメールはひどく文字化けしており、私は理解できなかった。

Hints and Tips !

0161 **front door**「玄関のドア、玄関口」
★answer the front doorは、玄関の呼び鈴やノックに答えて応対に出ることを指す。
★answer the phoneだと「電話に出る」。
関backdoor「裏口、勝手口」 関porch「ポーチ」

0162 **stairs**「階段」
★stairとstepについてはp.47参照。staircaseも「階段」の意味だが、微妙に指すものが異なる。stairsは足で踏む段の並びを指す。staircaseはさらに手すりなどを含めた階段の空間全体を指す。
関landing「踊り場」 関handrail「手すり」
関upstairs/downstairs「階上/階下で(に)」

0163 **ceiling**「天井」
★前置詞に注意。on the ceilingは床に立って上を見上げたときに見える天井の面を指す。
I put up a poster on the ceiling.
「天井にポスターを貼った」
There are two lights on the ceiling.
「天井にライトが2個ついている」
ネズミが天井の上を走り回るなど、天井の板の上にいる場合は、in the ceilingとなる。
また、ライトが天井に取りつけられて突き出た状態、あるいは垂れ下がった状態ならon、埋め込まれた状態ならinが使われる。
関roof「屋根」

0166 **garage**「ガレージ」
★「修理工場」の意味もあるので、文脈に注意。
I had my car serviced at the local garage.
「私は車を近くの修理工場で整備してもらった」

0167 **alcove**「壁などを凹ませて作ったスペース、床の間」
★壁を凹ませて作ったスペース全般を指し、欧米では机やベッドなどを置くなど、実用的な目的に使われることが多い。よって聞き手が日本の住宅に詳しくない場合、ネイティブでもalcoveと聞いて床の間をイメージするわけではない。床の間は装飾品を置くために使われることや、床をむやみに踏んではいけないことなども説明が必要だろう。

0168 **basement**「地下室、地階」
★utility room「家事作業室」は、洗濯やアイロンがけなどの家事を行うための設備が備えられた部屋で、地下室がそれに当てられることもある。

0170 **fireplace**「暖炉」
★暖炉の運用は手間がかかることもあり、electric fireplaceも販売されている。単なるヒーターではなく、暖炉で火が燃えているように見せる装飾のついたものが多い。
関 put out the fire「火を消す」関 firewood「薪」

0171 **windowsill**「窓台、窓敷居」
★窓枠の下部にある水平部分で、よく植木鉢などが置かれる箇所。
関 bay window「出窓」

0178 **lawn**「芝生」
★「人工芝」はartificial turfと言う。このturfは「切り出した芝の一片」の意味。また、人工芝では、AstroTurfというブランドが有名で、artificial turfの代名詞として使われることもある。
★lawnの発音注意。loan「ローン」とは異なり、[u]「ウ」の音を入れないように。loanは[lóun]、lawnは[lɔ́ːn]である。
関 lawn mower「芝刈り機」

0183 **shrub**「低木」
★treeよりも低く、枝を持つ植物を指す。
★shrubが集まったものがshrubbery「低木の植え込み」。

0185 **apartment**「賃貸マンション、アパート」
★英語でmansionと言うと「大邸宅」を指すので要注意。また、マンションの建物全体を指す場合は、apartment buildingなどとする。
関 condo「分譲マンション（condominium）」

0187 **breaker panel**「分電盤」
★breaker「ブレーカー」は回路遮断器のことで、落雷や電気の使いすぎ、漏電の発生時などに、電気を遮断する装置。なお、遮断器を誤って作動させてしまうことを日本語では「ブレーカーが落ちる」と言うが、英語ではtripを使う。
The breaker tripped when I turned on the dryer.
「ドライヤーの電源を入れたときにブレーカーが落ちた」
また、他動詞としても使える。
I tripped the breaker when I turned on the dryer.
「ドライヤーの電源を入れたときにブレーカーを落としてしまった」

0190 **sink**「流し台」
★アメリカ英語では「洗面台」も指す。イギリス英語で洗面台はwashbasin。

0191 **faucet**「蛇口」
★tapは主にイギリス英語で使われるが、「蛇口の水」はアメリカ英語でもtap waterと言う。
★蛇口の開け閉めは、turn on/offでよい。
turn on/off the faucet

0192 **dishwasher**「食器洗い機」
★dishwasher-safeは形容詞で「食器洗い機にかけてもよい」の意味。
Don't put the plate in the dishwasher. It's not dishwasher-safe.
「その皿は食器洗い機にかけられないから、入れないで」

0194 **microwave (oven)**「電子レンジ」
★microwaveは「〜を電子レンジにかける」という動詞としても使える。

microwave the meal「食事を電子レンジにかける」
関 defrost meat「肉を解凍する」

0195 **rice cooker**「炊飯器」
★アメリカなどでは食事数回分の米を炊いて保温しておくという習慣がそれほど一般的ではないため、日本の炊飯ジャーとは異なり保温機能がないものも多い。保温機能のついたものは、rice cooker and warmerとして販売されている。
関 keep-warm feature「保温機能」

0196 **electric griddle**「ホットプレート」
★griddle は料理用の鉄板を指す。

0197 **induction range**「IHレンジ」
★IHはinduction heating「誘導加熱」の略。
★調理器具がIH対応であることを言うには、induction compatible「(調理器具などが)IH対応の」を使えばよい。
This frying pan is induction compatible.
「このフライパンはIH対応である」

0198 **gas stove**「ガスコンロ、ガスレンジ」
★日本語の「ストーブ」とは異なるので要注意。
★日本語で言う「ストーブ」を含めた暖房器具はheater。

0199 **cupboard**「戸棚」
★発音注意。カタカナでは「カバッド」に近い。pは黙字である上に、boardの発音は「ボード」ではない。
★イギリス英語ではこの意味の他、衣類や雑貨等をしまう小部屋(closet)の意味でも使われる。
★skeleton in the closet (英 cupboard)「隠しておきたい家庭の秘密」

0203 **ice cube tray**「製氷器」
★水を入れて四角い氷を作るための型のこと。
★iceは通例不可算だが、ice cubeは可算名詞で四角い氷の1つを指す。
I put two ice cubes in the glass.「四角い氷を2つグラスに入れた」

0207 **frying pan**「フライパン」
★fryは油を使って調理するという意味なので、「揚げる」「炒める」の区別がない。はっきりさせたい場合は、
deep-fry「揚げる」 stir-fry「炒める」
を使う。

0208 **sieve**「ふるい、こし器」
★日本語では記憶力が悪いことを例えて「ざるのような記憶力」というが、英語では
have a memory like a sieve
つまり、「こし器のような記憶力」となる。
ちなみに、記憶力が良いことの例えは、
have a memory like an elephant
と、ゾウを使った表現になる。これはゾウが優れた記憶力を持つと考えられているためである。
関 flour「小麦粉」関 lump「かたまり、だま」

0209 **pot**「鍋」
★日本語の「ポット」の連想から意外に感じる人が多い語と言える。だが、鍋を指す最も普通の語である。また、鍋以外にコーヒーポットやティーポットも指しうる。
There's some coffee in the pot.「ポットにコーヒーがあるよ」
★鍋やフライパン一式をpots and pansと言う。順番を逆にしてpans and potsとは言わないので注意。

0210 **saucepan**「片手鍋」
★通例、長い持ち手のついた深鍋を指す。
関 Bakelite handle「フェノール樹脂の取っ手」

0211 **dishwashing liquid**「食器洗剤」
★イギリス英語ではwashing-up liquidとも言う。
★「合成洗剤」はsynthetic detergent。

0212 **kettle**「やかん」
★例文のput the kettle onは「やかんを沸かす」という意味のイディオム。

★ 英米では保温式のポットはあまり使われない。よくあるのはいわゆる電気ケトルで、お湯を使うときだけ沸かす。
関 electric kettle「電気ケトル」

0213 **tea strainer**「茶こし」
★strainer は、こしたり水を切ったりする道具のこと。
関 fine mesh「細かい網目」

0218 **ladle**「おたま」
★「～をおたますくう」という動詞の使い方もある。
ladle some soup into the bowl
「スープをおたまですくって深皿に入れる」

0219 **mortar**「すり鉢」
★おべっかを使うという意味の「ごまをする」は、英語では flatter「へつらう、おべっかを使う」などを用いる。
He always flatters his boss.「彼はいつも上司におべっかを使う」

0221 **oven mitt**「鍋つかみ、オーブン用の手袋」
★熱い鍋などをつかむための手袋。
★mitt にはミトンの他、野球のミットの意味もある。

0222 **peeler**「皮むき器」
★動詞の peel には「皮をむく」の他に、「(果物の) 皮」の意味もある。
a banana peel「バナナの皮」

0225 **scoop**「(アイスクリーム用などの) スクープ、すくい」
★例文のように単位としても使える。a scoop of で「スクープひとすくい分の～」の意味。
★scoop には新聞などの特ダネの意味もある。日本語の「スクープ」はここから。

0228 **grater**「おろし器」
★great の比較級 greater と間違えないように注意。動詞の grate「おろす」から来ている。

0231 **chopsticks**「箸」

★「割り箸」は、形容詞disposable「使い捨ての」を用いて、disposable chopsticksと言われる。
★次の表現も覚えておきたい。
split the chopsticks「箸を割る」
rip apart the chopsticks「箸を割る」
hold chopsticks properly「箸を正しく持つ」

0232 **ovenproof**「(食器が) 耐熱性の、オーブンに入れられる」

★オーブンに入れても大丈夫であるという意味。-proofは「耐〜」「防〜」を表す接尾辞。
waterproof「防水」 bulletproof「防弾」
関 microwave-safe「形電子レンジを使用できる」

0233 **rice paddle**「しゃもじ」

★paddleには、船を漕ぐための「櫂、パドル」の意味もある。
row the canoe with a paddle「パドルでカヌーを漕ぐ」

0234 **platter**「大皿」

★通例、数人分の料理を乗せ、そこから取り分けるための浅い大皿。

0235 **tongs**「トング」

★挟んでつかむための器具。はさみなどと同じ発想で、複数形になることに注意。
★barbecueには「(こんろ、網などの) バーベキューセット」の意味がある。

0236 **portable gas stove**「カセットコンロ」

★コンロはカタカナで書かれるため誤解されやすいが日本語であり「焜炉」と書く。和製英語ですらないので気をつけよう。

0239 **garbage bag**「ゴミ袋」

★ゴミは、garbageの他に、trashやrubbishなどとも言う。
trashは主に紙くず類、rubbishはイギリスで用いられる。
関 transparent「透明な」

0240 **drawer**「引き出し」

★引き出しにまつわる表現は以下の通り。
open/close the drawer「引き出しを開ける/閉める」
the top drawer「一番上の引き出し」
the bottom drawer「一番下の引き出し」
the second drawer from the top「上から2番目の引き出し」
the third drawer from the bottom「下から3番目の引き出し」
take out the drawer「引き出しを外す」
The drawer comes off the rails.「引き出しが取れてしまう」

0241 **bookcase**「本棚」

★「本棚に」と言う場合、bookcase は箱型であることを意識するので in the bookcase となり、bookshelf は棚板を意識するので on を使う。
ぱっと見て「箱」だと思えば bookcase、「棚」だと思えば bookshelf を使い、それに合わせて in/on を選べばよい。

0242 **chest of drawers**「たんす」

★カタログやオンラインショップでは four-drawer chest などとして紹介される。
★通例 chest だけだと、昔の宝箱や櫃のような箱を指す。
treasure chest「宝箱」
★関連語の dresser はアメリカ英語では「鏡台」だが、イギリス英語では上部がガラス扉で中が見えるタイプの食器棚を指す。

0245 **kerosene heater**「灯油ストーブ」

★kerosene (英 paraffin) は「灯油」。
★英米では、停電時以外に灯油ストーブを部屋の暖房に使うことは少ないので、必ずしも「灯油」と聞いて石油ストーブを連想するとは限らない。

0246 **vacuum cleaner**「掃除機」

★イギリス英語では hoover とも言うが、元は商標。
★vacuum「真空」には、「掃除機をかける」の意味もある。
vacuum the floor「床に掃除機をかける」

0248 **air conditioner**「エアコン」
★エアコンの温度の上げ下げは、turn up/downが使える。ただし、例えばturn the air conditioner downとした場合に、もっと温度を下げるのか、それとも冷風の強さを緩めたいのかが曖昧になる。その場合は、目的語にtemperature settingやthermostat「温度自動調節器」を使い、turn down the thermostat (on the air conditioner)「エアコンの温度を下げる」と言うとわかってもらいやすくなる。
★「室外機」はoutdoor unitと呼ばれる。
関 dehumidifier「除湿機」　関 humidifier「加湿器」

0249 **electric fan**「扇風機」
★関連語で使われているoscillateは「(2点間を) 振動する、動く」の意味。これ自体は硬い単語だが、oscillating fan「首振り機能のある扇」という言い方ではよく使われる。

0250 **vase**「花瓶」
★イギリス英語では発音が異なり、[vɑ́ːz]。「ヴァーズ」に近い。これは最初から知らないと、正しく聞き取れてもvaseのことだと気がつかないので覚えておこう。
★この他、同じスペルで大幅に読み方が変わるイギリス英語には、
schedule [ʃédjuːl]「シェジュール」
often [ɑ́f(t)n]「オフトゥン」(tが発音されることがある)
tomato [təmɑ́ːtou]「トマートゥ」　can't [kɑ́ːnt]「カーント」
がある。

0254 **roach motel**「(粘着式) ゴキブリ捕獲器」
★motel「モーテル」という言葉からイメージできるように、アース社「ゴキブリホイホイ」のようなタイプの捕獲器。元はRoach Motelという商品名だが、幅広く普及したため一般名詞化し、類似品もこう呼ばれることがある。なお、roachはcockroachの口語。
★関連語にあるbaitは「おびき寄せるための餌」の意味。
関 roach bait「ゴキブリ用の毒えさ」

0257 **lint roller**「コロコロ、カーペットクリーナー」
★lintは「毛玉、毛くず」の意味。

関 lint shaver「電動毛玉取り」

0258 **extension cord**「延長コード」
★extensionは「延長、拡張」の他に、「内線」の意味もある。
call extension 125「内線125に電話する」

0262 **plastic bag**「ビニール袋」
★日本語の「プラスチック」とは異なり、英語のplasticは日本語の「ビニール」も含む。
★例文のlineは、入れ物を綺麗に保つあるいは保温するために、紙などを敷くことを指す。
I lined the can with a paper napkin before putting in the cookies.
「私はクッキーを入れる前に、缶に紙ナプキンを敷いた」
関 tote bag「大型手提げカバン」

0264 **piggy bank**「(ブタの形をした) 貯金箱」
★ブタの形でなくても比喩的に使われることも多い。

0273 **garden shears**「植木ばさみ」
★shearsは、普通のはさみよりも大きい、あるいは特殊な形状のはさみ型の道具に使われる。
hair-cutting shears「散髪用はさみ」
tailor's shears「裁ちばさみ」
pruning shears「剪定ばさみ」
ただ、見た目がはさみっぽいものはscissorsと言っても通じる。

0281 **screw**「ねじ」
★「ビス」はフランス語。
★screw upは熟語で「大失敗する、〜を台なしにする」の意味を持つ。
screw up the plan「計画を台なしにする」

0282 **screwdriver**「ねじ回し」
★ドライバーのプラス/マイナスは和製英語。実は英語で言うと以下のようなややこしい表現となる。
プラスのねじ回し　Phillips screwdriver

マイナスのねじ回し　flat head/slotted screwdriver
★ねじを無理に回すと、ねじ頭がつぶれてしまうことがある。これを stripped screw「頭のつぶれたねじ」と呼ぶ。
関 toolbox「工具箱」

0284 **pliers**「ペンチ、プライヤー、ニッパーなど」
★日本語では、ペンチ、プライヤー、ニッパーなど別の語が当てられているが、英語ではまとめてpliersとして扱われ、区別する場合は説明する語をつける。
「ペンチ」linesman's pliers または combination pliers
「ラジオペンチ」long nose pliers または needle-nose pliers
「ニッパー」diagonal pliers
「プライヤー」slip-joint pliers

0287 **file**「やすり」
★「ファイル」とスペルが同じ。かかとの角質を取る軽石などはfoot fileと呼ばれる。(p.96)

0290 **plane**「かんな」
★飛行機とスペルが同じなので、文脈に気をつけること。

0291 **trowel**「園芸用移植こて、小型スコップ」
★左官が使う「こて」の意味もある。なお、「スコップ」はオランダ語。

0294 **work gloves**「作業用手袋、軍手」
★作業用手袋全般を指すので、日本の軍手のように布製で白色とは限らない。

0295 **jack**「ジャッキ」
★人名のJackと同じスペル、同じ発音。「ジャッキ」につられないように注意。
★動詞で、「(ジャッキで)〜を持ち上げる」の意味もある。その場合は、upとともに用いられることが多い。
jack up the car to replace the tire
「タイヤを交換するために車をジャッキで持ち上げる」

0299 **battery**「電池」
★「電池」のサイズは、
単1→D　単2→C　単3→AA　単4→AAA
と呼ばれている。
This toy car needs two AA batteries.
「このおもちゃの車は単3の電池が2本必要だ」

0300 **flashlight**「懐中電灯」
★torch「松明」も懐中電灯の意味で使われる。
★次の言い方も覚えておこう。
point a flashlight at「〜に懐中電灯を向ける」
shine a flashlight at「〜を懐中電灯で照らす」

0301 **cardboard box**「段ボール箱」
★cardboardは、分厚い紙の総称なのでただの厚紙も入る。段ボールを厳密に指す場合は、corrugated「波型の、畝のついた」という単語を使って、corrugated cardboard box「段ボール箱」とする。

0304 **bristles**「ブラシなどの毛」
★ブラシ、歯ブラシ、ほうきなどの毛に使われる語。
★bristleは毛の1本を指すので、2本以上なら複数形となる。

0306 **safety razor**「安全カミソリ」
★発音注意。rとlを間違えると、相手にはlaser「レーザー」と聞こえて「安全なレーザーでひげを剃る」と誤解されるかもしれない……。
★「カミソリ負け」はrazor burnと言う。

0307 **lipstick**「口紅」
★口紅1本1本を数える場合は可算名詞だが、「口紅を塗る」の場合は、個数を数えていないので不可算。よって、
I bought two lipsticks.「私は2本の口紅を買った」
I put on lipstick.「私は口紅を塗った」
となる。
関 mascara「マスカラ」

0309 **comb**「くし」
★「くしですく」という意味の動詞としても使える。
comb my hair「髪をくしですく」
★「くしの歯」は、the teeth of a comb。
★この他に comb には「(場所)をくまなく探す」という意味がある。
comb the crime scene for a clue
「手がかりを求めて犯罪現場をくまなく調べる」

0311 **tissue**「ティッシュペーパー」
★日本語では「ティッシュペーパー」と言うが、英語で tissue paper とすると、クラフトや包装用の薄葉紙を指すことが多いため、paper をつけないほうが無難。
★tissue には「細胞組織」の意味もある。

0312 **washing powder**「洗濯用粉石けん」
★洗濯時の色落ちについては次の語句がある。
color bleeding「色落ちした染料が他の衣類につくこと」
colorfast「形 (洋服が) 色あせしない」
関 bleach「漂白剤」

0313 **washing machine**「洗濯機」
★洗濯機のサイクルはそれぞれ次の通り。
wash「洗い」 rinse「すすぎ」 spin「脱水」
★ちなみに「繊細な、デリケートな」の意味でよく知られる delicate には名詞の使い方があり、「傷みやすい衣類」の意味。
put delicates in a mesh wash bag
「傷みやすい衣類をメッシュの袋に入れる」

0314 **thinning scissors**「すきばさみ」
★thin には動詞で「(髪を) すく」の意味がある。

0315 **nail polish**「マニキュア液」
★英語の manicure は手と手の爪を手入れすることを指し、マニキュア液を指すわけではないので注意。対となる語は pedicure「ペディキュア、足の爪・肌のケア」。

★polishは「磨く」という動詞の他に、名詞で「光沢剤、磨き粉」の意味がある。
shoe polish「靴ずみ」

0318 **bath plug**「浴槽の栓」

★plugは穴に差し込む、あるいは穴をふさぐための道具を指す。
ear plugは「耳栓」。

★類義語のdrain stopperは、文字通りdrain「排水」を止めるための道具で、ボタン式の栓も含む。

0319 **soap dispenser**「石鹸のポンプ」

★ポンプ型に限らず、液体石鹸が排出されるものをdispenserと呼ぶ。

0320 **foot file**「かかとやすり、足用のやすり」

★fileにはもともと「やすり」の意味がある。(p.89)
★素材の軽石は英語でpumice stone。

0321 **toilet seat**「便座」

★温水洗浄便座をウォシュレットとも言うが、これは商標名。また、温水洗浄便座自体、英米では一般的ではないので、それを直接表す単語がなく、特に海外では見たことがない人も多いため、かなり説明しなければわかってもらえない可能性が高い。日本在住の外国人ならwashletで通じるかもしれないが、それは実際に商標名を知っていたり、日本人がそう言うのを何度も聞いたりして、何のことかがわかるから。

★ちなみに、英米ではセントラルヒーティングのところが多く、その場合は建物全体が暖められている。トイレも常時暖房が効いている状態であるため、普通の便座でも温かいことがある。

関lid「フタ」 関toilet bowl「便器」

0323 **stain**「しみ」

★金属の「ステンレス」はstainless steelから来ているとわかれば覚えやすい。ステンレスはサビなどの汚れがつきにくい金属である。

★また、ステンドグラスも、stained glassから。stainには「着色剤、着色する」の意味がある。

0325 **broom**「ほうき」
★bloom「花、花ざかり」との混同注意。
ちなみに、魔女がよく乗るのはbroomstick「ほうきの柄」。

0327 **sleeve**「袖」
★袖の長さに関する表現。
long-sleeved「長袖の」 short-sleeved「半袖の」
sleeveless「袖なしの」
three-quarter sleeve「七分袖」(three-quarterは3/4のこと)

0330 **scarf**「マフラー、スカーフ」
★英語では、マフラーの意味でscarfをよく使う。mufflerも使われるが、こちらを覚えておきたい。

0334 **hand-me-downs**「お下がり、お古の服」
★clothesと同じように、通例複数形で使う。

0337 **Velcro**「マジックテープ」
★Velcroは登録商標名だが、一般名詞化している。ちなみに、日本語の「マジックテープ」も面ファスナーの登録商標であるが、もっぱら「マジックテープ」が使われている。英語でも、hook and loop fastenerという言い方もあるが、あまり使われない。

0346 **seam**「縫い目、継ぎ目」
★日本語の「シームレス」はここから来ているとわかれば覚えやすいだろう。英語でもseamlessは「継ぎ目のない、円滑な」の意味。

0348 **pillow**「枕」
★日本では枕を投げる「枕投げ」が定番だが、英語ではpillow fight。これは、枕を使った叩き合いである。
関 pillow case「枕カバー」 関 memory foam pillow「低反発枕」

0349 **blanket**「毛布」
★「電気毛布」は英語でもそのままelectric blanketと言う。
★パーティでゲームに参加することを拒否するなど、盛り上がってい

るところを白けさせる人のことをwet blanket「濡れた毛布」と言う。
Don't be a wet blanket, Tom. Join us.
「白けること言うなよ、Tom。一緒にやろう」

0352 **cloth**「布切れ」

★通例、特定の用途に使う布切れを表す場合は可算名詞で、素材を表す場合は不可算名詞。
The trousers were made from thick cloth.
「ズボンは厚い生地で作られていた」
関 table cloth「テーブルクロス」 関 clothes「服」

0353 **keyring**「キーホルダー」

★日本語では「キーホルダー」と言うが、英語で key holderと言うと、鍵をまとめて引っかけて保管するような壁かけ用のホルダーを指す。

0356 **diaper**「おむつ」

★「紙おむつ」は paper diaper。
★「使い捨ておむつ」は disposable diaper。
★change だけで「〜のおむつを替える」という意味がある。よって、change Tomで、「Tomのおむつを替える」という意味で使える。ただし、そのまま「Tomを変える」という意味もありうるので文脈から判断しよう。
I changed Tom while my wife was cooking.
「妻が料理中に私はTomのおむつを替えた」
The incident changed Tom forever.
「その事件がTomを永久に変えてしまった」

0358 **bib**「よだれかけ」

★主に食事中につける、布やプラスチック製のものを指す。
関 drool「よだれを垂らす」

0360 **playpen**「乳幼児用の囲い、ベビーサークル」

★penには「囲い地」の意味がある。よって、遊び用の囲い地と考えれば覚えやすい。
★ちなみに、野球のブルペンはbullpen。つまり、「雄牛の囲い地」の意味。
★他には play yardとも呼ばれる。

0362 **pacifier**「おしゃぶり」
★pacifyは「なだめる、静める」の意味。
★「おしゃぶりを吸う」はsuck on a pacifier。
関 suck my thumb「親指を吸う」

0364 **incubator**「保育器」
★incubateは「(未熟児など)を保育器で育てる、(卵)をかえす」の意味。
★incubateは、この他に「(病気が)潜伏期にある」という意味を持つことから、病気の「潜伏期」(感染してから症状が出るまでの期間)をincubation periodと言う。

0365 **potty**「おまる」
★「おまるの練習」は英語でpotty-training。
We've just started our son's potty training.
「息子のおまるの練習を始めたところだ」
関 poo「うんち」 関 pee「おしっこ」

0366 **baby formula**「乳児用人工ミルク、粉ミルク」
★baby formulaは母乳の代わりに赤ちゃんに飲ませるために作られた製品を指す。日本では法律上液体ミルクが制限されていることもあり、粉ミルクが主流だが、アメリカなどでは開封してそのまま飲ませられる液体のものもよく用いられている。よって、この単語も粉を指すとは限らないことに注意。
★やや硬くinfant formulaとも呼ばれる。

0367 **go into labor**「陣痛が始まる、産気づく」
★「労働」の意味でよく知られるlaborには「産みの苦しみ、陣痛」の意味がある。
★goの代わりにbe in laborで「分娩中である、陣痛発作中である」。
When I rushed to the hospital, my wife was already in labor.
「病院に急いで行ったとき、妻はすでに分娩中だった」

0369 **pregnant**「妊娠している」
★誰の子か、あるいは何番目の子どもを妊娠しているのかを言うときは、例文のようにwithを使う。

★どれくらい妊娠しているのかを言うときは、pregnantの前に期間をつける。
I'm six months pregnant「妊娠6か月である」
I'm eight weeks pregnant「妊娠8週目である」
関 be carrying a baby「妊娠している」　関 delivery「分娩、出産」

0370 **rattle**「ガラガラ」

★rattleは「ガタガタ」「ゴトゴト」「ガチャガチャ」といった音を指す語。動詞として使う場合はそういう音を立てるという意味。
The strong wind rattled the door.
「強い風でドアがガタガタ鳴った」
★ちなみに「ガラガラヘビ」はrattle snakeと言う。

0375 **glue**「のり」

★be glued to で「〜にかじりつく」の意味。
My son is glued to his new videogame.
「息子は新しいTVゲームにかじりついている」
★なお、同じ「のり」でも、「洗濯のり」はlaundry starch。

0377 **mechanical pencil**「シャープペンシル」

★シャープペンシルは和製英語。sharp pencilと言うと単に「尖った鉛筆」となる。
★シャープペンシルの芯を出すためにカチカチやるのは、click the mechanical pencilと言う。

0383 **sticky note**「付箋」

★post-itは登録商標だが、一般名称化され、類似の製品もそう呼ばれることがある。例文で、sticky noteの代わりにpost-itを使っても問題なく通じる。

0389 **rubber fingertip**「(ゴムの) 指サック」

★fingertipは「指先」の意味もある。

0390 **eraser**「黒板消し、消しゴム」

★erase「消す」の -er形なので、消す動作を行うものは何でもこの範疇

に入る。よって、黒板の文字を消すための道具もeraser。また、「消しゴム」という日本語とは異なり、eraserにゴムという概念はない。

0392 **compass**「コンパス」
★日本語の「コンパス」と同じように、円を描く道具と、方位磁石の両方を指しうるので、文脈に注意。円を描く道具の場合は、例文のようにa pair of compassesとすることが多い。

0394 **bookend**「ブックエンド、本立て」
★ブックエンドの片方しか指さないので、両側を指すなら複数形。また、ブックエンドの間に本を立てるので、前置詞はbetween。

0404 **encyclopedia**「百科事典」
★可算名詞だが、百科事典のセットを指す語なので、1冊だけの事典でも、20巻で1つのセットでも単数形。数えるならvolume「巻」。
an encyclopedia of 20 volumes「全20巻の百科事典」

0405 **chart**「図」
★グラフの種類も併せて覚えておきたい。
bar chart / bar graph「棒グラフ」
line chart / line graph「折れ線グラフ」
pie chart / circle chart「円グラフ」

0412 **calligraphy**「書道、カリグラフィー」
★字を芸術的に書くことを指す。必ずしも日本の書道のようなものではなく、アルファベットに精細な飾りをつけたりすることも含む。

0413 **signature**「署名」
★日本語のサインにつられてsignとしないように。signは動詞としては「署名する」の意味で使えるが、名詞としては「看板、合図」といった意味しかない。「署名」はsignatureである。また、有名人のサインは、autographを使う。

0415 **insurance policy**「保険証券、保険証書」
★policyには「方針、政策」の他に「(保険などの) 証券」の意味が

ある。また、例文のtake outはよく使われるので覚えておきたい。
★insuranceは「保険」の意味。
life insurance「生命保険」　fire insurance「火災保険」
関premium「保険料」

0416 **sheet music**「楽譜」

★sheet状の音楽と考えれば覚えやすいだろう。
★五線譜はmusic paper。
I wrote the melody down on music paper.
「私は五線譜にメロディーを書き留めた」

0424 **stub**「半券」

★券の一部を切り取った後で客に返される部分。
★このほかにstubには、タバコの吸いさし、鉛筆やろうそくのちびた使い残り、という意味がある。
関complimentary ticket「無料のチケット」関admission ticket「入場券」

0430 **cursive (writing)**「筆記体」

★ネイティブでも筆記体を書けない人は多い。アメリカでも筆記体離れは進んでおり、以前TIME誌でもそのことを取り上げた記事が掲載されたりしている。また、日本においても、平成14年以来、中学校における英語の教育指導要領から筆記体は外されている。
関shorthand「速記」

0431 **comic strip**「(新聞などに掲載される)マンガ」

★4コマとは限らない。また、英字新聞では、複数のマンガが同時に掲載されることが多い。

0432 **Braille**「点字」

★考案者の名前から来ている。語頭は小文字でbrailleと書かれることもある。

0443 **telegram**「電報」

★telegramは電報の1通を指す。telegraphは電報による通信手段、あるいはその装置を指す。

receive a telegram「電報を受け取る」
send a message by telegraph「電報でメッセージを送る」

0445 **bill**「紙幣」

★billには覚えておきたい意味が3つある。
「紙幣」「請求書」「くちばし」である。
★「札束」の「束」はwadを使って、
a wad of $10 bills「10ドル札の束」
などとする。

関 counterfeit「偽札」

0449 **passbook**「銀行通帳」

★預貯金に関して、この他に次の語句を覚えておきたい。
bank account「銀行口座」 withdraw「引き出す」
deposit「預金(する)、口座に入金する」
transfer「振り込む、振り込み」 interest「利子」
savings account「普通預金口座」
open an account with/at ～銀行「～銀行で口座を開く」

0450 **water bill**「水道代の請求書」

★billは「請求書」の意味。この他、よく使われるものとして、
gas bill「ガス代の請求書」 phone bill「電話代の請求書」
などがある。
★請求書を支払うと言う場合は、例文のようにpayを使う。お金や請求書を払う場合は前置詞なしで直接目的語として使い、購入品やサービスについて支払うことを言う場合は、forが必要。
pay $20 for the meal「食事に20ドル支払う」
billもpayの直接目的語として使うことに注意。
pay the bill「その請求書を支払う」

関 overdue「期限が過ぎて」

0455 **garbled**「文字化けした」

★文字化けの他に、無線などで雑音が入り、理解できないというときにも使われる。
The reception was bad, and his voice was garbled.
「電波状況が悪く、彼の声はよく理解できなかった」

復習テスト 1〜2

この章の復習です。次の絵が示すものを英語で言ってみましょう。

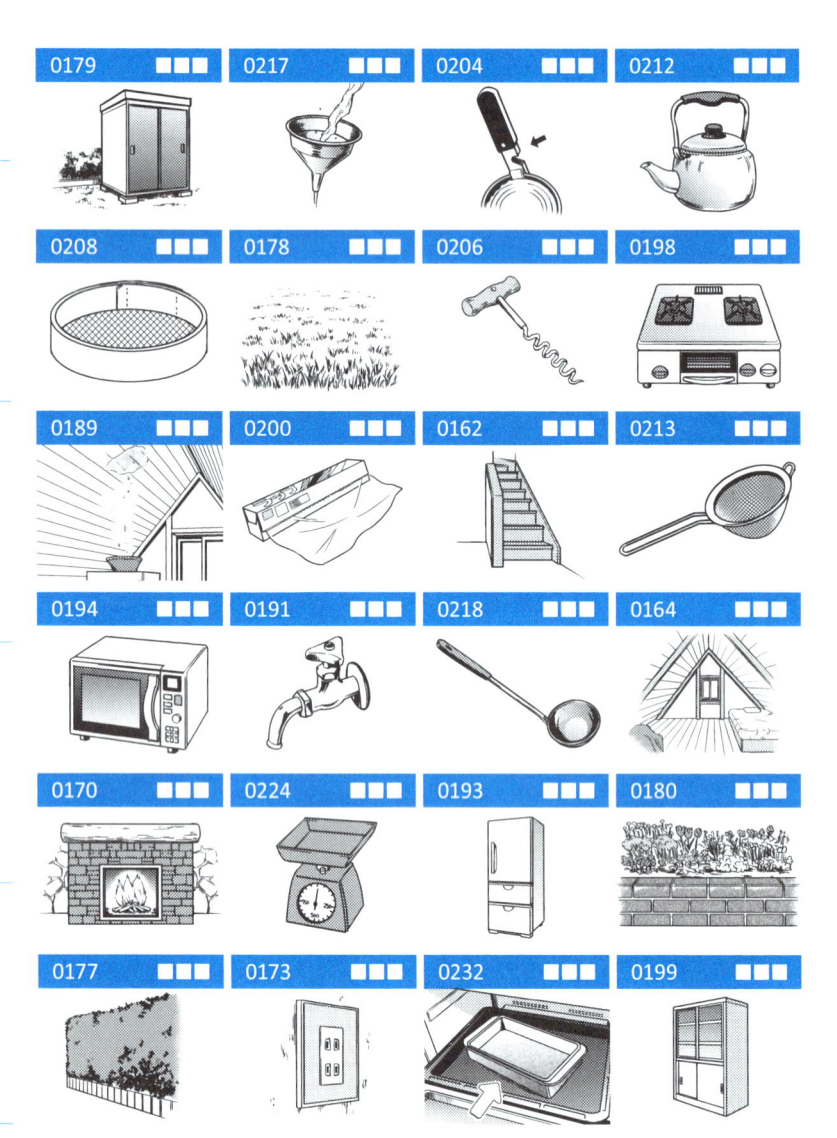

0179	0217	0204	0212
0208	0178	0206	0198
0189	0200	0162	0213
0194	0191	0218	0164
0170	0224	0193	0180
0177	0173	0232	0199

146

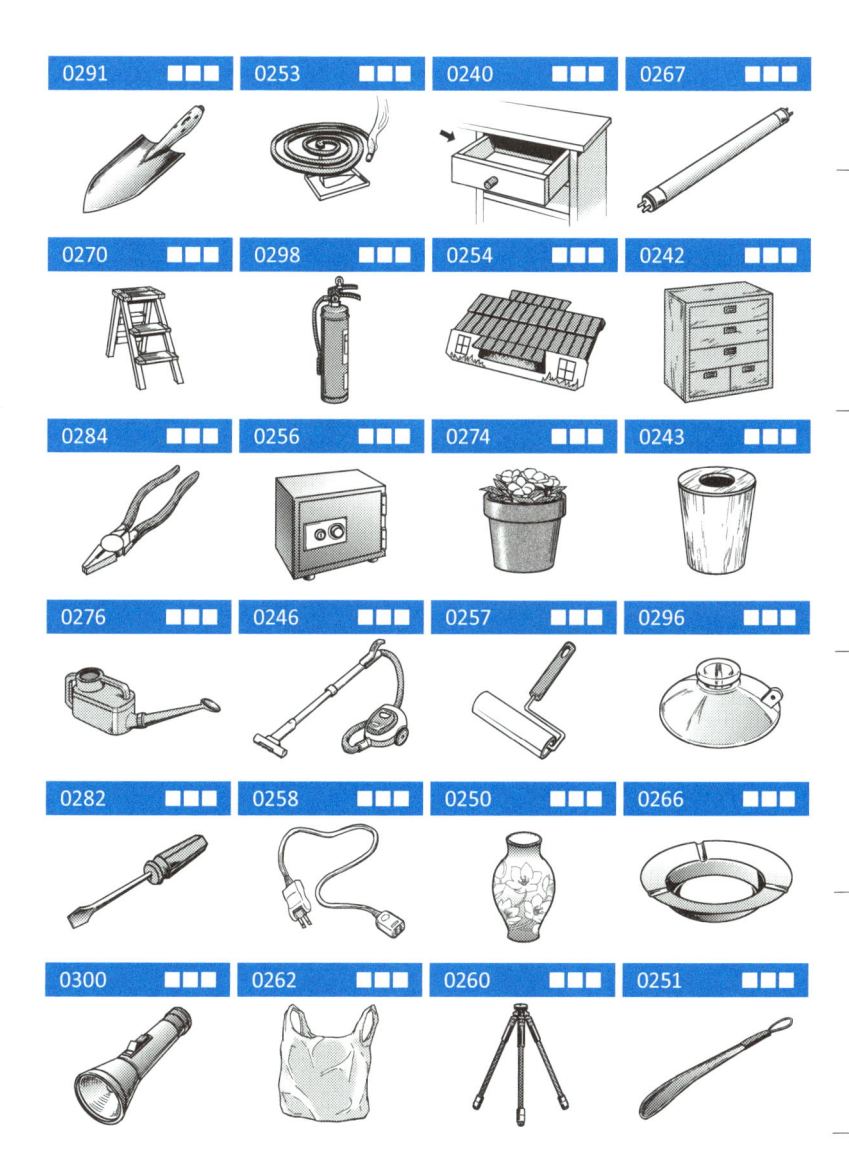

3～4

0291	0253	0240	0267
0270	0298	0254	0242
0284	0256	0274	0243
0276	0246	0257	0296
0282	0258	0250	0266
0300	0262	0260	0251

1 住まい

2 台所用品・設備

3 家具・雑貨・家電

4 工具・道具・DIY

5 洗面・洗濯・衛生

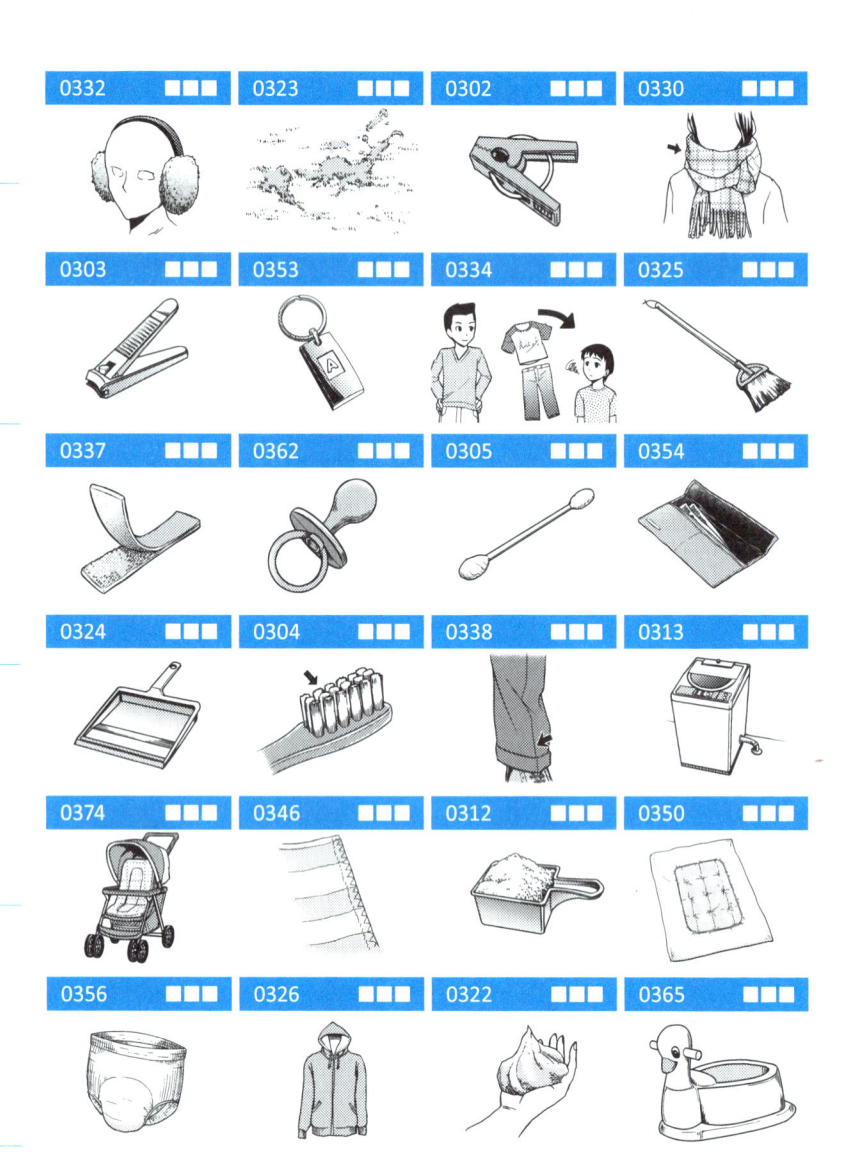

5～6

0332	0323	0302	0330
0303	0353	0334	0325
0337	0362	0305	0354
0324	0304	0338	0313
0374	0346	0312	0350
0356	0326	0322	0365

7〜8

0398	0376	0414	0424
0403	0416	0432	0402
0417	0445	0425	0430
0383	0404	0422	0436
0427	0396	0411	0454
0385	0401	0407	0421

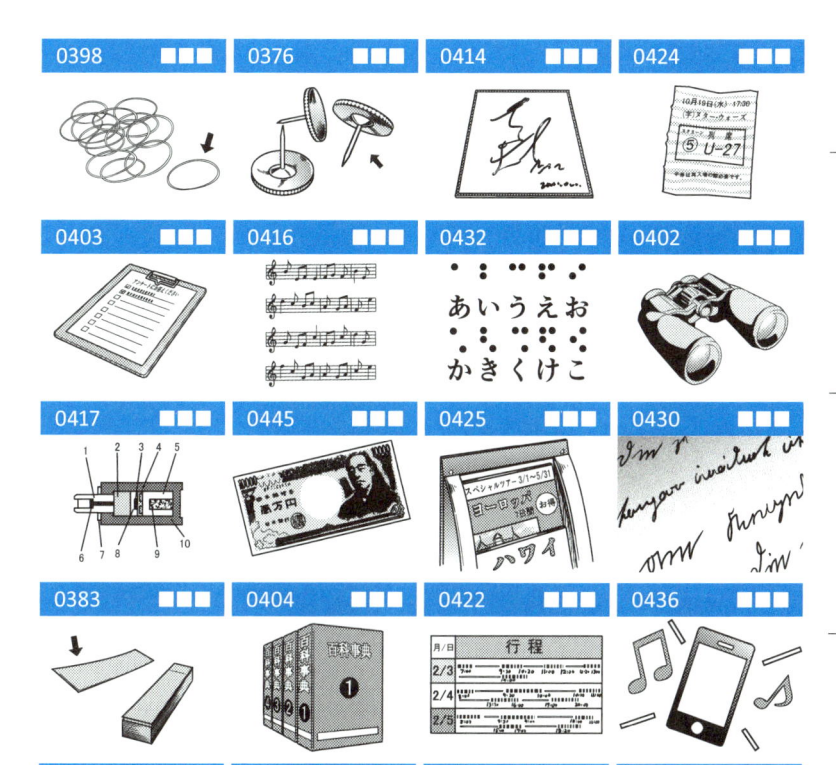

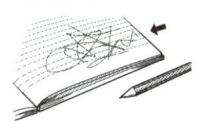

6 服飾・寝具・赤ちゃん

7 文具

8 通信・書類・印刷物

解 答

1～2

0179 ▶garden shed 庭の物置	0217 ▶funnel じょうご	0204 ▶can opener 缶切り	0212 ▶kettle やかん
0208 ▶sieve ふるい、こし器	0178 ▶lawn 芝生	0206 ▶corkscrew コルク抜き	0198 ▶gas stove ガスこんろ、ガスレンジ
0189 ▶a leak in the roof 雨漏り	0200 ▶plastic wrap ラップ	0162 ▶stairs 階段	0213 ▶tea strainer 茶こし
0194 ▶micro wave (oven) 電子レンジ	0191 ▶faucet 蛇口	0218 ▶ladle おたま	0164 ▶attic 屋根裏部屋
0170 ▶fireplace 暖炉	0224 ▶scales はかり、体重計	0193 ▶refrigerator 冷蔵庫	0180 ▶flower bed 花壇
0177 ▶hedge 生け垣	0173 ▶wall socket 壁のコンセント	0232 ▶ovenproof （食器が）耐熱性の	0199 ▶cupboard 戸棚

3～4

0291 ▶trowel 小型スコップ	0253 ▶mosquito coil 蚊取り線香	0240 ▶drawer 引き出し	0267 ▶fluorescent tube 蛍光灯
0270 ▶step ladder 脚立	0298 ▶fire extinguisher 消火器	0254 ▶roach motel ゴキブリ捕獲器	0242 ▶chest of drawers たんす
0284 ▶pliers ペンチ	0256 ▶safe 金庫	0274 ▶flower pot 植木鉢	0243 ▶wastebasket ゴミ箱
0276 ▶watering can じょうろ	0246 ▶vacuum cleaner 掃除機	0257 ▶lint roller コロコロ	0296 ▶suction cup 吸盤
0282 ▶screwdriver ねじ回し	0258 ▶extension cord 延長コード	0250 ▶vase 花瓶	0266 ▶ashtray 灰皿
0300 ▶flashlight 懐中電灯	0262 ▶plastic bag ビニール袋	0260 ▶tripod 三脚	0251 ▶shoehorn 靴べら

5～6

0332▸earmuffs 耳あて	0323▸stain しみ	0302 ▸clothespin 洗濯ばさみ	0330▸scarf マフラー、スカーフ
0303 ▸nail clippers 爪切り	0353▸keyring キーホルダー	0334▸hand-me-downs お下がり、お古の服	0325▸broom ほうき
0337▸Velcro マジックテープ	0362▸pacifier おしゃぶり	0305 ▸cotton swab 綿棒	0354▸wallet 札入れ、財布
0324▸dustpan ちりとり	0304▸bristles ブラシなどの毛	0338▸crease ズボンの折り目	0313▸washing machine 洗濯機
0374▸stroller 座らせる乳母車	0346▸seam 縫い目、継ぎ目	0312▸washing powder 洗濯用粉石けん	0350▸comforter かけ布団
0356▸diaper おむつ	0326▸hoodie パーカー	0322▸lather 石鹸の泡	0365▸potty おまる

7～8

0398 ▸rubber band 輪ゴム	0376▸pushpin 画鋲	0414▸autograph 有名人のサイン	0424▸stub 半券
0403 ▸questionnaire アンケート、質問用紙	0416 ▸sheet music 楽譜	0432▸Braille 点字	0402 ▸binoculars 双眼鏡
0417 ▸cross-section 断面図	0445▸bill 紙幣	0425▸brochure パンフレット	0430▸cursive (writing) 筆記体
0383 ▸sticky note 付箋	0404 ▸encyclopedia 百科事典	0422▸itinerary 旅程表	0436▸ringtone 着信音
0427▸price tag 値札	0396▸calculator 電卓	0411▸scribble 落書き	0454 ▸watermark 透かし
0385 ▸ballpoint pen ボールペン	0401 ▸magnifying glass 虫眼鏡	0407▸résumé 履歴書	0421▸recipe レシピ

COLUMN 感情移入

　どれだけその単語に感情移入できているかは、習得の深さに直結するため、その後使い物になるかどうかにも大きく影響します。

　例えば、何かの年月日を覚えるところを考えてください。興味のない歴史の出来事が起こった日を覚えるより、自分が結婚した日、あるいは大切な人の誕生日を覚えるほうがはるかに簡単ではありませんか。同じ年月日でも差があるということは、いかに自分の関心や興味が記憶に与える影響が大きいかを表しています。

　単語でも同じです。単語を丸暗記するのは、ちょうど年代や電話番号を丸暗記するのと同じことで、非常に苦痛ですし、そのようにして覚えた単語は使えるようにするのも一苦労です。

　そこで、単語を覚えるときは、どんなときにどんな話でそれを口に出すのか、自分が使っているところを想像し、単なるアルファベットの羅列ではなく生きた言葉として習得するように心がけてください。つまり、

　音読するときは、誰かに向かって話しているつもりで
　単語を目に入れるときは、親しい人からのメールを読んでいるつもりで
　書いて練習するときは、親しい人にメールを書いているつもりで
　聞いて練習するときは、誰かに話しかけられているつもりで

練習するのです。あくまでも自分のこととして接しましょう。

[Chapter 3]

街の風景

家の外で目にする施設や催し物、スポーツや遊びなど。

Section 1	催し物・集まり
Section 2	街の施設
Section 3	交通・車両
Section 4	遊び・スポーツ

1 催し物・集まり

0456 flea market [flíː, máːrkɪt]

名 フリーマーケット、のみの市

I bought the desk really cheaply at the local **flea market**.
地元のフリーマーケットで机をとても安く買った。

0457 shotgun wedding [ʃʌ́tɡʌn, wédɪŋ]

名 できちゃった結婚

The couple had a **shotgun wedding**, and the child was born six months later.
そのカップルはできちゃった結婚で、6か月後に子どもが生まれた。

0458 wedding reception [wédɪŋ, rɪsépʃən]

名 結婚披露宴

My wife and I had our **wedding reception** at a hotel.
妻と私の結婚披露宴はホテルで行った。
★reception は正式なパーティを指す。

0459 groom [grúːm]

名 新郎

The **groom** stood at the front of the church waiting for his bride to arrive.
新郎は教会の前に立ち、
新婦が到着するのを待っていた。

0460 house warming party

名 引越し祝いパーティ

have a **house warming party** the day after moving in
引っ越し翌日に引越し祝いパーティを行う

0461 festival [féstəvəl]

名 祭り

We enjoyed watching the parade at the **festival**.
私たちはその祭りでパレードを見て楽しんだ。

0462 float [flóut]

名 山車、フロート車

There were many colorful **floats** in the parade.
パレードではカラフルな山車が数多く出ていた。

0463 food stall [stɔ́ːl]

名 屋台　類 food booth

buy something to eat from one of the **food stalls** by the side of the road
道路脇の屋台の1つから食べ物を買う

0464 exhibition [èksəbíʃən]

名 展覧会

The **exhibition** of paintings by Picasso was amazing!
ピカソの絵の展覧会は素晴らしかった。

関 on display「展示中で」

0465 graduation [græ̀dʒuéɪʃən]

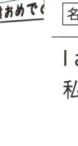

名 卒業式、卒業

I attended my daughter's **graduation**.
私は娘の卒業式に出席した。

1 催し物・集まり
2 街の施設
3 交通・車両
4 遊び・スポーツ

0466 farewell party [fèərwél]

名 送別会

I went to my boss's **farewell party**.
上司の送別会に行ってきた。

0467 sports day

名 運動会　類 field day

A lot of parents came to watch their children take part in the school **sports day**.
子どもが学校の運動会に参加するのを見るために、たくさんの親が来た。

0468 school trip

名 遠足　類 field trip

My daughter went on a **school trip** to the local zoo.
私の娘は遠足で地元の動物園に行った。

関 excursion「旅行、遠足、(ツアー中の) 小旅行」

0469 award ceremony [əwɔ́ːrd, sérəmòuni]

名 授賞式

The scientist's wife attended the **award ceremony** with him.
その科学者の妻も一緒に授賞式に出席した。

0470 groundbreaking (ceremony) [gráundbrèɪkɪŋ]

名 鍬入れ式、着工式

attend the **groundbreaking ceremony** for the construction of the new hospital
新病院建設の着工式に出席する

0471

inauguration (ceremony) [ɪnɔ̀ːgjuréɪʃən]

名 就任式、落成式

The new mayor's **inauguration ceremony** took place in front of city hall.
新市長の就任式が市庁前で行われた。

0472

banquet [bǽŋkwət]

名 晩餐会

a **banquet** to raise money for charity
慈善事業の資金を集めるための晩餐会

0473

ball [bɔ́ːl]

名 舞踏会

The summer **ball** was attended by many students and alumni.
夏の舞踏会は多くの学生と卒業生が参加した。

0474

play [pléɪ]

名 劇

go see a **play** at the local theater
近くの劇場に劇を観に行く

0475

job interview [ɪ́ntərvjùː]

名 就職の面接

wear a new suit and tie for the **job interview**
就職の面接のために新しいスーツとネクタイをする

1 催し物・集まり
2 街の施設
3 交通・車両
4 遊び・スポーツ

0476 fireworks show [fáɪərwɜ̀ːrks]

名 花火大会、花火ショー

There was a big **fireworks show** to celebrate the 4th of July.
7月4日を祝って大きな花火のショーがあった。

関 set off a firework「花火を打ち上げる」

0477 potluck [pátlʌk]

名 持ち寄りの食事会　類 potluck dinner

I made an apple pie to take to the **potluck**.
私は持ち寄りの食事会に持って行くためのアップルパイを作った。

0478 funeral [fjúːnərəl]

名 葬式

Many people attended the famous actor's **funeral** to pay their last respects.
多くの人々が弔問のために有名俳優の葬儀に参列した。

0479 casket [kǽskət]

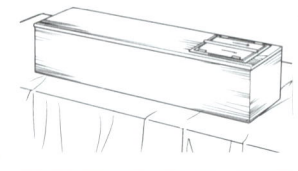

名 棺　類 coffin

The **casket** was carried into the cemetery.
棺は墓地に運ばれた。

0480 memorial service [məmɔ́ːriəl]

名 法事、追悼式、慰霊祭

A **memorial service** was held for those who lost their lives in the disaster last year.
昨年の災害で亡くなった人のために追悼式が行われた。

0481 vote [vóut]

名 投票　動 投票する

I **voted** for a candidate from the ruling party in the last election.
私は前回の選挙では与党の候補者に投票した。

関 candidate「候補者」　関 party「党」

0482 trial [tráiəl]

名 裁判

The man was declared innocent at his **trial** yesterday.
その男性は昨日の裁判で無罪が宣告された。

関 court「裁判所」

0483 press conference [prés, kάnfərəns]

名 記者会見

The company will hold a **press conference** to announce the takeover.
会社は企業買収を発表するために記者会見を行う。

0484 workshop [wə́ːrkʃɑp]

名 勉強会、研修

Many staff members attended the **workshop** to improve their sales skills.
営業スキルを向上させるために多くの社員が研修に参加した。

0485 bonfire [bάnfaɪər]

名 焚き火、かがり火

We burnt yard waste on a **bonfire**.
私たちは焚き火をして庭のゴミを燃やした。

---

1 催し物・集まり
2 街の施設
3 交通・車両
4 遊び・スポーツ

2 街の施設

0486 pharmacy [fɑ́ːrməsi]

名 薬局 類 drug store 英 chemist

go to the pharmacy to get a prescription filled
処方薬を調剤してもらいに薬局に行く

関 fill a prescription「処方薬を出す」

0487 fire station

名 消防署 類 fire department

We learned how to fight small fires at a local fire station.
どのように小さな出火に対処するかを近くの消防署で学んだ。

関 fire drill「火災訓練」

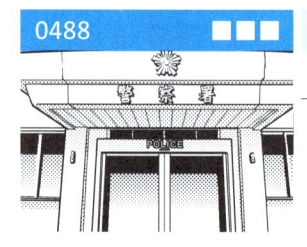

0488 police station

名 警察署

I went to the police station to renew my driver's license.
運転免許の更新のために私は警察署に行った。

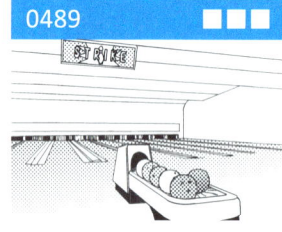

0489 bowling alley [bóuliŋ, ǽli]

名 ボウリング場

go bowling at a local bowling alley
近くのボウリング場にボウリングしに行く

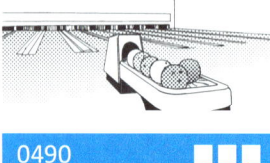

0490 newsstand [n(j)úːzstænd]

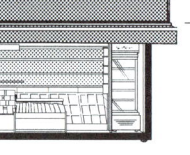

名 新聞売店

buy a newspaper at the newsstand
新聞売店で新聞を買う

160

0491 gas station

名 ガソリンスタンド 英 petrol station

drive to a gas station to fill up the tank
ガソリンタンクを満タンにするためにガソリンスタンドに行く

関 fill up the tank「タンクを満たす」

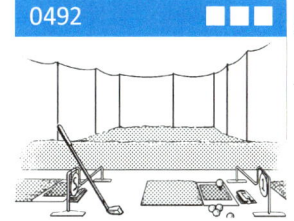

0492 driving range [dráɪvɪŋ, réɪndʒ]

名 ゴルフ練習場

practice iron shots at a nearby driving range
近くのゴルフ練習場でアイアンの練習をする

0493 power plant

名 発電所

The power plant provides enough electricity for the whole town.
その発電所は街全体に十分な電気を供給する。

0494 laundromat [lɔ́ːndrəmæt]

名 コインランドリー 英 launderette [lɔ̀ːndərét]

I took my washing to a laundromat nearby.
近くのコインランドリーに洗濯物を持って行った。

0495 cemetery [sémətèri]

名 墓地 類 graveyard [gréɪvjɑ̀ːrd]

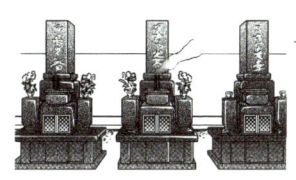

I visited my friend's grave at the cemetery.
私はその墓地にある友人の墓を訪れた。

1 催し物・集まり
2 街の施設
3 交通・車両
4 遊び・スポーツ

161

0496 aquarium [əkwéəriəm]

名 水槽、水族館

The **aquarium** keeps three sea otters.
その水族館には3匹のラッコがいる。

0497 botanical garden [bətǽnɪkəl]

名 植物園

I went to the **botanical garden** to see the tropical plants.
私は熱帯植物を見るために植物園に行った。

★botanical は botany「植物学」の形容詞形。

0498 amusement park [əmjúːzmənt]

名 遊園地

We had a great time on the rides at the new **amusement park**.
私たちは新しい遊園地の乗り物に乗ってすごく楽しい時間を過ごした。

0499 lighthouse [láɪthàus]

名 灯台

The **lighthouse** had stopped many ships from hitting the rocks.
その灯台は多くの船が岩に衝突するのを防いだ。

関 reef「暗礁」

0500 warehouse [wéərhàus]

名 倉庫

The chemicals are stored in a **warehouse**.
その化学薬品は倉庫に保管されている。

関 storage room「物置部屋」

0501 shrine [ʃráɪn]

名 神社

My wife's family visit the **shrine** at New Year to pray for a good year.
妻の家族は良い年を願って新年に神社に行く。

関 Shinto「神道」

0502 nursery school [nə́ːrsri]

名 保育園

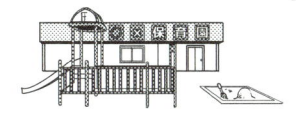

I took our 4-year-old to the local **nursery school** every day.
毎日私は4歳の子を近くの保育園に連れて行った。

0503 nursing home [nə́ːrsɪŋ]

名 老人ホーム

My grandmother went into a **nursing home** because she couldn't live alone anymore.
私の祖母は、これ以上1人で生活することができなかったので老人ホームに入所した。

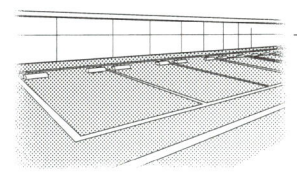

0504 parking lot

名 駐車場 英 car park

The **parking lot** had spaces for 1000 cars.
その駐車場は1000台分のスペースがある。

0505 mint [mínt]

名 造幣局

The **mint** started making the new coins last week.
造幣局は新しい硬貨を先週作り始めた。

---

1 催し物・集まり
2 街の施設
3 交通・車両
4 遊び・スポーツ

0506 hair salon [səlán]

名 美容院

I had my hair cut at the hair salon.
私は美容院で髪を切ってもらった。

関 have my hair cut「髪を切ってもらう」

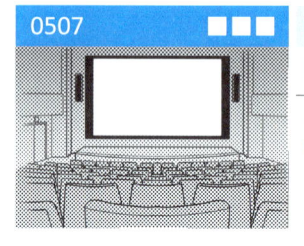

0507 movie theater

名 映画館　英 cinema

Do you know what is playing at the movie theater?
映画館で何を上映しているか知っていますか。

0508 auditorium [ɔ̀ːdɪtɔ́ːriəm]

名 講堂

The students gathered in the auditorium to hear the principal speak.
学生は校長の話を聞くために講堂に集まった。

0509 rice paddy [pædi]

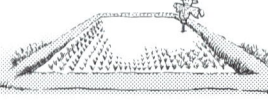

名 田んぼ　類 paddy field

flood the rice paddy to prepare it for planting
田植えの準備をするために田んぼを灌漑する

関 field「畑」関 harvest「収穫（する）」

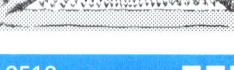

0510 vending machine [véndɪŋ, məʃíːn]

名 自動販売機

buy a drink from a vending machine
自動販売機で飲み物を買う

0511 dead end

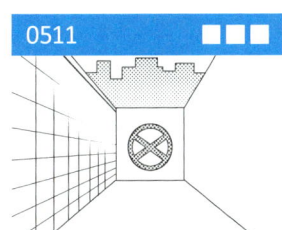

名 行き止まり　類 cul-de-sac [kʌ́ldəsæk]

No cars passed my house because we lived on a **dead end** street.
行き止まりの通りに住んでいたので、家の前を通る車はなかった。

0512 street lamp

名 街灯

The road was dark because there were no **street lamps**.
街灯がなかったので道路は暗かった。

0513 scarecrow [skéərkròu]

名 カカシ

put up a **scarecrow** to frighten the birds
鳥を怖がらせるためにカカシを立てる

0514 landfill [lǽndfìl]

名 ゴミ埋立地

Most of the trash is taken to **landfills**.
ほとんどのゴミは埋立地に運ばれる。

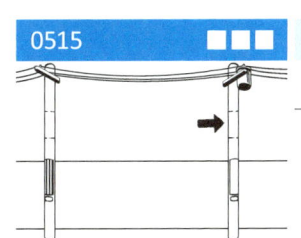

0515 power pole [páuər, póul]

名 電柱　類 utility pole [ju:tíləti, póul]

The **power poles** were removed, and the cables were put underground.
電柱が除去され、電線は地中に置かれた。

0516 scaffolding [skǽfəldɪŋ]

名 足場

put **scaffolding** around the building before starting repairs
改修を行う前に建物の周りに足場を組む

関 construction「工事」

0517 fire escape

名 非常階段

escape from the building using the **fire escape**
非常階段を使って建物から逃げる

関 emergency exit「非常口」

0518 sundial [sʌ́ndàɪəl]

名 日時計

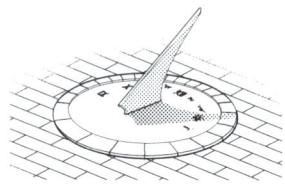

Sundials can be surprisingly accurate.
日時計は驚くほど正確になりうる。

0519 fire hydrant [háɪdrənt]

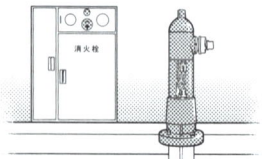

名 消火栓

The firefighter connected the hose to a **fire hydrant**.
消防士がホースを消火栓に繋いだ。

関 fire extinguisher「消火器」

0520 road sign

名 道路標識

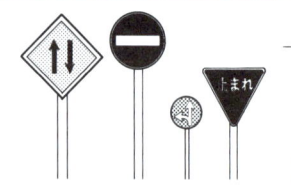

The **road sign** says you can't park here.
ここは駐車禁止だと道路標識に書いてある。

関 stop sign「一旦停止の標識」

166

0521 fountain [fáuntn]

名 噴水

When it's hot, kids love to play in the water of the **fountain** in the park.
暑いとき、子どもたちはその公園にある噴水の水に浸かって遊ぶのが大好きだ。

0522 windmill [wíndmìl]

名 風車

The old **windmill** still turns in the wind.
その古い風車は今でも風に吹かれて回っている。

関 wind turbine「風力発電用のタービン」

0523 ditch [dítʃ]

名 溝

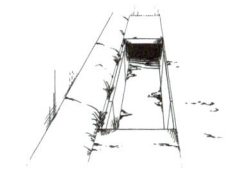

The car skidded off the road and went into the **ditch**.
車がスリップして溝に突っ込んだ。

0524 water main

名 水道管の本管

The **water main** was damaged, and it flooded the road.
水道の本管が損傷を受けて、道路を水浸しにした。

0525 tollgate [tóulgèrt]

名 通行料金徴収ゲート

I stopped the car at the **tollgate** to pay to cross the bridge.
橋を渡る料金を支払うのに、通行料金徴収ゲートで車を止めた。

0526 pylon [páɪlɑn]

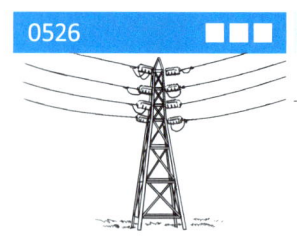

名 鉄塔

The electricity **pylons** carried the electric cables across the countryside.
電気の鉄塔が電線を田園地帯中に渡している。

0527 incinerator [ɪnsínərèɪtər]

名 焼却炉

All burnable waste was burned in an **incinerator**.
燃えるゴミはすべて焼却炉で燃やされた。

0528 drinking fountain [dríŋkɪŋ, fáuntn]

名 水飲み器　類 water fountain

Our school has a **drinking fountain** on each floor.
私たちの学校は各階に水飲み器がある。

3 交通・車両

0529 pedestrian [pədéstriən]

名 歩行者

The sidewalk is for **pedestrians** only.
その歩道は歩行者専用である。

0530 crosswalk [krɔ́(ː)swɔ̀ːk]

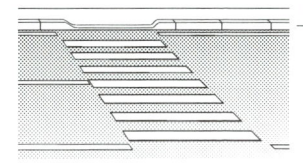

名 横断歩道　英 zebra crossing

I told my son to cross the road at the **crosswalk**.
私は息子に、その道を渡るときは横断歩道を使うように言った。

0531 subway [sʌ́bwèɪ]

名 地下鉄　類 metro　英 underground, tube

I take the **subway** to work every day.
毎日地下鉄に乗って仕事に行く。

0532 fire engine

名 消防車　類 fire truck

The **fire engine** arrived at the fire within five minutes.
消防車が火事の現場に5分以内に到着した。

関 firefighter「消防士」

0533 ambulance [ǽmbjələns]

名 救急車

call an **ambulance** because someone was injured
人が怪我をしたので救急車を呼ぶ

関 paramedic「救急隊員」

0534 raft [ræft]

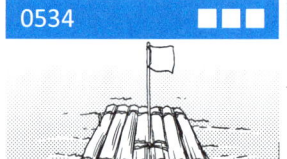

名 いかだ

We went down a river on a homemade **raft**.
私たちは手作りのいかだで川を下った。

0535 airship [éərʃìp]

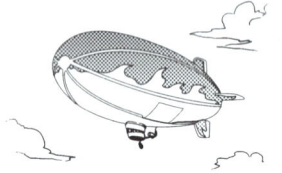

名 飛行船　類 blimp [blímp]

The **airship** flew above the stadium displaying advertisements.
飛行船が広告を表示しながらスタジアムの上空を飛んだ。

0536 hearse [hə́ːrs]

名 霊柩車

The **hearse** drove slowly to the cemetery.
霊柩車はゆっくりと墓地に向かった。

0537 garbage truck [gáːrbɪdʒ]

名 清掃車

The **garbage truck** collects the trash twice a week.
清掃車はゴミを1週間に2回集める。

0538 tow truck [tóu]

名 レッカー車　類 wrecker

The car wouldn't start, so I called in a **tow truck** to tow it to a local garage.
車がどうしても動かなかったので、近くの修理工場に運んでもらうためにレッカー車を呼んだ。

0539 police car

名 パトカー

The **police car** chased the speeding car.
パトカーがスピード違反の車を追いかけた。

0540 freight train [fréɪt, tréɪn]

名 貨物列車

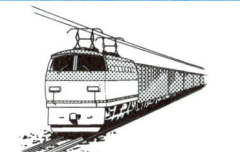

send heavy goods by **freight train**
重い商品を貨物列車で送る

0541 dining car

名 食堂車

have dinner in the **dining car** of the train
電車の食堂車で夕食をとる

★carには「車両」の意味がある。

0542 steam locomotive [stíːm, loʊkəmóʊtɪv]

名 蒸気機関車

The **steam locomotive** was popular with train enthusiasts.
その蒸気機関車は愛好家に人気があった。

関 smokestack「煙突」

0543 steamer [stíːmər]

名 汽船

The **steamer** crossed the Atlantic during the 19th century.
その汽船は19世紀に大西洋を横断した。

---

1 催し物・集まり

2 街の施設

3 交通・車両

4 遊び・スポーツ

0544 cable car

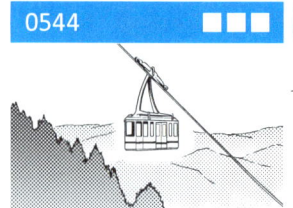

名 ロープウェイ、ケーブルカー

We went up to the top of the mountain on a **cable car**.
私たちはロープウェイで山の頂上まで登った。

0545 streetcar [stríːtkàːr]

名 路面電車　類 tram

The **streetcar** still runs down the street.
今でも路面電車がその通りを走っている。

★carには「車両」の意味がある。

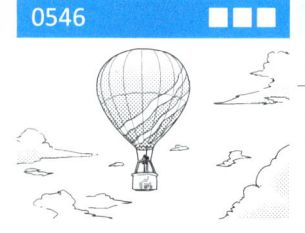

0546 hot-air balloon [hátèər, bəlúːn]

名 熱気球

go up in a **hot-air balloon**
熱気球で空に上る

関 gondola「（気球の）かご」

0547 snowplow [snóuplàu]

名 除雪車

Snowplows cleared the road of snow early in the morning.
早朝、除雪車が道路の雪を除去した。

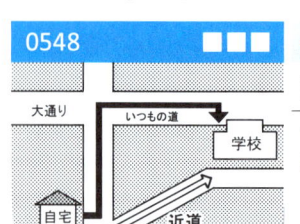

0548 shortcut [ʃɔ́ːrtkʌ̀t]

名 近道

take a **shortcut** to the station
駅への近道を行く

0549 sidewalk [sáɪdwɔːk]

名 歩道　英 pavement

You can't park on the sidewalk.
歩道に駐車してはいけません。

関 curb「縁石（英 kerb）」

0550 footbridge [fútbrìdʒ] ❗

名 歩道橋　類 pedestrian overpass

They're building a new footbridge over the main road.
大通りに新しい歩道橋が建設中だ。

0551 taxi stand

名 タクシー乗り場　英 taxi rank

There were a lot of people standing in line at the taxi stand.
多くの人がタクシー乗り場に並んでいた。

関 bus stop「バス停」

0552 car-free zone [kɑːrfríː, zóun]

名 歩行者天国　類 pedestrian zone [pədéstriən]

North Street is a car-free zone on Sundays.
北通りは、毎週日曜日は歩行者天国である。

0553 traffic light [trǽfɪk] ❗

名 信号　類 traffic signal

The car ran the red traffic light.
その車は信号を無視した。

---

1 催し物・集まり
2 街の施設
3 交通・車両
4 遊び・スポーツ

0554

vapor trail [véɪpər]

名 飛行機雲　類 contrail [kántreɪl]

The jumbo jet left a long white **vapor trail** behind it.
ジャンボ機が長く白い飛行機雲をあとに残した。

★vapor「蒸気」、trail「跡、たなびき」

0555

railroad crossing [réɪlròud]

名 踏切　類 level crossing

My car stalled in the middle of the **railroad crossing**.
踏切の真ん中で車がエンストしてしまった。

★stallは「(エンジンが)止まる」の意味。

0556

track [trǽk]

名 線路

The train stopped because someone was walking on the **track**.
線路に誰かが歩いていたので電車が止まった。

★truckとの混同注意。

0557

intersection [ìntərsékʃən]

名 交差点　類 crossroad

We have to turn right at the next **intersection**.
次の交差点で右に曲がらなければならない。

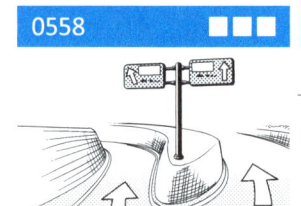

0558

fork [fɔ́ːrk]

名 (道路や川の) 左右の分岐

Go left at the next **fork** in the road.
次の分岐で左に行ってください。

★3つに分岐する場合はthree-way fork。

174

0559 windshield [wíndʃìːld]

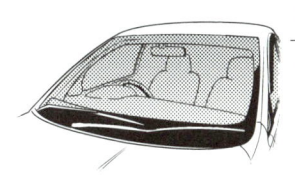

名 フロントガラス

A loose stone hit the car **windshield**.
石がフロントガラスに当たった。

0560 indicator [índɪkèɪtər]

名 ウインカー　類 blinker

The right **indicator** was flashing, but the car turned left.
右のウインカーが点滅していたが、その車は左に曲がった。

0561 license plate [láɪsns]

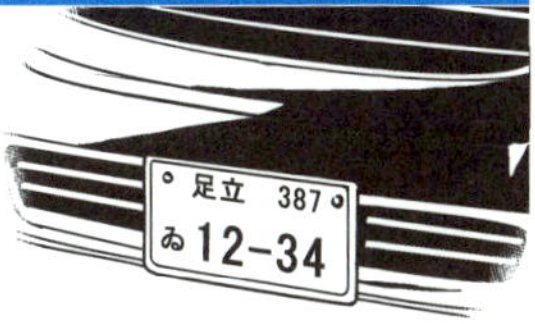

名 ナンバープレート

I wrote down the number of the car **license plate**.
私はナンバープレートのナンバーを書き留めた。

★ナンバープレートは和製英語。

0562 trunk [trʌ́ŋk]

名 トランク　英 boot

put the luggage in the **trunk** of the car
車のトランクに荷物を入れる

0563 hood [húd]

名 ボンネット　英 bonnet

lift the **hood** to check the engine
エンジンをチェックするためにボンネットを持ち上げる

3 交通・車両

0564

fuel gauge [fjúːəl, géɪdʒ]

名 燃料計　類 gas gauge

The **fuel gauge** showed empty.
燃料計はガソリンがないことを示していた。

★gauge のスペルに注意。これで「ゲージ」と読む。

0565

parking brake

名 サイドブレーキ　類 hand brake

I forgot to put on the **parking brake** and the car rolled into a wall.
サイドブレーキをかけ忘れ、車が動き出して壁にぶつかった。

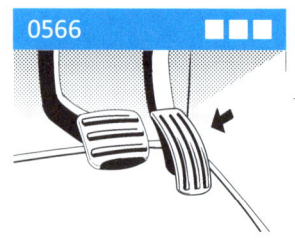

0566

accelerator [æksélərèɪtər]

名 アクセル

step hard on the **accelerator**
アクセルを激しく踏む

0567

sun visor [váɪzər]

名 日よけ

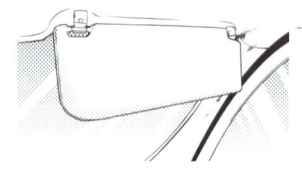

pull down the **sun visor**
日除けを下ろす

0568

rearview mirror [ríərvjùː]

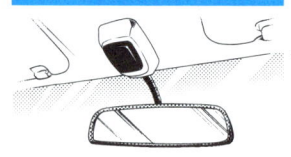

名 バックミラー

I saw a car approaching rapidly in my **rearview mirror**.
バックミラーで、車が急速に近づいてくるのが見えた。

0569 steering wheel [hwíːl]

名 ハンドル

I only had one hand on the steering wheel.
私は片手だけでハンドルを握っていた。

0570 passenger seat [pǽsəndʒər]

名 助手席

I got into the passenger seat and let my wife drive.
私は助手席に乗って、妻に運転してもらった。

0571 speeding [spíːdɪŋ]

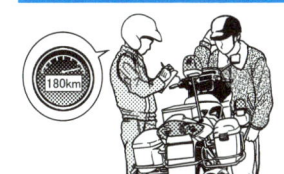

名 スピード違反

I was stopped by the police for speeding.
私はスピード違反で止められた。

0572 illegal parking [ɪlíːgl]

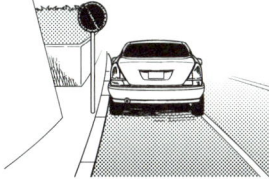

名 違法駐車

The car was towed away for illegal parking.
その車は違法駐車でレッカー移動された。

★tow away「～をレッカー移動する」

0573 fine [fáɪn]

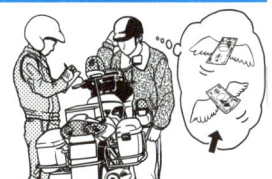

名 罰金

I had to pay a fine for running a red light.
赤信号を無視したので罰金を支払わなければならなかった。

0574 learner's permit [pə́ːrmɪt]

名 仮免許　類 provisional driver's license [prəvíʒənl]

I got my **learner's permit**, so I could practice driving on the road with my father.
仮免許を取ったので、私は父と一緒に道路に出て運転の練習をすることができた。

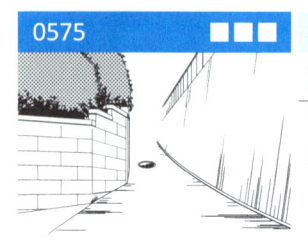

0575 slope [slóup]

名 坂道

The heavy truck struggled to get up the **slope**.
重いトラックが坂を上がるのに苦労していた。

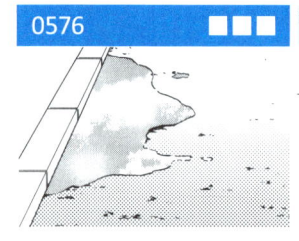

0576 puddle [pʌ́dl]

名 水たまり

I stepped in the **puddle**, and my shoes got soaked.
私は水たまりを踏んでしまい、靴がずぶ濡れになった。

4 遊び・スポーツ

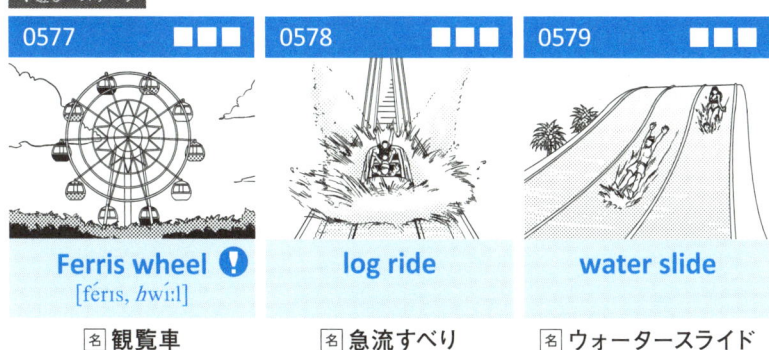

0577
Ferris wheel ❗
[féris, hwíːl]

名 観覧車

0578
log ride

名 急流すべり

★logは「丸太」。

0579
water slide

名 ウォータースライド

0580
petting zoo ❗
[pétɪŋ]

名 ふれあい動物園

0581
roller coaster
[róulər, kóustər]

名 ジェットコースター

0582
haunted house ❗
[hɔ́ːntɪd]

名 お化け屋敷

0583
chair swing ride
[tʃéər, swíŋ]

名 回転ブランコ

0584
merry-go-round

名 メリーゴーランド

0585
drop tower

名 垂直落下マシン、フリーフォール

0586	0587	0588
maze [méɪz]	**slide** [sláɪd]	**seesaw** [síːsɔː]
名 迷路	名 滑り台	名 シーソー

0589	0590	0591
swing [swíŋ]	**sandbox** [sǽndbὰks]	**jump rope**
名 ぶらんこ	名 砂場	名 縄跳びの縄

0592	0593	0594
stilts [stílts]	**building blocks** [bíldɪŋ]	**top** [tάp]
名 竹馬	名 積み木、ブロック	名 こま

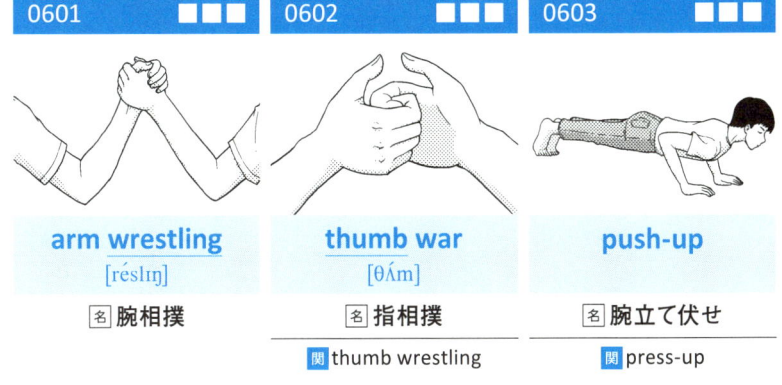

0595	0596	0597
tag [tǽg]	**it** [ít]	**hide-and-seek**
名 鬼ごっこ	名 鬼ごっこの鬼	名 かくれんぼ

0598	0599	0600
kick-the-can	**rock-paper-scissors** [rák, péɪpər, sízərz]	**leapfrog** [líːpfrɔ̀ːg]
名 缶蹴り	名 じゃんけん	名 馬跳び

0601	0602	0603
arm wrestling [réslɪŋ]	**thumb war** [θʌ́m]	**push-up**
名 腕相撲	名 指相撲	名 腕立て伏せ
	関 thumb wrestling	関 press-up

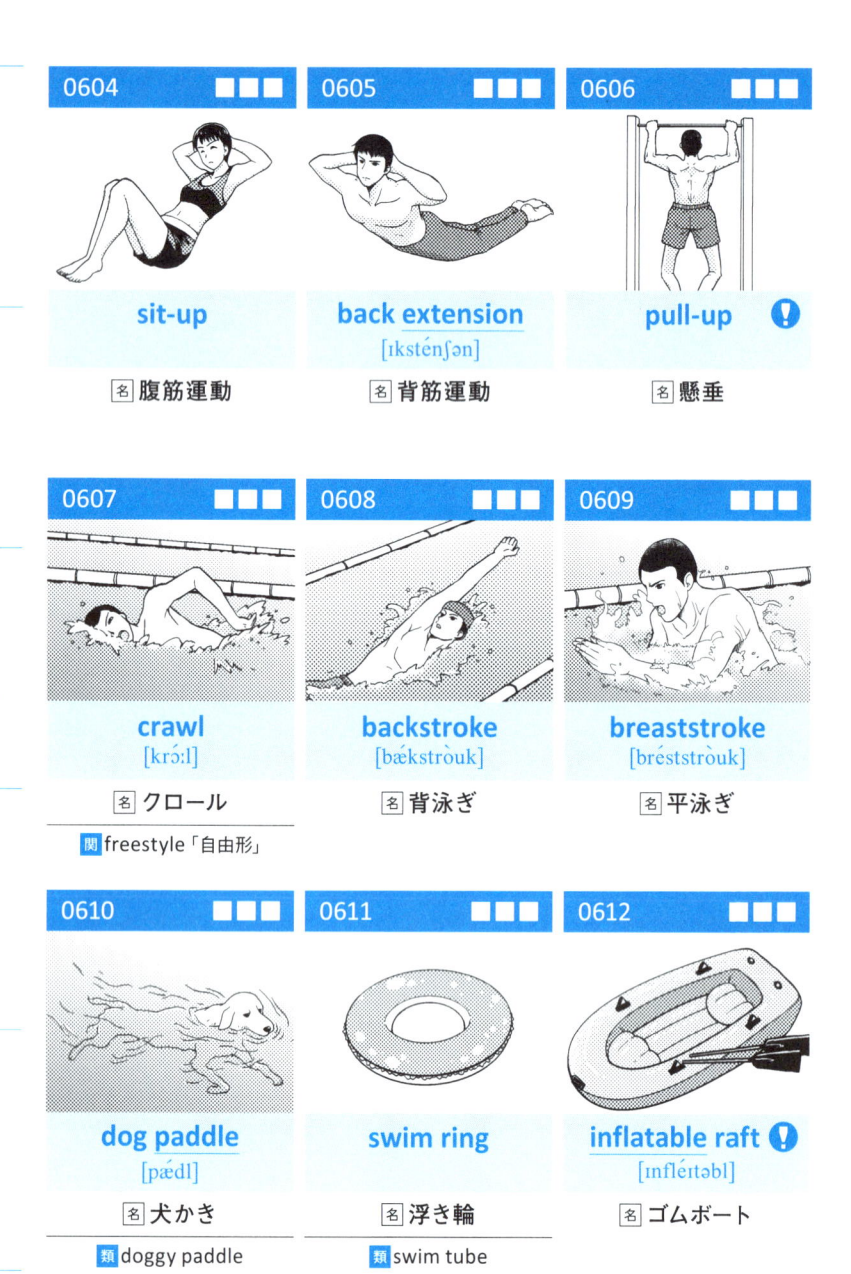

0604	0605	0606
sit-up	**back extension** [ɪksténʃən]	**pull-up** ❗
名 腹筋運動	名 背筋運動	名 懸垂

0607	0608	0609
crawl [krɔ́ːl]	**backstroke** [bǽkstròuk]	**breaststroke** [bréststròuk]
名 クロール	名 背泳ぎ	名 平泳ぎ
関 freestyle「自由形」		

0610	0611	0612
dog paddle [pǽdl]	**swim ring**	**inflatable raft** ❗ [ɪnfléɪtəbl]
名 犬かき	名 浮き輪	名 ゴムボート
類 doggy paddle	類 swim tube	

0613
fishing rod ❗

名 釣り竿

類 fishing pole

0614
clam digging
[klǽm, dɪ́gɪŋ]

名 潮干狩り

0615
pedometer
[pədɑ́mətər]

名 歩数計

0616
tug of war
[tʌ́g]

名 綱引き

0617
monocycle
[mɑ́nəsàɪkl]

名 一輪車

類 unicycle [júːnisàɪkl]

0618
tricycle
[tráɪsɪkl]

名 三輪車

0619
sled
[sléd]

名 そり

英 sledge [slédʒ]

0620
water polo
[póulou]

名 水球

0621
podium ❗
[póudiəm]

名 表彰台

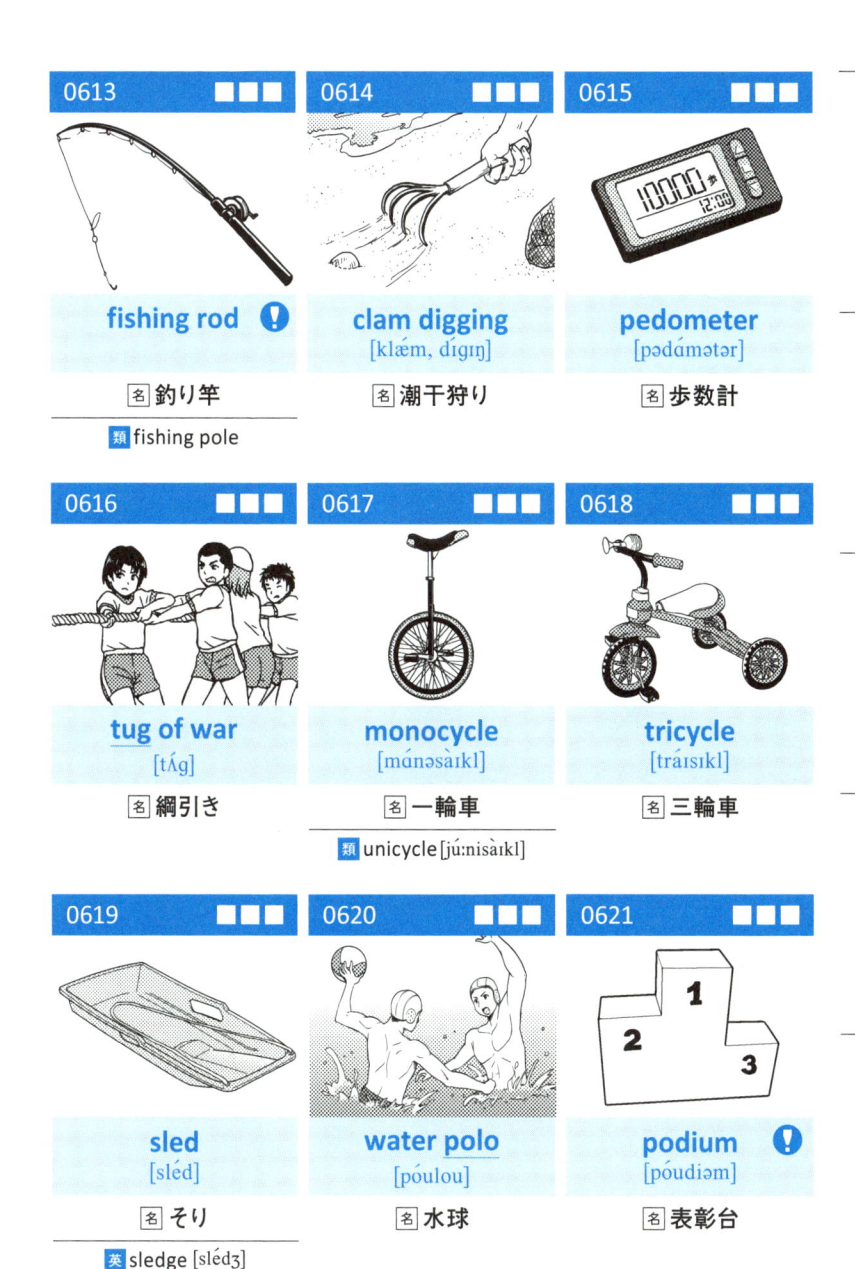

1 催し物・集まり

2 街の施設

3 交通・車両

4 遊び・スポーツ

183

0622
national anthem
[ǽnθəm]
名 国歌
関 national flag「国旗」

0623
marble
[mɑ́ːrbl]
名 ビー玉

0624
firecracker
[fáɪərkrækər]
名 爆竹
類 squib [skwíb]

0625
stone skipping
名 水切り遊び

0626
playing cards ❗
名 トランプ

0627
suits ❗
[súːts]
名 トランプの柄

0628
tongue twister
[tʌ́ŋ, twístər]
名 早口言葉

0629
pun ❗
[pʌ́n]
名 だじゃれ、言葉遊び

0630
potter's wheel
[pɑ́tərz, hwíːl]
名 ろくろ
関 pottery [pɑ́təri]「陶芸」

184

0631
ballroom dance
[bɔ́:lrù:m, dǽns]

名 社交ダンス

0632
stuffed toy ❗
[stʌ́ft]

名 ぬいぐるみ

0633
headstand ❗
[hédstænd]

名 逆立ち

Hints and Tips 🛈

0456 **flea market**「フリーマーケット、のみの市」
★「フリー」という言葉とフリーマーケットの自由な雰囲気から、freeを連想させられるが、実際の英語はflea「ノミ」である。free marketとすると、経済用語で「自由市場」となるため要注意。

0457 **shotgun wedding**「できちゃった結婚」
★娘を妊娠させた男に、父親がショットガンで結婚を迫ったという逸話から来ている。
★ちなみに、marry「結婚する」は次のように使い分ける。

● カップル + marry
We married last year.「(やや硬く) 私たちは昨年結婚した」

● 1人 + marry + 相手
I married Kate last year.
「私はKateと昨年結婚した」

● 1人/カップル + get married
I got married last year.「私は昨年結婚した」
We got married last year.「私たちは昨年結婚した」

? I married last year. とはあまり言わないので注意。

★get/be marriedを使って「〜と結婚する/している」と言う場合の前置詞はwithではなくto。
I'm married to John.「私はJohnと結婚している」
withは子どもがいることを指す。
I'm married with two children.
「私は結婚して2人の子どもがいる」

I got married with two children.
「私は2人の子どもを連れて結婚した」

「〜と結婚する」という日本語からwithを使いたくなってしまうので、注意が必要。
関 get/become engaged「婚約する」 関 divorce「離婚（する）」

0459 **groom**「新郎」
★ bride「新婦」のほうは「ジューンブライド」などの言葉からよく知られているが、groomは知らない学習者も多いので、併せて覚えておきたい。
★ 日本語で「新郎新婦」を「新婦新郎」とは言わないのと同じように、英語でも順番がある。ただし、日本語とは逆に bride and groom というのが普通。
★ 発音注意。rとlを間違えると、gloom「陰鬱」と聞こえる。めでたい席でbride and gloom「新婦と陰鬱（!）」などと言わないようにしよう。

0462 **float**「山車、フロート車」
★ ディズニーランドのパレードショーなどでよく見かける、飾りつけられた台車。日本の祭りに使われる山車にもこの語が当てられている。
★ ちなみに、神輿は portable Shinto shrine「持ち運び可能な神社」と訳されることが多い。

0465 **graduation**「卒業式、卒業」
★ 動作や機会としての「卒業」と、卒業式を指す場合とがある。

0470 **groundbreaking (ceremony)**「鍬入れ式、着工式」
★ 日本では「鍬」入れ式と言うが、英米ではショベルがよく用いられる。
★ この他に、groundbreakingには、「革新的な、画期的な」という形容詞の用法がある。
groundbreaking research「革新的な研究」

0471 **inauguration (ceremony)**「就任式、落成式」
★主に、首相や大統領、市長など公的機関の長の就任、その式典、あるいは、公的施設や橋などの構造物の供用開始を指す。
★「就任演説」は inauguration speech。

0473 **ball**「舞踏会」
★「ボール」と同じスペルなので意外に思えるかもしれない。
★ballpark は「球場」だが、ballroom は「舞踏場、舞踏室」。
★高校で学年末に行う正装でのダンスパーティは prom と呼ばれる。
★例文中の alumni は男性卒業生 alumnus の複数形。女性の卒業生は alumna（複数形 alumnae）。男女が混ざった場合の複数形も alumni が使われる。

0477 **potluck**「持ち寄りの食事会」
★プライベートな集まりだけでなく、教会や町内規模の集まりとしてもよく行われる。
★potluck には「ありあわせの料理、持ち寄った料理」の意味がある。

0478 **funeral**「葬式」
★例文の pay my respect は「弔問する」の意味。
★「通夜」は wake。
★「斎場」は funeral home と言う。

0479 **casket**「棺」
★casket と coffin は厳密に言うと異なる。上から見たときに casket は長方形、coffin は肩の部分が足の部分よりも幅広の六角形または八角形の棺を指す。
関 bury「埋葬する」 関 cremate「火葬する」

0480 **memorial service**「法事、追悼式、慰霊祭」
★亡くなった人を偲ぶための式・行事のこと。

0489 **bowling alley**「ボウリング場」
★alleyは「路地、小道、レーン」の意味。

0492 **driving range**「ゴルフ練習場」
★いわゆる「打ちっぱなし」練習場。
関 shooting range「射撃場」

0493 **power plant**「発電所」
★主な発電所の種類は次の通り。
nuclear power plant「原子力発電所」
thermal power plant「火力発電所」
hydroelectric power plant「水力発電所」
wind power station / wind farm「風力発電所」

0495 **cemetery**「墓地」
★主に教会に属していないものを指す。類語のgraveyardは「(教会に隣接した)墓地」。
関 grave「お墓」

0502 **nursery school**「保育園」
★主に3〜5歳の就学前の子どもを預ける施設を指す。
★この他、nurseryには植物を育てて販売する「種苗園、養苗園」の意味がある。
I went down to the local nursery to buy a tree.
「木を買うために近くの種苗園に行った」
関 kindergarten「幼稚園」

0504 **parking lot**「駐車場」
★日本語では駐車場を「カープール」と呼ぶこともあるが、英語のcarpoolは通勤・通学時に交代で乗り合いする取り決めのこと。アメリカでは盛んに行われている。
join the carpool「相乗りグループに参加する」
★立体駐車場はparking structure。イギリス英語ではmulti-storey car park。

0505 **mint**「造幣局」
★ハーブのミントと同じスペル。
★語の響きからスラングっぽく聞こえるかもしれないが、正式な語。イギリスの「王立造幣局」はRoyal Mintである。
関 in a mint condition「まっさらな状態で」

0507 **movie theater**「映画館」
★the moviesで「映画館」の意味を持つので、「映画に行く」はgo to the moviesとも言う。
★スクリーンが大きい映画館で映画を観るときは、自然に目に入ることを示唆するseeを使ってsee a movie、テレビで映画を観るときは「テレビを観る」のwatchを使ってwatch a movie。
★イギリス英語で「映画」はfilm。
関 play「〜が上映されている」

0511 **dead end**「行き止まり」
★cul-de-sacはフランス語で「袋小路」の意味。先端が大きな円形で、進入してきた車がUターンできるように作られたものを指すことが多い。英語圏では標識や不動産広告などにも出てくるので、こちらも覚えておきたい。

0524 **water main**「水道管の本管」
★mainには名詞で「水道やガスの本管」の意味がある。
gas main「ガスの本管」
関 plumbing「配管工事」

0525 **tollgate**「通行料金徴収ゲート」
★tollは「通行料」の意味。
★tollの発音注意、[tóul]。[u]の音が入るので「トウル」である。tall [tɔːl]とは異なる。
★なお、「通行料支払いブース」はtollbooth。

0528 **drinking fountain**「水飲み器」
★ペダルを踏む、あるいはボタンを押すと噴水のように水が出てくる水飲み器のこと。

0531 **subway**「地下鉄」

★イギリス英語とアメリカ英語で意味が異なるので要注意。イギリス英語でsubwayは「地下道」で、地下鉄はunderground。しかし、アメリカ英語でunderground pathと言えば、「地下道」である。

★イギリス英語では地下鉄を口語でtubeと言う。これは、丸いトンネル内を車両が通行するから。ちなみに、車両も丸みを帯びている。

★subwayは地下の鉄道システムであり、電車自体を指すわけではないことに注意。対になる語はrailway「鉄道」である。電車を指すならtrainを使う。
the second car of the subway train I got on
「私が乗った地下鉄の電車の2番目の車両」

0533 **ambulance**「救急車」

★アメリカやイギリスの救急車は、ボンネット部分にAMBULANCEの文字が反転して書かれている。これは、前を行く車がバックミラー越しに見たときに救急車だと気がつくようにするため。

0535 **airship**「飛行船」

★飛行船の乗員が乗る部分は、gondolaと言う。gondolaは「飛行船、気球、ケーブルカーの人が乗る部分」、また「イタリアのヴェネツィアの水路を走るボート」を指す。

0540 **freight train**「貨物列車」

★貨物船や貨物輸送機はfreighterと呼ばれる。
The cargo was loaded onto a freighter before it went to sea.
「貨物船が出港する前に荷物が積まれた」

0547 **snowplow**「除雪車」

★例文のclearに注意。「clear 場所 of 障害物」で「場所から障害物を取り除く」の意味。

★ちなみに、薄く張って見えにくい路面の氷をblack iceと呼ぶ。氷自体は透明で、下のアスファルトの色がそのまま出て黒く見えることからついた名前。運転中には極めて危険であるため、天気予報では頻出語である。

There's a lot of black ice on the road due to the freezing weather.
「凍りつくような天候で、道路には薄く氷が張っている箇所がたくさんある」

0550 **footbridge**「歩道橋」

★国や地域によってネイティブでもさまざまな呼び方をしているという学習者泣かせの語。

★footbridgeは主に歩行者用の橋であることを強調し、意味上は車道以外に川などにかかるものも含める。だが、実際は文脈や状況から歩道橋であると判断できる。

★overpassは道路や線路の上を通る道や橋を指し、それにpedestrian「歩行者」をつけたpedestrian overpassは、車道の上を通過する歩行者用道路であることを示す。

★ただ、footbridgeとpedestrian overpassの両方とも通じるので、あまり気にしなくてもよい。

0553 **traffic light**「信号」

★イギリス英語ではtraffic lightsと複数形で使われる。
★英語では「青」信号はgreen lightである。
★「信号を無視する」は例文のようにjump the traffic lightや、run a red lightなどが使われる。
★信号が「変わる」と言うときは、turnがよく用いられる。
The traffic light turned red.「信号が赤になった」

0556 **track**「線路」

★何番線かを言うときにも使われる。
The express train came on Track 2.「急行は2番線に来た」

0562 **trunk**「トランク」

★トランクはアメリカ英語、ボンネットはイギリス英語と、なぜか日本語では英米の英語が混ざっている。

0565 **parking brake**「サイドブレーキ」

★「サイドブレーキ」は和製英語なのでside brakeと言わないように。

0569 **steering wheel**「ハンドル」
★日本語では「ハンドル」だが、handleはこの意味では使わない。また、wheelには車輪の意味もあるので、文脈に注意。

0570 **passenger seat**「助手席」
★「運転席」はdriver's seatだが、助手席はアポストロフィー＋sがつかないことに注意。
関 driver's seat「運転席」 関 rear seat「後部座席」

0571 **speeding**「スピード違反」
★speedにはもともと「速度」の他に、動詞で「超過速度を出す」という意味がある。
★例文にあるように、be stopped for で「(移動中に) ～て警察に止められる、捕まる」の意味がある。forの後には、スピード違反など止められる原因となる違反が入る。

0573 **fine**「罰金」
★罰金が高いことを言う場合はheavy fineなどとし、通例expensive fineとは言わない。

0574 **learner's permit**「仮免許」
★permitは「許可証」の意味。
★免許制度は国や州によって異なるが、アメリカでは学科試験に受かれば、イギリスでは申請すれば仮免が発行され、いきなり路上での教習が可能となる。
★driving schoolもある。ただし、敷地内のコースを回るのではなく、英米ともに教官と一緒に路上に出るタイプが普通。家まで教習車で来てくれて、そのまま練習となることも多い。

0577 **Ferris wheel**「観覧車」
★Ferrisは観覧車の発明者の名前。

0580 **petting zoo**「ふれあい動物園」
★実際に動物に触ることができる動物園、または、遊園地内のその区画を指す。petは動詞で「(動物などを) 優しく撫でる」の意味。

0582 **haunted house**「お化け屋敷」
★hauntedは「幽霊が出る」という意味の形容詞。もともとhaunt「(幽霊が)(場所)に化けて出る」から来ている。また、houseの代わりに、castle, palaceなど遊園地によっていろいろある。

0592 **stilts**「竹馬」
★左右両方指す場合は複数形にする。また、日本の竹馬のようなタイプから、手すりのないものまで形状はさまざまである。

0593 **building blocks**「積み木、ブロック」
★木製の積み木からレゴまで、ブロック型のおもちゃを指す。単数形はブロックの1つしか指さないため、2つ以上なら複数形にする。

0594 **top**「こま」
★「こまを回す」はspin a top。

0595 **tag**「鬼ごっこ」
★「タッチする」はtagと言う。

0596 **it**「鬼ごっこの鬼」
★代名詞ではなくれっきとした名詞で、しかもなぜか不可算である。そのため、不定冠詞をつける必要はない。
You are it, next!「次は君が鬼だ!」

0600 **leapfrog**「馬跳び」
★日本語では「馬」跳びだが、英語では「かえる」跳び。leapは「跳ねる、跳ぶ」。

0606 **pull-up**「懸垂」
★chin-upとも言われるが、厳密には異なる。pull-upが順手、chin-upが逆手での懸垂。この2つは使う筋肉が異なるので、エキササイズに関する文章では区別されるが、ネイティブでも知らない人はいる。

0612 **inflatable raft**「ゴムボート」
★inflatableは形容詞で「空気で膨らませる」の意味。raftの代わ

りにboatでもよい。

関 paddle「櫂、オール」

0613 **fishing rod**「釣り竿」
★その他の釣り用語は以下の通り。
fishing line「釣り糸」 fishhook「釣り針」
reel「リール」 bait「餌」 float/bobber「浮き」
cast「投げる」

0621 **podium**「表彰台」
★「(オーケストラの) 指揮台、演壇」の意味もある。
★podium finishで、「表彰台に上がる成績で競技を終えること」の意味。

0626 **playing cards**「トランプ」
★「トランプをする」はplay cardsと言う。play playing cardsとは言わない。
★trumpは「切り札、(ゲーム中で) 一番強い柄」の意味なので注意。
★一般的なトランプのゲームは次の通り。
Concentration「神経衰弱」
Old Maid「ばば抜き」
Sevens「七並べ」

この他、次の表現も覚えておきたい。
shuffle the cards well「トランプをよく切る」
deal seven cards to each player
「それぞれのプレイヤーにカードを7枚配る」
pick a card on your turn「自分の番でカードを1枚引く」
play a card「カードを出す」

0627 **suits**「トランプの柄」
★diamonds「ダイヤ」、spades「スペード」、hearts「ハート」、clubs「クラブ」の4つのマーク。
★follow suitはイディオムで「先例に倣う、まねをする」の意味。最初に出されたのと同じ柄のカードを出すという意味から。

関 strong suits「(人の) 長所」

0629 **pun**「だじゃれ、言葉遊び」

★日本語で言えば「猫がねころんだ」「布団がふっとんだ」というような言葉遊び。
★ルイス・キャロル作『不思議の国のアリス』でも、このpunが多用されている。例えば、ウミガメなのにTortoise「陸ガメ」と呼ばれる先生の話を聞いて、なぜそう呼ぶのかとアリスが尋ねると、
"We called him Tortoise because he taught us."
と答える場面がある。これは、tortoiseとtaught usがイギリス英語では発音が同じになることをかけている。

0632 **stuffed toy**「ぬいぐるみ」

★stuffedは形容詞で「ぬいぐるみの」の意味なので、toyの代わりに他の名詞を置いてもよい。
stuffed animal「ぬいぐるみの動物」

0633 **headstand**「逆立ち」

★「逆立ちする」はstand on my hands/head。
★頭を地面につけずに支えるタイプの逆立ちはhandstand。

復習テスト 1〜2

この章の復習です。次の絵が示すものを英語で言ってみましょう。

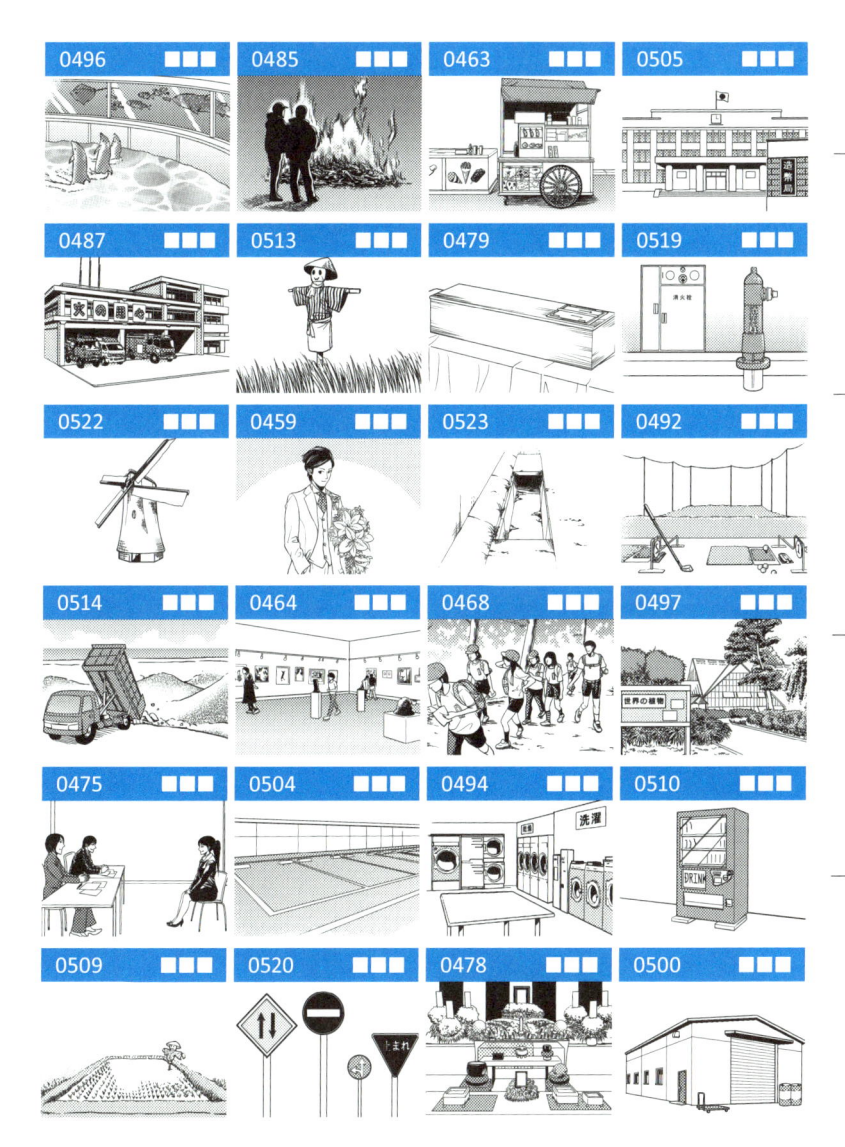

0496	0485	0463	0505
0487	0513	0479	0519
0522	0459	0523	0492
0514	0464	0468	0497
0475	0504	0494	0510
0509	0520	0478	0500

1 催し物・集まり
2 街の施設
3 交通・車両
4 遊び・スポーツ

3〜4

解 答

1~2

0496 ▶ aquarium 水槽、水族館	0485 ▶ bonfire 焚き火、かがり火	0463 ▶ food stall 屋台	0505 ▶ mint 造幣局
0487 ▶ fire station 消防署	0513 ▶ scarecrow カカシ	0479 ▶ casket 棺	0519 ▶ fire hydrant 消火栓
0522 ▶ windmill 風車	0459 ▶ groom 新郎	0523 ▶ ditch 溝	0492 ▶ driving range ゴルフ練習場
0514 ▶ landfill ゴミ埋立地	0464 ▶ exhibition 展覧会	0468 ▶ school trip 遠足	0497 ▶ botanical garden 植物園
0475 ▶ job interview 就職の面接	0504 ▶ parking lot 駐車場	0494 ▶ laundromat コインランドリー	0510 ▶ vending machine 自動販売機
0509 ▶ rice paddy 田んぼ	0520 ▶ road sign 道路標識	0478 ▶ funeral 葬式	0500 ▶ warehouse 倉庫

3~4

0545 ▶ streetcar 路面電車	0563 ▶ hood ボンネット	0576 ▶ puddle 水たまり	0553 ▶ traffic light 信号
0549 ▶ sidewalk 歩道	0587 ▶ slide 滑り台	0529 ▶ pedestrian 歩行者	0557 ▶ intersection 交差点
0573 ▶ fine 罰金	0602 ▶ thumb war 指相撲	0577 ▶ Ferris wheel 観覧車	0530 ▶ crosswalk 横断歩道
0532 ▶ fire engine 消防車	0629 ▶ pun だじゃれ、言葉遊び	0610 ▶ dog-paddle 犬かき	0556 ▶ track 線路
0622 ▶ national anthem 国歌	0632 ▶ stuffed toy ぬいぐるみ	0533 ▶ ambulance 救急車	0595 ▶ tag 鬼ごっこ
0538 ▶ tow truck レッカー車	0633 ▶ headstand 逆立ち	0611 ▶ swim ring 浮き輪	0570 ▶ passenger seat 助手席

COLUMN スピーキングの練習方法

　なかなか英語を話す機会がなくてスピーキングの練習ができないと悩んでいる方は多いようです。国際化社会と言われつつも、自分の周りに英語を話すような外国人の知り合いや友人があまりいないというのが実情ではないでしょうか。

　そこで、おすすめしたいのが、次の方法です。

①日本人と英語で話す
　学習仲間を作って、1時間程度英語だけで会話する。
②壁に向かって話す
　誰かと話している姿をイメージしながら、自分のセリフを口に出す。

　多くの学習者は、ネイティブスピーカーと話さないとうまくならないと思っているようです。しかし、よく考えると、自分の言いたいことを英語にして口に出すまでが、スピーキングの練習です。相手が誰であろうと関係はありません。それどころか、壁に向かって話しても、独り言でも、実際に誰かと会話しているつもりで英語を口に出していれば、それはもうスピーキングの練習なのですね。

　もちろん、ネイティブスピーカーと話すことはとても役に立ちます。しかし、そのチャンスがないからといって、代わりにリスニングの練習をしても話せるようにはなりません。とにかく英語を口に出す回数を増やすことが大切なのです。

　ちなみにこの方法は私もよく実践していました。車の中で、その1日の出来事を誰かに説明するつもりで口に出したり、学習仲間と英語で話したり、電話したり、とにかく英語を口にする回数を増やすことを心がけました。おかげで、かなりの練習になったと思います。

[Chapter 4]

食物

食品や野菜・果物を集めました。毎日口にするものは話す機会も多いはず。

Section 1 　食品
Section 2 　野菜・果物

1 食品

0634 roll [róul]

名 ロールパン

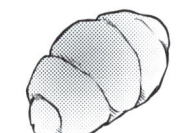

I put a slice of ham in the **roll** and ate it.
私はロールパンにハムを1枚挟んで食べた。

0635 flour [fláuər]

名 小麦粉

I sifted **flour** into a bowl to make bread.
パンを作るために、小麦粉をふるいにかけてボウルに入れた。

関 wheat「小麦」

0636 vinegar [vínɪgər]

名 酢

I added some more **vinegar** to the salad.
私はサラダにもう少し酢を加えた。

0637 soy sauce

名 しょう油

dip the raw fish into **soy sauce** before eating it
刺し身をしょう油に浸して食べる

関 soybean「大豆」

0638 crust [krʌ́st]

名 パンの耳

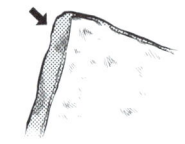

I cut the **crust** off the bread when making sandwiches.
私はサンドイッチを作るときは耳を切り落とす。

0639 sesame (seeds) [sésəmi]

名 ごま

sprinkle **sesame seeds** on the spinach
ごまをホウレンソウに振りかける

0640 mayonnaise [méɪənèɪz]

名 マヨネーズ

I put some **mayonnaise** on the ham in my sandwich.
サンドイッチのハムにマヨネーズをかけた。

★発音注意

0641 tofu [tóufùː]

名 豆腐 類 bean curd

I cut the **tofu** and put it in the miso soup.
豆腐を切って味噌汁に入れた。

0642 bread crumbs [krʌ́mz]

名 パン粉

I coated the meat with **bread crumbs** and fried it.
肉をパン粉にまぶして揚げた。

★crumbsのbは発音しない。

0643 sugar cube [kjúːb]

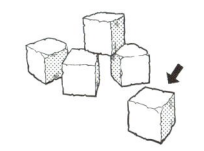

名 角砂糖 類 sugar lump

How many **sugar cubes** do you take in your coffee?
コーヒーに角砂糖をいくつ入れますか？

1 食品

2 野菜・果物

203

0644

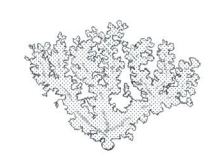

seaweed [síːwìːd]

名 海藻、海草

wrap the rice ball in dried **seaweed**
おにぎりを海苔で包む

0645

dough [dóu]

名 生地

I put the **dough** in a loaf pan and baked it in the oven.
私は生地をパン焼き型に入れてオーブンで焼いた。

関 knead [níːd]「こねる」

0646

French fries

名 フライドポテト 英 chips [tʃíps]

I had **French fries** with my steak.
ステーキのつけ合わせにフライドポテトを食べた。

★単に fries とも呼ばれる。

0647

potato chips

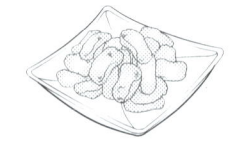

名 ポテトチップ 英 crisps [krísps]

I always ate a bag of **potato chips** with my packed lunch.
私はいつもお弁当と一緒にポテトチップを1袋食べていた。

0648

carbonated drink [káːrbənèitɪd]

名 炭酸飲料 英 fizzy drink

finish the **carbonated drink** before it goes flat
気が抜ける前に炭酸飲料を飲み終える

★carbonated は「炭酸を含む」の意味。

0649 egg yolk [jóuk]

名 卵の黄身

mix the egg yolk with oil to make mayonnaise
マヨネーズを作るために卵黄と油を混ぜる

0650 egg white

名 卵の白身

I whipped the egg white with sugar until it became stiff.
私は卵白と砂糖を固くなるまでホイップした。

0651 eggshell [éɡʃèl]

名 卵の殻

I found a piece of eggshell in my fried egg.
私は目玉焼きの中に卵の殻のかけらを見つけた。

0652 fried egg

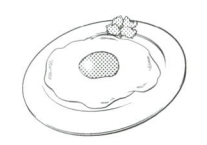

名 目玉焼き

I eat a fried egg for breakfast.
私は朝食に目玉焼きを食べる。

0653 spring roll

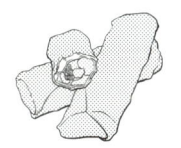

名 春巻き　類 egg roll

The deep fried spring rolls served at the Chinese restaurant were delicious.
中華料理店で出された、油で揚げた春巻きはおいしかった。

0654 fried rice

名 チャーハン、焼き飯

I made **fried rice** with some leftover bacon for lunch.
残り物のベーコンを使って昼食にチャーハンを作った。

0655 rice ball

名 おにぎり

My son ate four **rice balls** for lunch.
息子はお昼ごはんにおにぎりを4つ食べた。

0656 filling [fílɪŋ]

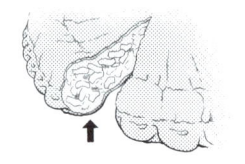

名 詰め物

The pies had various **fillings**.
そのパイはさまざまな詰め物が入っていた。

0657 dumpling [dʌ́mplɪŋ]

名 餃子、団子など

I liked the taste of the small sweet **dumplings** served on a stick.
私は串に挿して出された小さな甘い団子の味が気に入った。

0658 pastry [péɪstri]

名 パイ生地の菓子パン、ペストリー

This bakery's Danish **pastries** are delicious.
このベーカリーのデニッシュペストリーはおいしい。

★breadは不可算だが、pastryは可算名詞。

0659 cream puff [kríːm, pʌ́f]

名 シュークリーム

The **cream puff** was filled with cream and dusted with sugar.
シュークリームはクリームが詰められ、砂糖がかかっていた。

0660 cereal [síəriəl]

名 シリアル

I always have **cereal** with milk for breakfast.
いつもシリアルにミルクをかけて朝食に食べる。

★朝食用の加工穀物食品。cornflakesやoatmealなど。

0661 shaved ice [ʃéɪvd]

名 かき氷

I had some **shaved ice** with strawberry syrup.
イチゴのシロップがかかったかき氷を食べた。

関 ice pop「アイスキャンディー」

0662 canned tuna [kǽnd, t(j)úːnə]

名 缶詰にされたツナ、ツナ缶

put some **canned tuna** in the salad
サラダに缶詰のツナを入れる

★アメリカでもよく食される。

0663 honey [hʌ́ni]

名 はちみつ

I put a spoonful of **honey** in my yogurt.
ヨーグルトにスプーン1杯のはちみつを入れた。

1 食品

2 野菜・果物

0664 rice cracker

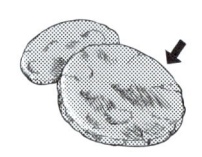

名 せんべい、あられ

The **rice crackers** are a bit difficult to eat if you have weak teeth.
歯が弱いとせんべいを食べるのが少し難しい。

0665 creamer [kríːmər]

名 コーヒー用クリーム

I added some **creamer** to my coffee because I didn't have any milk.
牛乳がなかったので、コーヒーにクリームを入れた。

★液体・粉末を問わない。

0666 ground meat [gráund]

名 ミンチ 英 mince

I mixed **ground meat** with bread crumbs, onion and egg to make hamburgers.
私は、ミンチとパン粉、タマネギ、卵を混ぜてハンバーグを作った。

0667 frozen food

名 冷凍食品

I always kept some **frozen food** in the freezer for emergencies.
緊急時のために冷凍食品を冷凍庫に常備していた。

0668 instant noodles

名 インスタントラーメン、即席麺

Instant noodles are great for a hot lunch when you don't have much time.
時間のないときに、温かい昼食が食べたいなら、即席麺はとてもよい。

0669 dairy products [déəri]

名 乳製品

Dairy products are a great source of calcium.
乳製品はカルシウムを取るのにとてもよい。

★dailyとの混同注意。

0670 best-before date

名 賞味期限

eat the cookies before the **best-before date**
賞味期限の前にクッキーを食べる

関 go bad「腐る」

0671 cotton candy

名 綿菓子　英 candy floss

I had **cotton candy** at the amusement park.
遊園地で綿菓子を食べた。

関 lollypop [lálipɑp]「棒つきキャンディー」

2 野菜・果物

0672
lettuce
[létəs]
名 レタス

0673
tomato
[təméɪtou]
名 トマト

0674
cucumber
[kjúːkʌmbər]
名 キュウリ

0675
eggplant
[éɡplænt]
名 ナス
英 aubergine

0676
spinach
[spínɪtʃ]
名 ホウレンソウ

0677
garlic
[ɡáːrlɪk]
名 ニンニク

0678
green pepper
[ɡríːn, pépər]
名 ピーマン

0679
cauliflower
[káləflàuər]
名 カリフラワー

0680
cabbage
[kǽbɪdʒ]
名 キャベツ

0681	0682	0683
ginger [dʒíndʒər]	**peas** ❗ [píːz]	**onion** ❗ [ʌ́njən]
名 ショウガ	名 エンドウ豆	名 タマネギ

0684	0685	0686
carrot ❗ [kǽrət]	**soybean** ❗ [sɔ́ɪbìːn]	**Brussels sprout** ❗ [brʌ́slz, spráut]
名 ニンジン	名 大豆	名 芽キャベツ

0687	0688	0689
celery ❗ [séləri]	**radish** ❗ [rǽdɪʃ]	**turnip** ❗ [tə́ːrnəp]
名 セロリ	名 ハツカダイコン	名 カブ

0690	0691	0692
bamboo shoot ❗ [bæmbúː, ʃúːt] 名 たけのこ	**mushroom** ❗ [mʌ́ʃruːm] 名 キノコ、マッシュルーム	**bean sprouts** ❗ [bíːn, spráuts] 名 モヤシ

0693	0694	0695
radish sprouts ❗ [rǽdɪʃ, spráuts] 名 カイワレダイコン	**cherry tomato** [tʃéri, təméɪtou] 名 ミニトマト	**burdock root** [bɔ́ːrdɑk, rúːt] 名 ゴボウ

0696	0697	0698
lotus root ❗ [lóutəs, rúːt] 名 レンコン	**daikon radish** ❗ [dáɪkən, rǽdɪʃ] 名 ダイコン	**bean** ❗ [bíːn] 名 豆

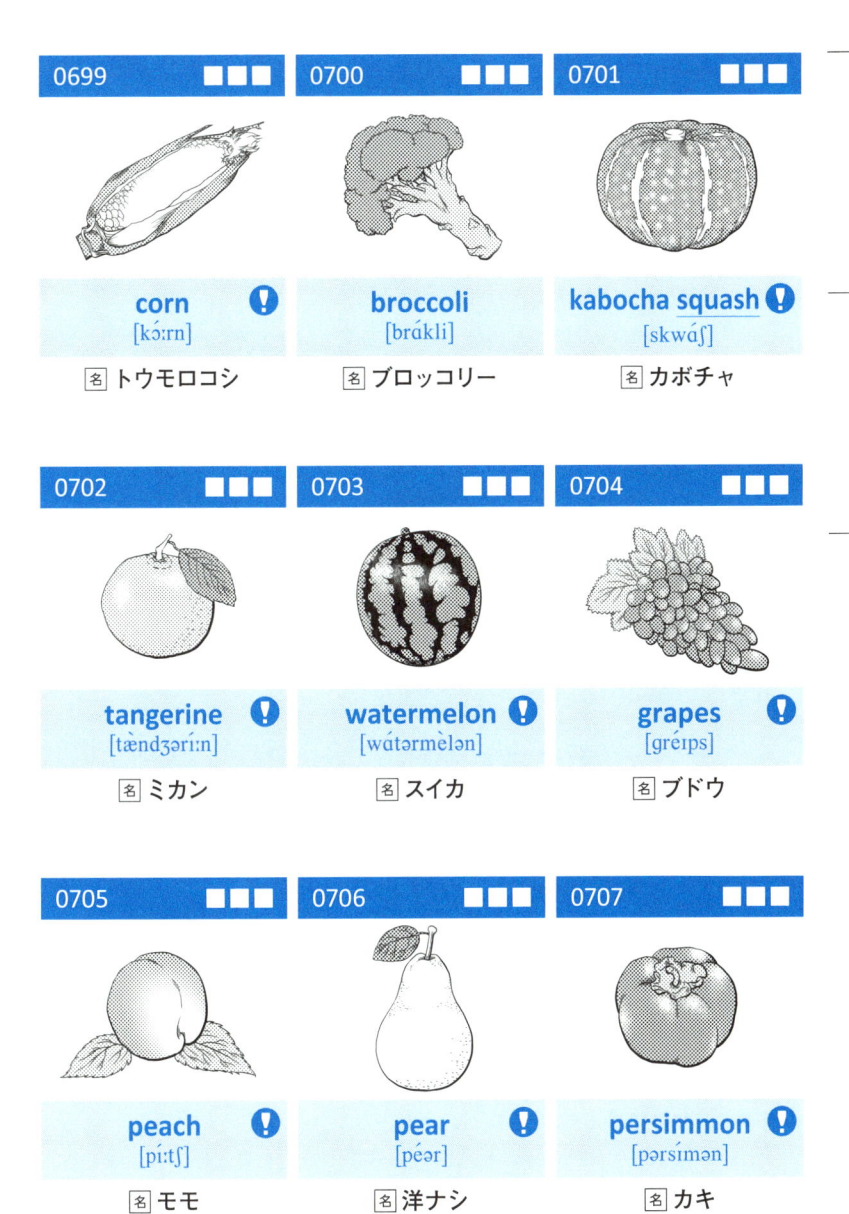

0699	0700	0701
corn [kɔ́ːrn]	**broccoli** [brάkli]	**kabocha squash** [skwάʃ]
名 トウモロコシ	名 ブロッコリー	名 カボチャ

0702	0703	0704
tangerine [tæ̀ndʒəríːn]	**watermelon** [wɑ́tərmèlən]	**grapes** [gréɪps]
名 ミカン	名 スイカ	名 ブドウ

0705	0706	0707
peach [píːtʃ]	**pear** [péər]	**persimmon** [pərsímən]
名 モモ	名 洋ナシ	名 カキ

1 食品

2 野菜・果物

Hints and Tips ❗

0634 **roll**「ロールパン」
★「パン」はポルトガル語からの外来語。英語でpanは鍋を指す。

0635 **flour**「小麦粉」
★flowerと発音が同じ。特に、リスニングの際に"flower"だと思い込まないように注意が必要。
★ちなみに、「米粉」はrice flour。

0638 **crust**「パンの耳」
★パン生地を焼いたときにできる外側の茶色い堅い部分。この他、ピザやパイの皮の意味もある。
★食パンをひとかたまりごとに数える場合はloafを使う。loafの複数形はloaves。
two loaves of bread「2斤のパン」

0639 **sesame (seeds)**「ごま」
★sesameは植物としてのごまと、種を指す使い方がある。レシピなどでは種の部分であることを明確にするためにseedsがつけられることが多い。なお、sesameがごまの種を指す場合は不可算で集合的に用いられる。
★「アリババと40人の盗賊」に出てきた、洞窟を開く呪文「開けゴマ！」は英語でOpen sesame!である。

0641 **tofu**「豆腐」
★bean curdとも呼ばれるが、知名度が高くなってきたので、tofuでも通じることが多い。なお、curdは牛や山羊などの乳に酵素を作用させて凝固させた食品。

0642 **bread crumbs**「パン粉」
★crumbはクッキーやパンなどからボロボロと崩れたくず、あるいはそれらを細かく砕いたものを指す。

0643 **sugar cube**「角砂糖」
★ 類語のlumpは「かたまり」の意味だが、文脈から砂糖の話をしているとわかる場合は、sugarは省略可。
★ lumpには、小麦粉などが固まった「だま」の意味もある。

0646 **French fries**「フライドポテト」
★ イギリス英語ではchipsも使われるが、これはfish and chips「フィッシュ・アンド・チップス」にも使われるような分厚く切ったフライドポテトを指す場合が多い。McDonald'sなどの細長いフライドポテトは(French) friesと呼ばれる。
★ なお、イギリス英語ではポテトチップはchipsではなく、crispsと呼ばれている。

0652 **fried egg**「目玉焼き」
★ 語義上は油で調理された卵料理を指しうるが、慣例上、卵をそのまま焼いたものを指す。
★ 目玉焼きの種類によって名前があり、日本でよく食べられているのは、sunny side up「片面焼きの目玉焼き」である。
★ 両面焼きの目玉焼きは「over＋焼き加減」の名前で呼ばれている。
over + easy, medium, well, hard
over easyからover wellまでは白身と黄身の固さの順。そしてover hardは黄身が崩された状態で両面焼きされたものを指す。
★ とはいえ、目玉焼きの種類が問題となるようなトピックでないかぎり、fried eggと言えば済むだろう。
★ 目玉焼き以外の卵料理は、
boiled egg「ゆで卵」 scrambled egg「スクランブルエッグ」
poached「落とし卵」
がある。ホテルの朝食やステーキのつけ合わせなどで、
"How would you like your egg?"と聞かれたら、
"Scrambled, please."
などと答えればよい。

0654 **fried rice**「チャーハン、焼き飯」
★ 日本語の「フライ」から「揚げる」を思いつきやすいが、fryはその他に、「油で炒める」の意味もある。

0657 **dumpling**「餃子、団子など」

★小麦粉や米粉などの生地を練って作ったもので、ある程度のかたまりとなっているものはみんなこの範疇に入る。餃子やシューマイから、ラビオリ、団子、ちまきに至るまで、非常に汎用性の高い語。
★ちなみに、きび団子はmillet dumplingと訳される。

0666 **ground meat**「ミンチ」

★groundはgrind「挽く」の過去分詞。つまり、「挽かれた肉」ということ。
★イギリス英語ではミンチのことをminceと言うが、アメリカ英語ではminceと言うとmincemeatのことを指す。mincemeatはリンゴの刻んだものやレーズンなどのフルーツに蒸留酒、香辛料などを混ぜ合わせたもので、ミンスパイ (mince pie) の詰め物として使われる。
★なお、hamburgerは「ハンバーガー」の意味以外に、hamburger steak「ハンバーグステーキ」の意味でも使われる。

0670 **best-before date**「賞味期限」

★この日よりも前に飲む、あるいは食べたほうがよいという期限のこと。安全かどうかではなく、風味が落ち始める日付を指す。製品のパッケージにBest Before: 02.12.2016などと書かれている。
★これに対してuse-by dateは、日本語で言えば消費期限。安全に食べられる最終日を指す。
★ただし、これらの表記は国や製品にもよるので、注意が必要なのはどこも同じ。

0672 **lettuce**「レタス」

★不可算名詞として使われることが多い。1玉を数える場合は、a head of lettuceとする。

0673 **tomato**「トマト」

★イギリス英語の発音は、[təmáːtəu]「トゥマートゥ」。ただし、potatoは「ポタートー」にはならない。

0674 **cucumber**「キュウリ」

★ちなみにsea cucumberは「ナマコ」。
関 as cool as a cucumber「落ち着き払って」

0676 **spinach**「ホウレンソウ」
★発音注意。「スピニッチ」。
★通例不可算。a bunch of spinach「1束のホウレンソウ」

0677 **garlic**「ニンニク」
★通例不可算なので、数えるときは次の通り。
　a clove of garlic「ニンニクひとかけ」
　a head/bulb of garlic「ニンニク1つ」

0678 **green pepper**「ピーマン」
★「ピーマン」はフランス語のpimentから。英語ではないことに注意。

0680 **cabbage**「キャベツ」
★不可算扱いされることも多く、その場合、数えるときはhead「玉」を数える。
　two heads of cabbage「キャベツ2玉」
★日本の「白菜」はnapa cabbageあるいはChinese cabbage。

0682 **peas**「エンドウ豆」
★豆の「さや」はpod。
★「エンドウ豆のさやをむく」は、shell「〜の殻をむく」を使って、shell the peasと言う。

0683 **onion**「タマネギ」
★「タマネギの皮」はonion skin。

0684 **carrot**「ニンジン」
★日本語では「アメとムチ」と言うが、英語ではcarrot and stick「ニンジンと棒」でアメとムチの意味になる。

0685 **soybean**「大豆」
★イギリス英語ではsoya bean。
★小豆はadzuki beanと呼ばれる。
関 soy sauce「しょう油」 関 soy milk「豆乳」

0686 **Brussels sprout**「芽キャベツ」
★Brusselsは「ブリュッセル（ベルギーの首都）」のこと。-sに注意。発音も「ブラッスゥズ」に近い。また、sproutは「新芽、発芽する」の意味がある。

0687 **celery**「セロリ」
★celeryは通例不可算。数えるときは、stalkやstickを使う。
a stalk/stick of celery「セロリ1本」

0688 **radish**「ハツカダイコン」
★radishを白い「ダイコン」の意味だと思い込んでいる学習者がいるが、ハツカダイコンを思い浮かべるネイティブも多いことに注意。ともにradishの仲間なので間違いではなく、単にどちらの野菜が相手にとって馴染み深いかによる。ダイコンについては0697を参照。
関 horseradish「西洋わさび」

0689 **turnip**「カブ」
★ロシアの童話「おおきなかぶ」は、英語では "The Gigantic Turnip" と呼ばれている。
関 turnip greens「カブの葉の部分」

0690 **bamboo shoot**「たけのこ」
★shootには「新芽」の意味がある。

0691 **mushroom**「キノコ、マッシュルーム」
★マッシュルームだけでなく、キノコ類全般を指す。
shiitake mushroom「しいたけ」
★傘を持つ毒キノコはtoadstoolと言う。toadは「ヒキガエル」でstoolは「スツール、腰かけ」なので、「ヒキガエルの腰かけ」の意味。その名前に引っかけて、キノコの上にヒキガエルが乗った写真を時々見かける。
関 toadstool「毒キノコ」

0692 **bean sprouts**「モヤシ」
★sproutは「新芽、発芽したもの」の意味。

0693 **radish sprouts**「カイワレダイコン」
★daikon sproutsと言われることもある。

0696 **lotus root**「レンコン」
★lotusは「ハス」。つまりハスの根ということ。

0697 **daikon radish**「ダイコン」
★イギリスなどのスーパーでは、daikonなどとして売られていることもあるが、欧米では馴染みの薄い食材なので知らない人もいることに注意。また、radishだけだと、ハツカダイコンと間違えられる恐れがある。日本在住のネイティブならdaikonだけでも理解してもらえる可能性は高いだろう。

0698 **bean**「豆」
★童話「ジャックと豆の木」は"Jack and the Beanstalk"。stalkは「茎」の意味。
関 full of beans「元気いっぱいの」 関 spill the beans「うっかり秘密を漏らす」

0699 **corn**「トウモロコシ」
★トウモロコシの芯（穂軸）はcobと言う。
★トウモロコシ1本はan ear of corn。
★トウモロコシを芯のまま茹でる・焼くなどしたものはcorn on the cobと呼ばれる。

0701 **kabocha squash**「カボチャ」
★pumpkinはネイティブにとっては、ハロウィーンのランタンでお馴染みのオレンジ色のものを指すことが多い。そこで、区別するために、カボチャ類全般を指すsquashを使ってkabocha squashと呼ばれている。ちなみに、イギリスのスーパーなどでは、そのままkabochaという名前で売られていることもある。

0702 **tangerine**「ミカン」
★いろいろな種類のミカンが存在して、さまざまな名前で呼ばれているため、学習者にとっては悩ましい語である。satsumaが日本のミカンに近く、イギリスでもこの名前で流通しているのだが、アメリ

カではあまり使われていない。tangerineは、本来は別物なのだが、アメリカではミカンの総称のように用いられている。

0703 **watermelon**「スイカ」
★「スイカの皮」は、rind「(オレンジやスイカなどの果実の) 堅い皮」を使って、the rind of a watermelon。

0704 **grapes**「ブドウ」
★房を数えるならbunchを使って、a bunch of grapes「ブドウ1房」とする。
関 sour grapes「負け惜しみ」(イソップ物語から)

0705 **peach**「モモ」
★「モモの種」はpeach stone、またはpeach pit。

0706 **pear**「洋ナシ」
★pairと発音が同じ。
★日本の梨はAsian pearやJapanese pearなどと呼ばれる。

0707 **persimmon**「カキ」
関 persimmon seed「柿の種」 関 dried persimmon「干し柿」

復習テスト 1

この章の復習です。次の絵が示すものを英語で言ってみましょう。

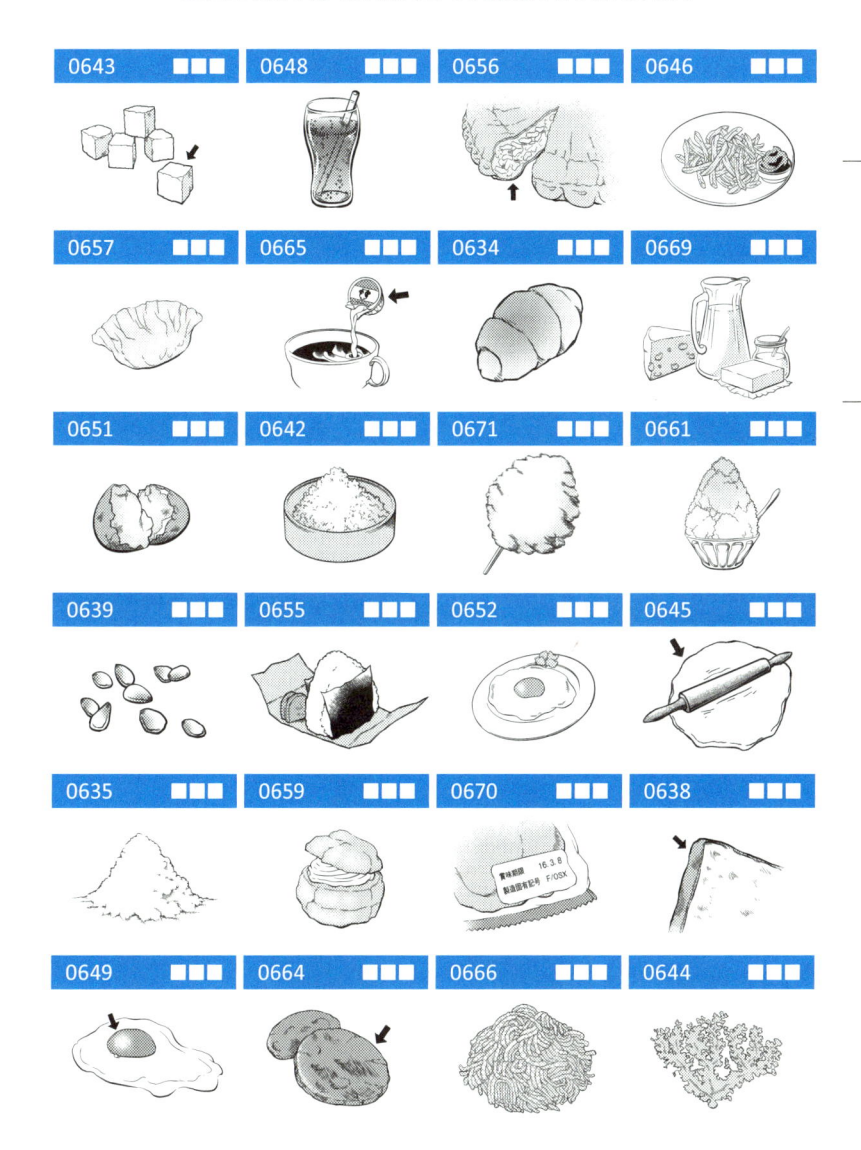

0643	0648	0656	0646
0657	0665	0634	0669
0651	0642	0671	0661
0639	0655	0652	0645
0635	0659	0670	0638
0649	0664	0666	0644

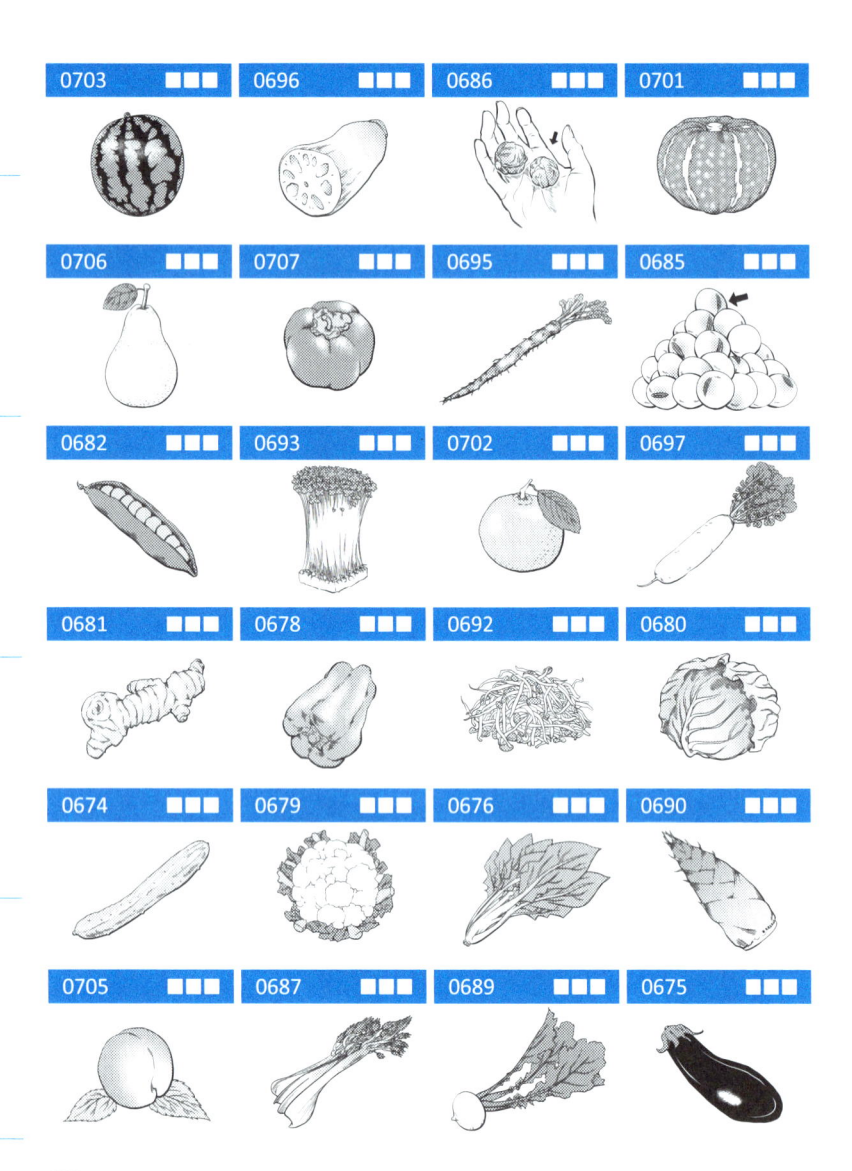

2

0703	0696	0686	0701
0706	0707	0695	0685
0682	0693	0702	0697
0681	0678	0692	0680
0674	0679	0676	0690
0705	0687	0689	0675

Chapter 1 日常生活の動作

Chapter 2 人々の暮らし

Chapter 3 街の風景

Chapter 4 食物

Chapter 5 さまざまな生き物

解答

1

0643 ▶sugar cube 角砂糖	0648 ▶carbonated drink 炭酸飲料	0656 ▶filling 詰め物	0646 ▶French fries フライドポテト
0657 ▶dumpling 餃子、団子など	0665 ▶creamer コーヒー用クリーム	0634 ▶roll ロールパン	0669 ▶dairy products 乳製品
0651 ▶eggshell 卵の殻	0642 ▶bread crumbs パン粉	0671 ▶cotton candy 綿菓子	0661 ▶shaved ice かき氷
0639 ▶sesame ごま	0655 ▶rice ball おにぎり	0652 ▶fried egg 目玉焼き	0645 ▶dough 生地
0635 ▶flour 小麦粉	0659 ▶cream puff シュークリーム	0670 ▶best-before date 賞味期限	0638 ▶crust パンの耳
0649 ▶egg yolk 卵の黄身	0664 ▶rice cracker せんべい、あられ	0666 ▶ground meat ミンチ	0644 ▶seaweed 海藻、海草

2

0703 ▶watermelon スイカ	0696 ▶lotus root レンコン	0686 ▶Brussels sprout 芽キャベツ	0701 ▶kabocha squash カボチャ
0706 ▶pear 洋ナシ	0707 ▶persimmon カキ	0695 ▶burdock root ゴボウ	0685 ▶soybean 大豆
0682 ▶peas エンドウ豆	0693 ▶radish sprouts カイワレダイコン	0702 ▶tangerine ミカン	0697 ▶daikon radish ダイコン
0681 ▶ginger ショウガ	0678 ▶green pepper ピーマン	0692 ▶bean sprouts モヤシ	0680 ▶cabbage キャベツ
0674 ▶cucumber キュウリ	0679 ▶cauliflower カリフラワー	0676 ▶spinach ホウレンソウ	0690 ▶bamboo shoot たけのこ
0705 ▶peach モモ	0687 ▶celery セロリ	0689 ▶turnip カブ	0675 ▶eggplant ナス

COLUMN ネタを作ってペラペラに

　もう1つ、ペラペラになるための秘訣をお教えしましょう。それは、話す内容を前もって備えておくということです。たとえば、冬休み明けなら、正月どうしていたのかという話になるのは確実です。もし、英語を話す機会があれば、それをあらかじめ数行の英語にして、覚えておくのです。

　そして、How was your vacation? などと聞かれたら、「来た！」と思いつつ、覚えた英文を口にするわけです。

　もちろん、その場で作って話しているわけではないので、本当の実力ではないかもしれません。しかし、不思議なことに、何回か同じことを言っていると、いつの間にか自分の言葉となり、暗唱している感じがなくなっていきます。そのうち、適当にはしょったり、新たな文をつけ加えたり、いろいろアレンジもできるようになります。もちろん、ネタを話し終えれば、またしどろもどろになるのですが、そうやって、少しでもペラペラと話すことができれば、達成感を覚えてモチベーションアップに繋がります。

　それに、人間って、わりと同じようなことをいろんな人に話しているのですね。「正月どうしてたの？」なんて、それこそ何回も聞いたり聞かれたりしますよね。

　そして、そういったネタを少しずつ増やしていけばいいのです。

　私も、イギリスに語学留学中にこの方法で練習していました。学校から帰ると、必ずホストファミリーに "How was school today?" と聞かれるので、帰る前に何行か英文を書いて覚えて帰ったのです。当時まともに英語を話せなくて、四苦八苦していた私も、そのときだけはうまく話せて、とても楽しかったです。

[Chapter 5]

さまざまな生き物

日常生活で見かけるいろいろな生き物。愛らしいものから少々気持ち悪いものまで。

Section 1	植物
Section 2	動物
Section 3	鳥
Section 4	魚類・海洋生物
Section 5	昆虫・その他の生き物

1 植物

0708
sunflower
[sʌ́nflàuər]
名 ヒマワリ

0709
cherry blossom ❗
[tʃéri, blásəm]
名 サクラ（の花）

0710
dandelion ❗
[dǽndlàiən]
名 タンポポ

0711
orchid ❗
[ɔ́ːrkəd]
名 ラン

0712
cactus ❗
[kǽktəs]
名 サボテン

0713
pine cone ❗
名 松ぼっくり

0714
walnut ❗
[wɔ́ːlnʌt]
名 クルミ

0715
acorn ❗
[éɪkɔːrn]
名 どんぐり

0716
chestnut ❗
[tʃésnʌt]
名 クリ

★発音注意「チェスナット」

0717	0718	0719
plum blossom ❗ [plʌ́m, blɑ́səm] 名 ウメ（の花）	**daffodil** [dǽfədɪl] 名 ラッパズイセン	**chrysanthemum** ❗ [krəsǽnθəməm] 名 キク

0720	0721	0722
lily [líli] 名 ユリ	**morning glory** 名 アサガオ	**hydrangea** [haɪdréɪndʒə] 名 アジサイ

0723	0724	0725
pine tree 名 マツの木	**palm tree** [pɑ́ːlm] 名 ヤシの木	**fern** [fɚ́ːrn] 名 シダ植物

関 cedar [síːdər]「スギ」

1 植物

2 動物

3 鳥

4 魚類・海洋生物

5 昆虫・その他の生き物

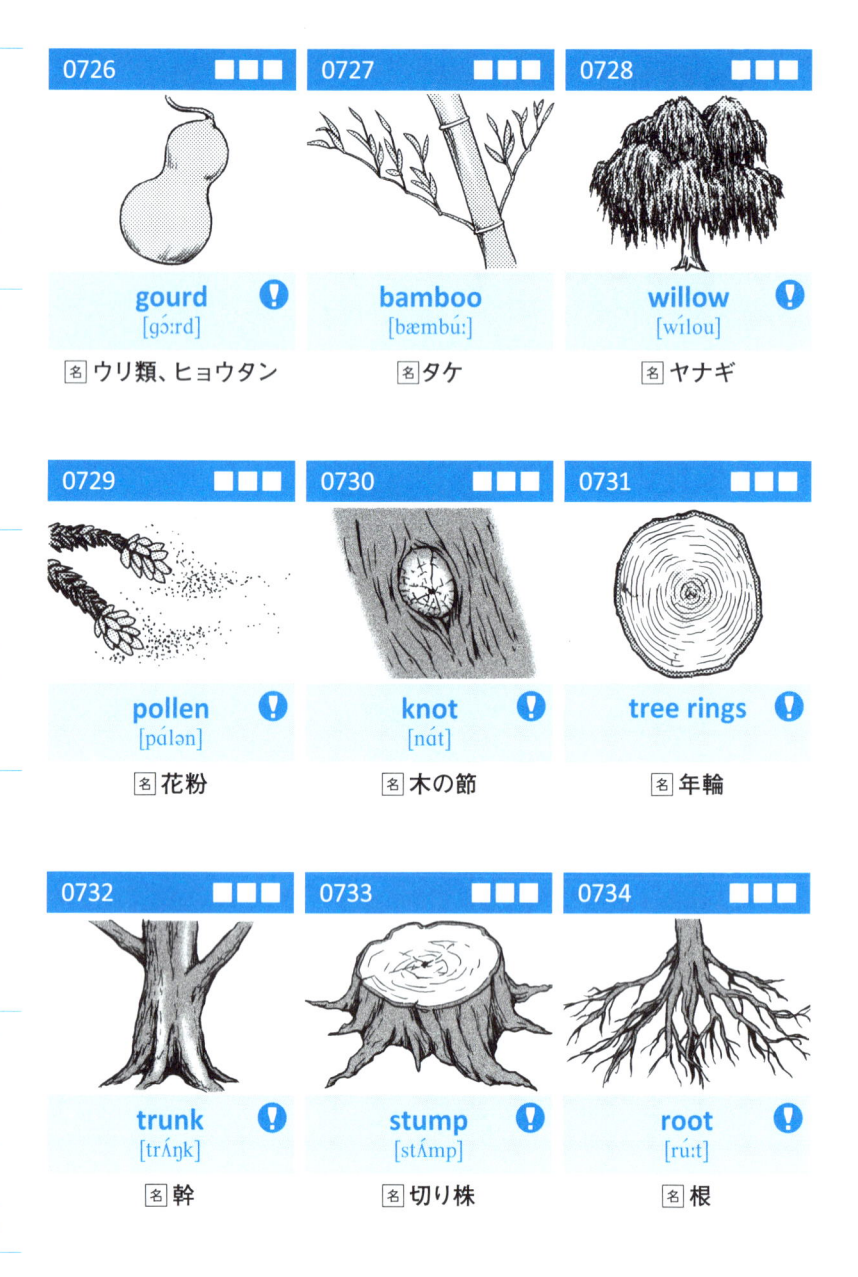

0726	0727	0728
gourd [gɔ́:rd]	**bamboo** [bæmbú:]	**willow** [wílou]
名 ウリ類、ヒョウタン	名 タケ	名 ヤナギ

0729	0730	0731
pollen [pálən]	**knot** [nát]	**tree rings**
名 花粉	名 木の節	名 年輪

0732	0733	0734
trunk [trʌ́ŋk]	**stump** [stʌ́mp]	**root** [rú:t]
名 幹	名 切り株	名 根

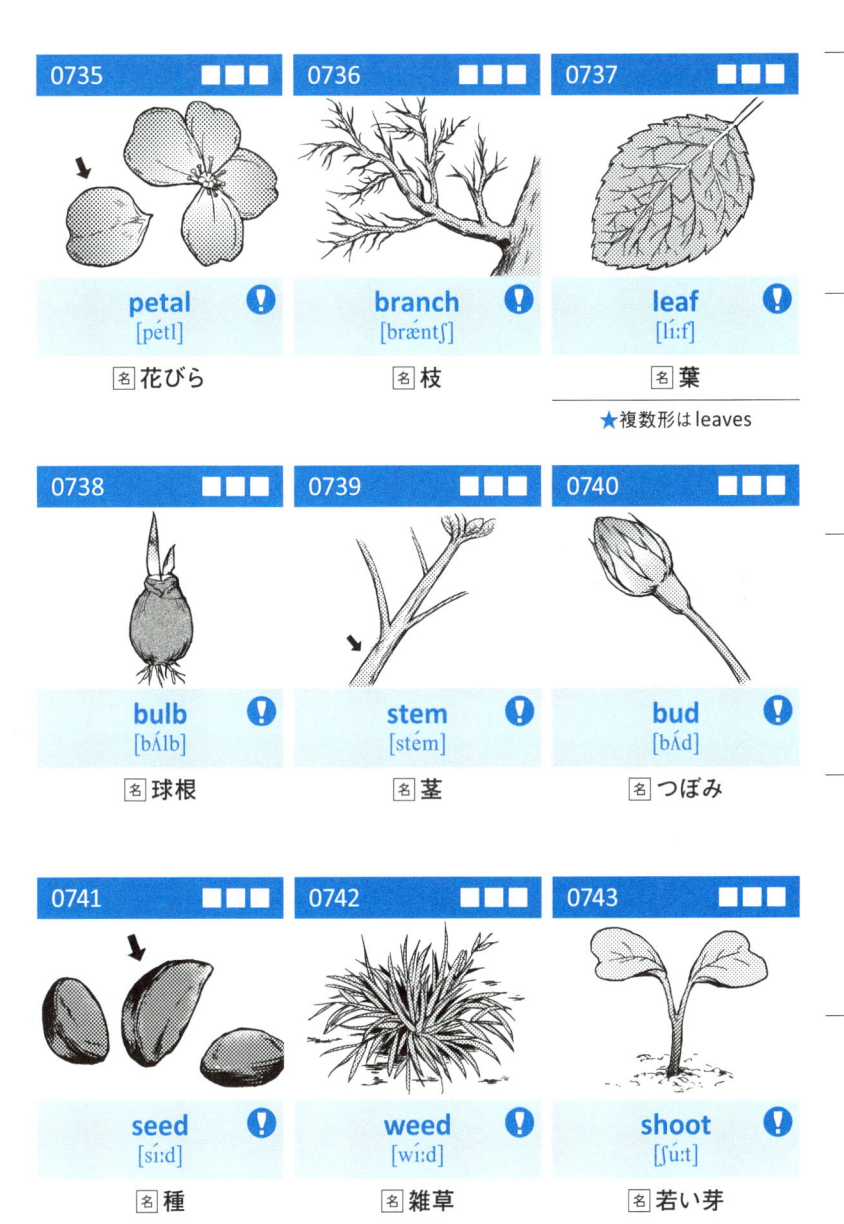

0735	0736	0737
petal [pétl]	**branch** [bræntʃ]	**leaf** [líːf]
名 花びら	名 枝	名 葉
		★複数形は leaves

0738	0739	0740
bulb [bʌ́lb]	**stem** [stém]	**bud** [bʌ́d]
名 球根	名 茎	名 つぼみ

0741	0742	0743
seed [síːd]	**weed** [wíːd]	**shoot** [ʃúːt]
名 種	名 雑草	名 若い芽

1 植物

2 動物

3 鳥

4 魚類・海洋生物

5 昆虫・その他の生き物

0744

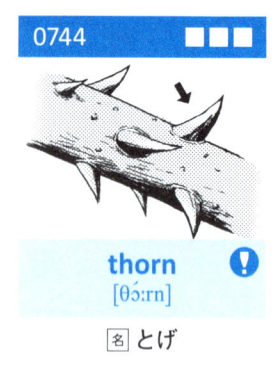

thorn
[θɔ́ːrn]

名 とげ

2 動物

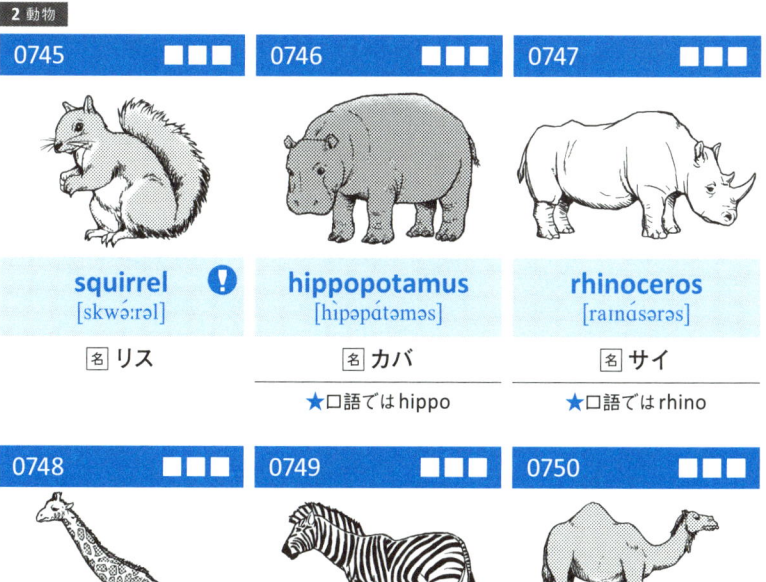

0745
squirrel [skwə́ːrəl]
名 リス

0746
hippopotamus [hìpəpátəməs]
名 カバ
★口語では hippo

0747
rhinoceros [raɪnɑ́sərəs]
名 サイ
★口語では rhino

0748
giraffe [dʒəræf]
名 キリン

0749
zebra [zíːbrə]
名 シマウマ

0750
camel [kæml]
名 ラクダ

0751
platypus [plǽtɪpəs]
名 カモノハシ

0752
raccoon [rækúːn]
名 アライグマ

0753
sea otter [ɑ́tər]
名 ラッコ

231

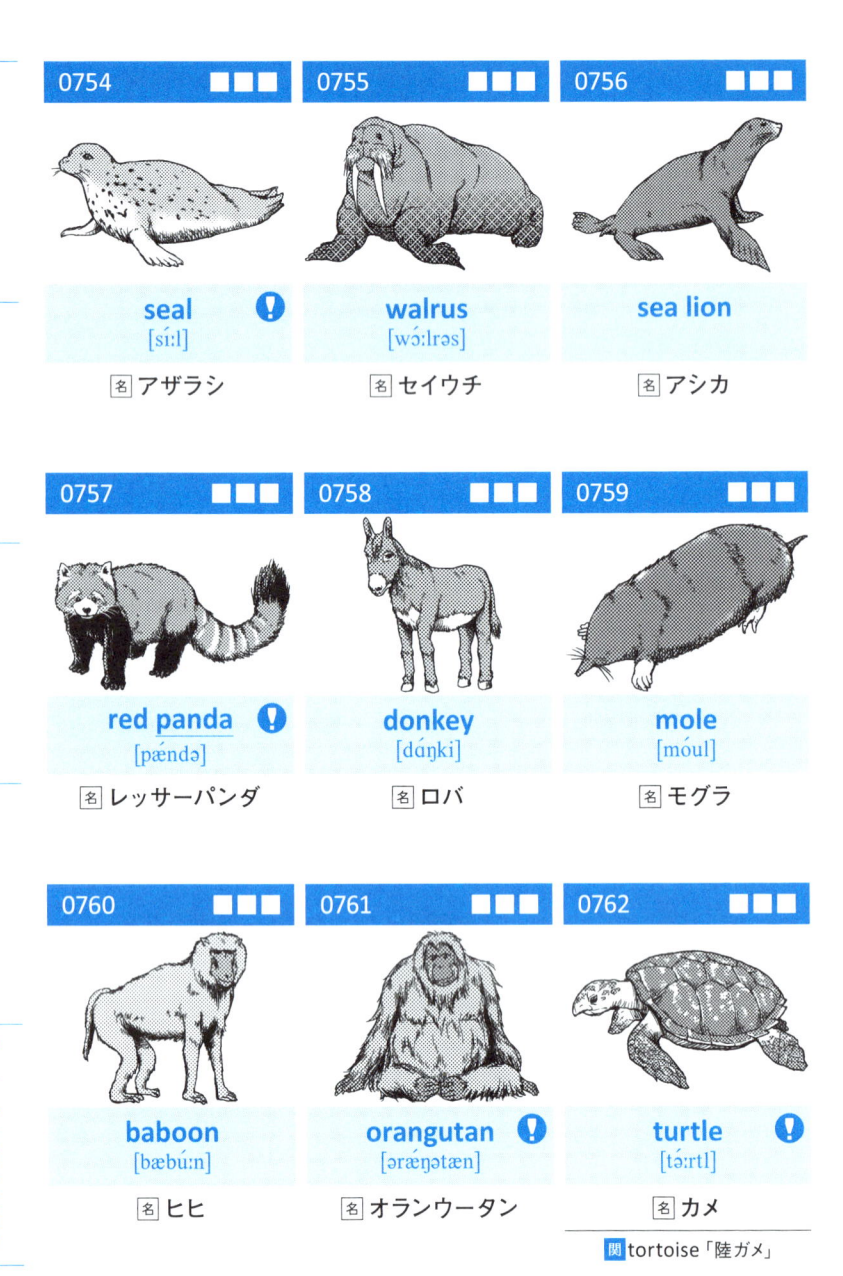

0754 ■■■	0755 ■■■	0756 ■■■
seal ❗ [síːl] 名 アザラシ	**walrus** [wɔ́ːlrəs] 名 セイウチ	**sea lion** 名 アシカ

0757 ■■■	0758 ■■■	0759 ■■■
red panda ❗ [péndə] 名 レッサーパンダ	**donkey** [dáŋki] 名 ロバ	**mole** [móul] 名 モグラ

0760 ■■■	0761 ■■■	0762 ■■■
baboon [bæbúːn] 名 ヒヒ	**orangutan** ❗ [ərǽŋətæn] 名 オランウータン	**turtle** ❗ [tə́ːrtl] 名 カメ 関 tortoise「陸ガメ」

Chapter 1 日常生活の動作

Chapter 2 人々の暮らし

Chapter 3 街の風景

Chapter 4 食物

Chapter 5 さまざまな生き物

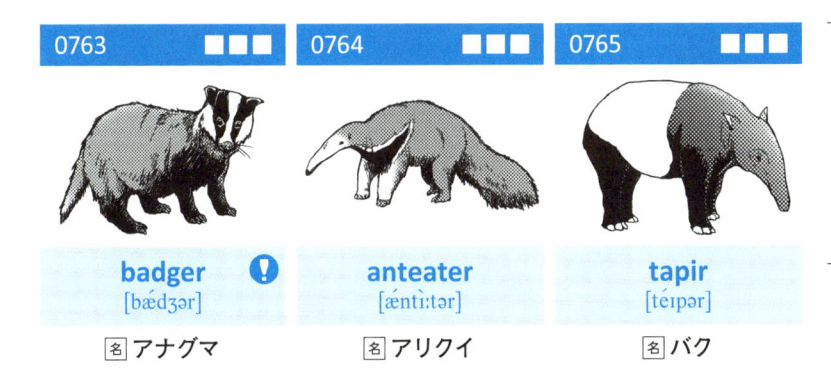

0763	0764	0765
badger ❗ [bǽdʒər] 名 アナグマ	**anteater** [ǽntìːtər] 名 アリクイ	**tapir** [téɪpər] 名 バク

0766	0767	0768
porcupine [pɔ́ːrkjupàin] 名 ヤマアラシ	**goat** ❗ [góut] 名 ヤギ	**wild boar** [wáɪld, bɔ́ːr] 名 イノシシ

0769	0770	0771
hedgehog ❗ [hédʒhɑɡ] 名 ハリネズミ	**chipmunk** [tʃípmʌŋk] 名 シマリス	**reindeer** ❗ [réɪndìər] 名 トナカイ

1 植物
2 動物
3 鳥
4 魚類・海洋生物
5 昆虫・その他の生き物

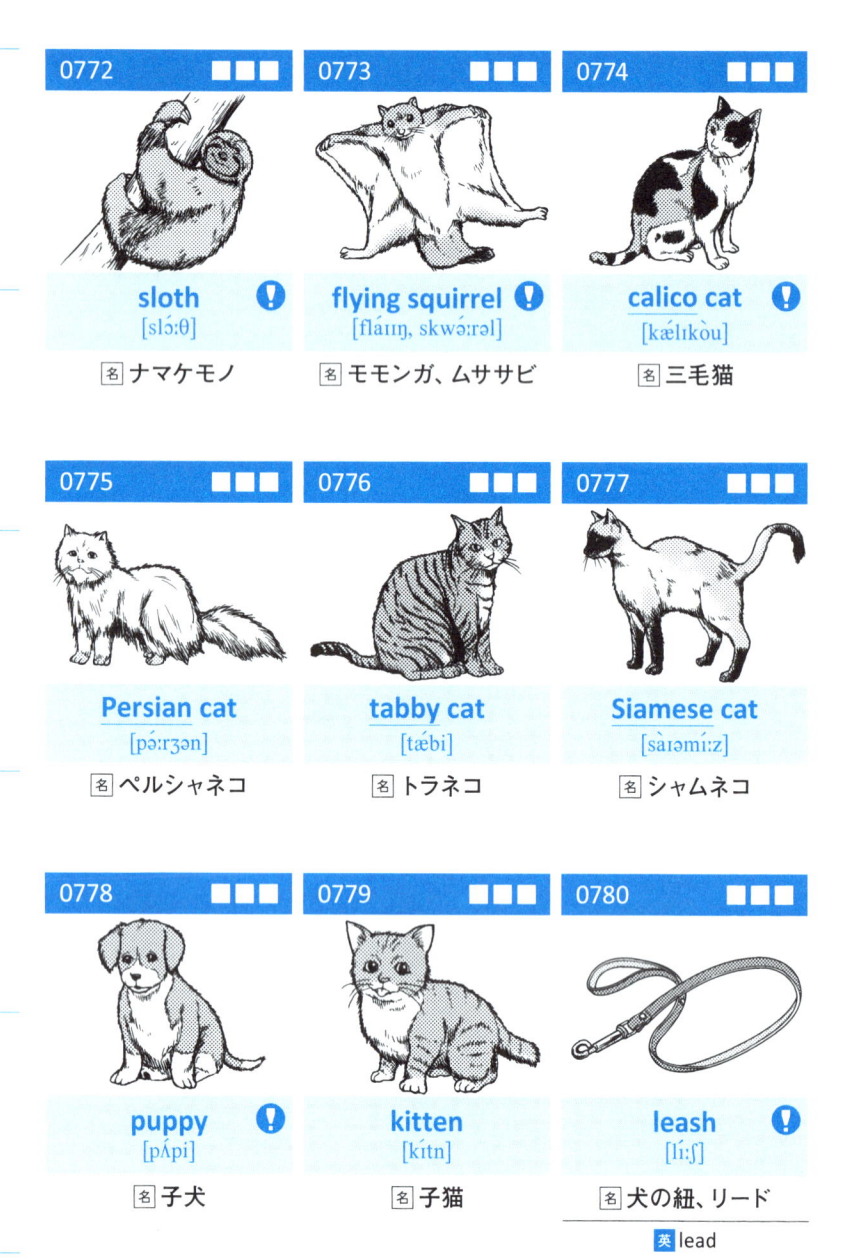

0772	0773	0774
sloth ❗ [slɔ́ːθ] 名 ナマケモノ	**flying squirrel** ❗ [fláɪɪŋ, skwɔ́ːrəl] 名 モモンガ、ムササビ	**calico cat** ❗ [kǽlɪkòu] 名 三毛猫

0775	0776	0777
Persian cat [pɔ́ːrʒən] 名 ペルシャネコ	**tabby cat** [tǽbi] 名 トラネコ	**Siamese cat** [sàɪəmíːz] 名 シャムネコ

0778	0779	0780
puppy ❗ [pʌ́pi] 名 子犬	**kitten** [kítn] 名 子猫	**leash** ❗ [líːʃ] 名 犬の紐、リード 英 lead

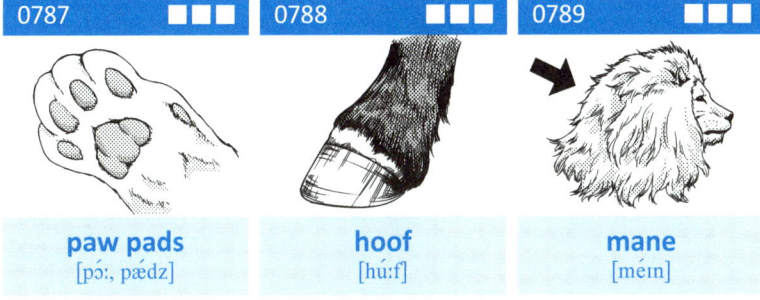

0781 ■■■	0782 ■■■	0783 ■■■
collar [kálər]	**doghouse** [dɔ́:ghàus]	**stray dog** [stréɪ]
名 首輪	名 犬小屋	名 野良犬
	英 kennel	

0784 ■■■	0785 ■■■	0786 ■■■
paw [pɔ́:]	**tail** [téɪl]	**whiskers** [hwískərz]
名 犬、猫などの足	名 尾	名 猫やねずみのひげ

0787 ■■■	0788 ■■■	0789 ■■■
paw pads [pɔ́:, pǽdz]	**hoof** [hú:f]	**mane** [méɪn]
名 肉球	名 ひづめ	名 たてがみ
	★複数形は hooves	

1 植物
2 動物
3 鳥
4 魚類・海洋生物
5 昆虫・その他の生き物

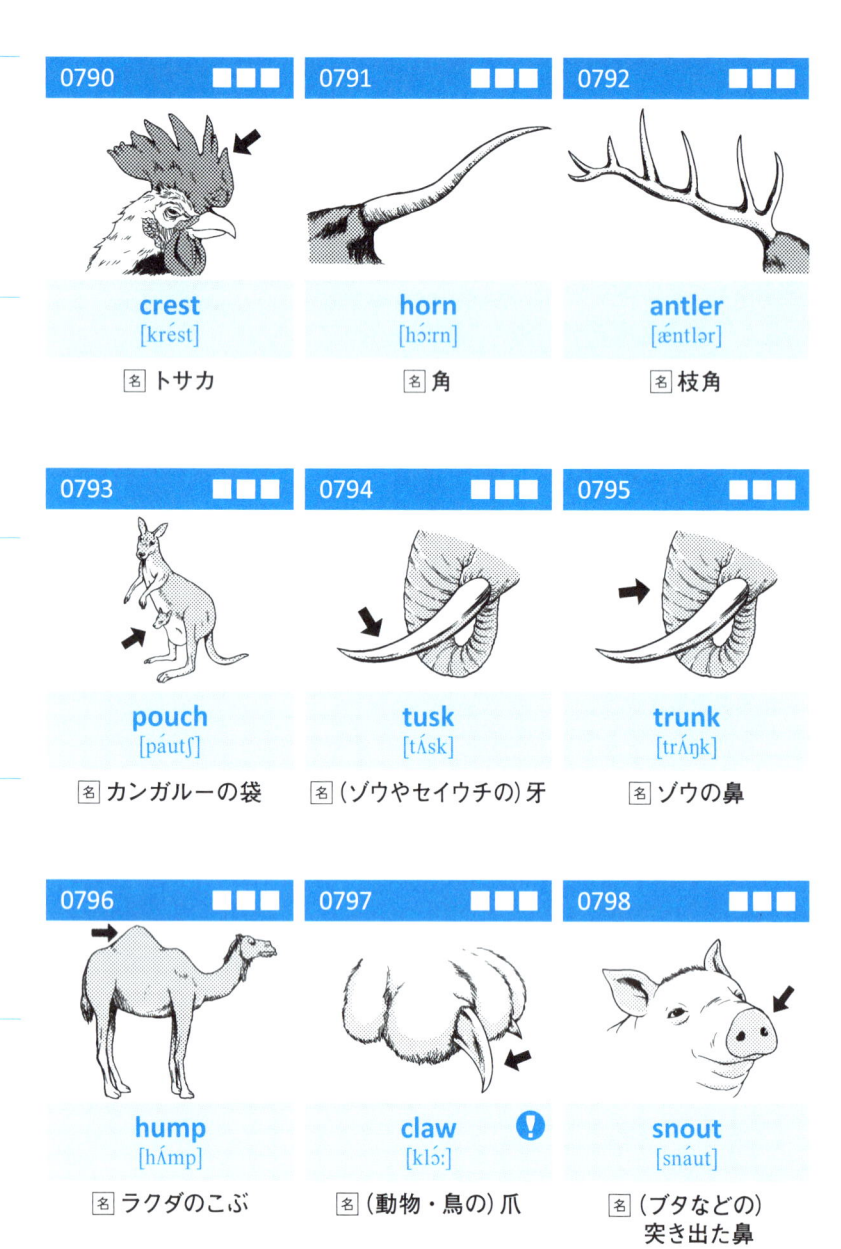

0790	0791	0792
crest [krést]	**horn** [hɔ́ːrn]	**antler** [ǽntlər]
名 トサカ	名 角	名 枝角

0793	0794	0795
pouch [páutʃ]	**tusk** [tʌ́sk]	**trunk** [trʌ́ŋk]
名 カンガルーの袋	名 (ゾウやセイウチの)牙	名 ゾウの鼻

0796	0797	0798
hump [hʌ́mp]	**claw** [klɔ́ː] ❗	**snout** [snáut]
名 ラクダのこぶ	名 (動物・鳥の)爪	名 (ブタなどの)突き出た鼻

0799

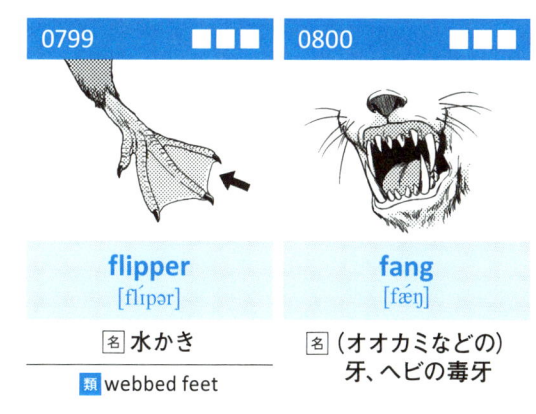

flipper
[flípər]

名 水かき

類 webbed feet

0800

fang
[fǽŋ]

名 (オオカミなどの)牙、ヘビの毒牙

3 鳥

0801
parrot
[pærət]

名 オウム

関 mimic「真似る」

0802
sparrow
[spǽrou]

名 スズメ

0803
mallard
[mǽlərd]

名 マガモ

0804
ostrich ❗
[ɔ́:strɪtʃ]

名 ダチョウ

0805
quail
[kwéɪl]

名 ウズラ

0806
stork ❗
[stɔ́:rk]

名 コウノトリ

0807
pelican ❗
[pélɪkn]

名 ペリカン

0808
goose ❗
[gú:s]

名 ガチョウ

★複数形は geese

0809
eagle
[í:gl]

名 ワシ

関 hawk「タカ」

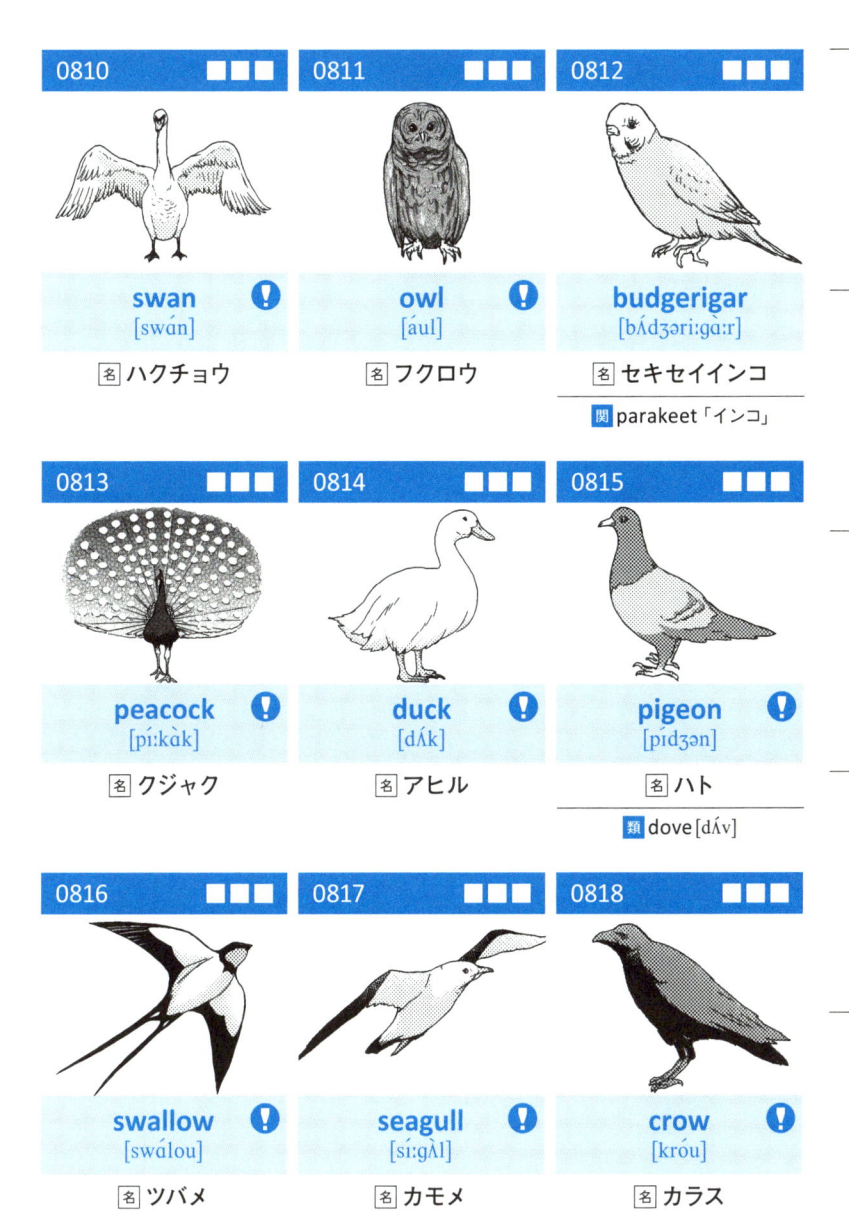

0810	0811	0812
swan [swán]	**owl** [ául]	**budgerigar** [bʌ́dʒəriːgɑːr]
名 ハクチョウ	名 フクロウ	名 セキセイインコ
		関 parakeet「インコ」

0813	0814	0815
peacock [píːkàk]	**duck** [dʌ́k]	**pigeon** [pídʒən]
名 クジャク	名 アヒル	名 ハト
		類 dove [dʌ́v]

0816	0817	0818
swallow [swálou]	**seagull** [síːgʌ̀l]	**crow** [króu]
名 ツバメ	名 カモメ	名 カラス

1 植物
2 動物
3 鳥
4 魚類・海洋生物
5 昆虫・その他の生き物

239

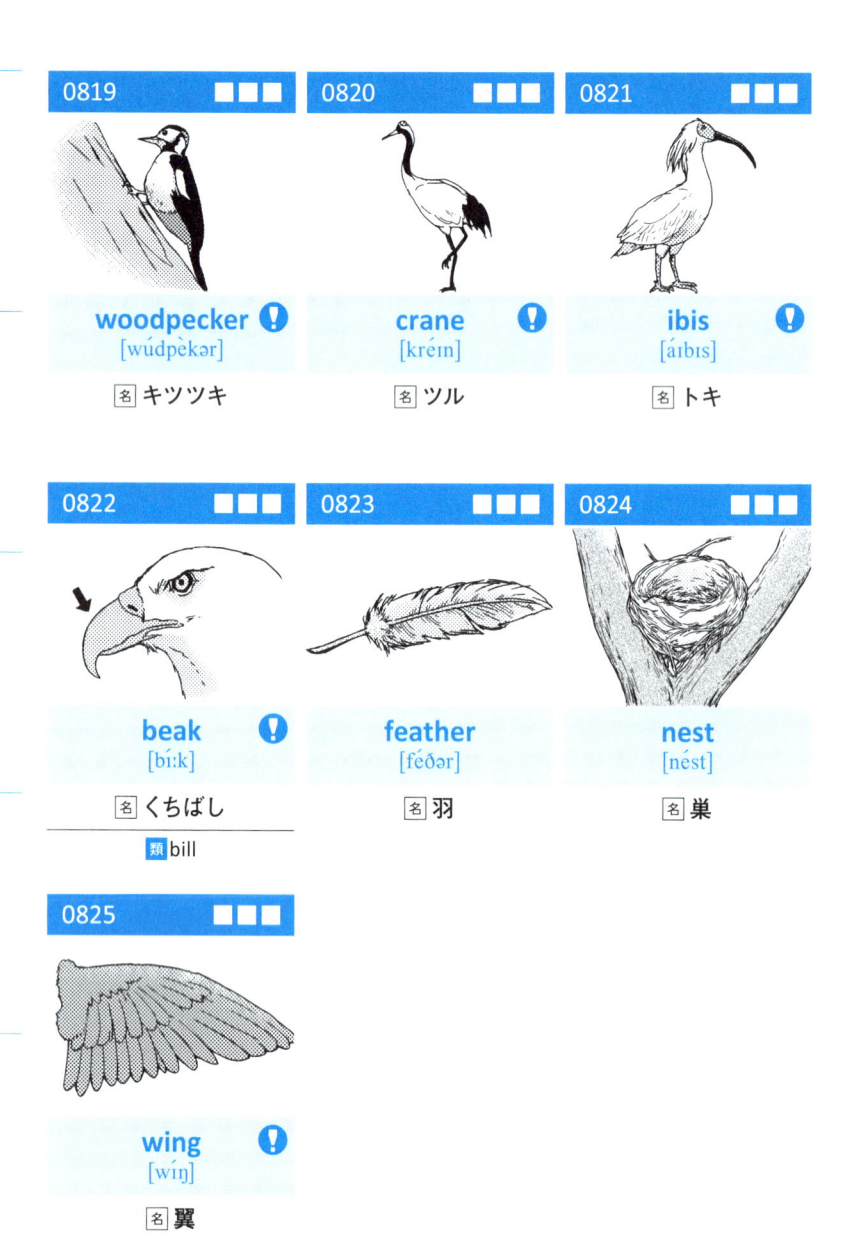

0819	0820	0821
woodpecker [wúdpèkər]	**crane** [kréɪn]	**ibis** [áɪbɪs]
名 キツツキ	名 ツル	名 トキ

0822	0823	0824
beak [bíːk]	**feather** [féðər]	**nest** [nést]
名 くちばし	名 羽	名 巣
類 bill		

0825
wing [wíŋ]
名 翼

4 魚類・海洋生物

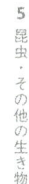

0826
sea horse

名 タツノオトシゴ

0827
swordfish
[sɔ́ːrdfìʃ]

名 カジキ

★sword は「剣」

0828
Pacific saury
[sɔ́ːri]

名 サンマ

0829
sea anemone
[ənéməni]

名 イソギンチャク

0830
sea urchin ❗
[ə́ːrtʃin]

名 ウニ

0831
starfish
[stάːrfìʃ]

名 ヒトデ

0832
clam
[klǽm]

名 ハマグリ、あさりなどの二枚貝

0833
suckerfish
[sʌ́kərfìʃ]

名 コバンザメ

類 remora, shark sucker

0834
crab ❗
[krǽb]

名 カニ

関 shell「こうら」

0835	0836	0837
scallop [skáləp]	**anglerfish** [ǽŋglərfìʃ]	**whale shark** [hwéɪl, ʃɑ́ːrk]
名 ホタテガイ	名 アンコウ	名 ジンベエザメ
	★anglerは「釣り人」	

0838	0839	0840
killer whale [kílər, hwéɪl]	**sea cucumber** [kjúːkʌmbər]	**sunfish** [sʌ́nfɪʃ]
名 シャチ	名 ナマコ	名 マンボウ

0841	0842	0843
flying fish	**piranha** [pɪrɑ́ːn(j)ə]	**hermit crab** [hə́ːrmɪt]
名 トビウオ	名 ピラニア	名 ヤドカリ
		★hermitは「隠者」

0844 ■■■	0845 ■■■	0846 ■■■
squid ❗ [skwíd]	**shrimp** ❗ [ʃrímp]	**flounder** ❗ [fláundər]
名 イカ	名 エビ 類 prawn	名 ヒラメ、カレイ

0847 ■■■	0848 ■■■	0849 ■■■
pufferfish [pʌ́fərfìʃ]	**porcupinefish** ❗ [pɔ́ːrkjupàinfìʃ]	**salmon roe** ❗ [sǽmən, róu]
名 フグ 類 puffer, blowfish	名 ハリセンボン	名 イクラ

0850 ■■■	0851 ■■■	0852 ■■■
ray [réi]	**jelly fish** [dʒéli]	**octopus** [áktəpəs]
名 エイ	名 クラゲ	名 タコ 関 sucker「吸盤」

1 植物
2 動物
3 鳥
4 魚類・海洋生物
5 昆虫・その他の生き物

243

0853
crayfish
[kréɪfɪʃ]

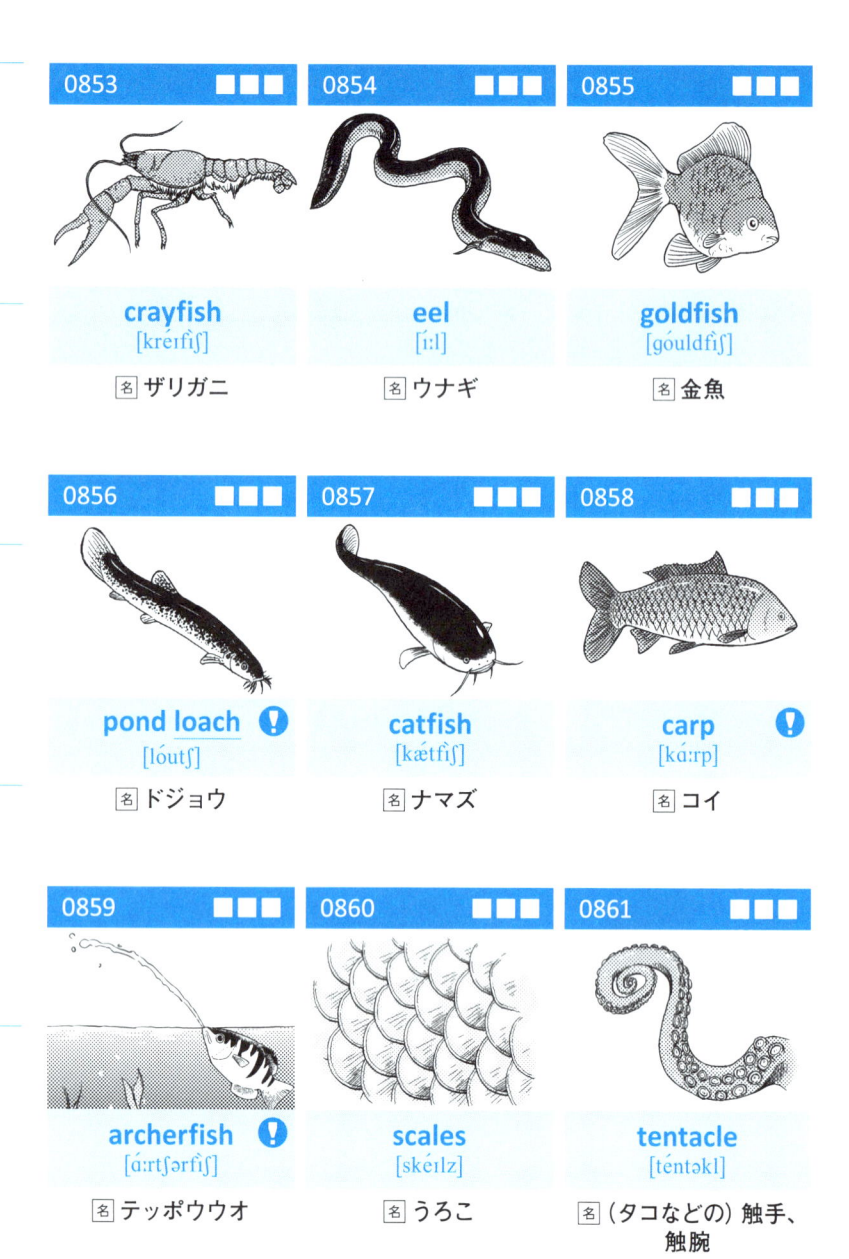

名 ザリガニ

0854
eel
[íːl]

名 ウナギ

0855
goldfish
[góuldfìʃ]

名 金魚

0856
pond loach ❗
[lóutʃ]

名 ドジョウ

0857
catfish
[kǽtfìʃ]

名 ナマズ

0858
carp ❗
[káːrp]

名 コイ

0859
archerfish ❗
[áːrtʃərfìʃ]

名 テッポウウオ

0860
scales
[skéɪlz]

名 うろこ

0861
tentacle
[téntəkl]

名 (タコなどの) 触手、触腕

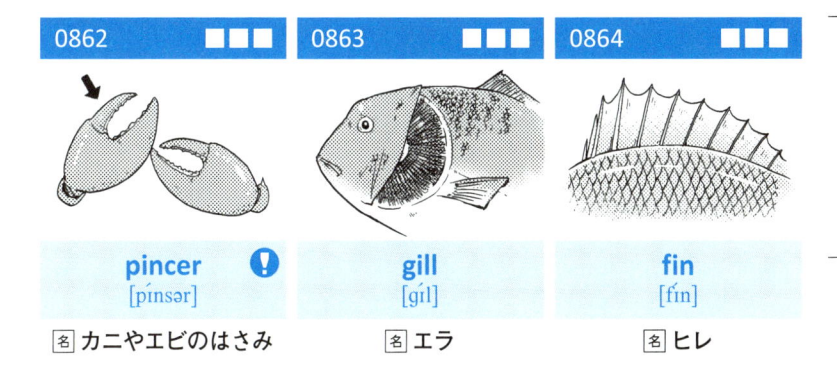

0862	0863	0864
pincer ❗ [pínsər]	**gill** [gíl]	**fin** [fín]
名 カニやエビのはさみ	名 エラ	名 ヒレ

1 植物

2 動物

3 鳥

4 魚類・海洋生物

5 昆虫・その他の生き物

5 昆虫・その他の生き物

0865
rhinoceros beetle
[raɪnάsərəs, bíːtl]

名 カブトムシ

0866
stag beetle
[stǽg, bíːtl]

名 クワガタ

0867
cockroach
[kάkroutʃ]

名 ゴキブリ

0868
firefly
[fáɪərflàɪ]

名 ホタル

0869
dragonfly
[drǽgənflàɪ]

名 トンボ

0870
snail
[snéɪl]

名 カタツムリ

0871
fly
[fláɪ]

名 ハエ

0872
mosquito
[məskíːtou]

名 蚊

0873
hornet
[hɔ́ːrnɪt]

名 スズメバチ

類 wasp

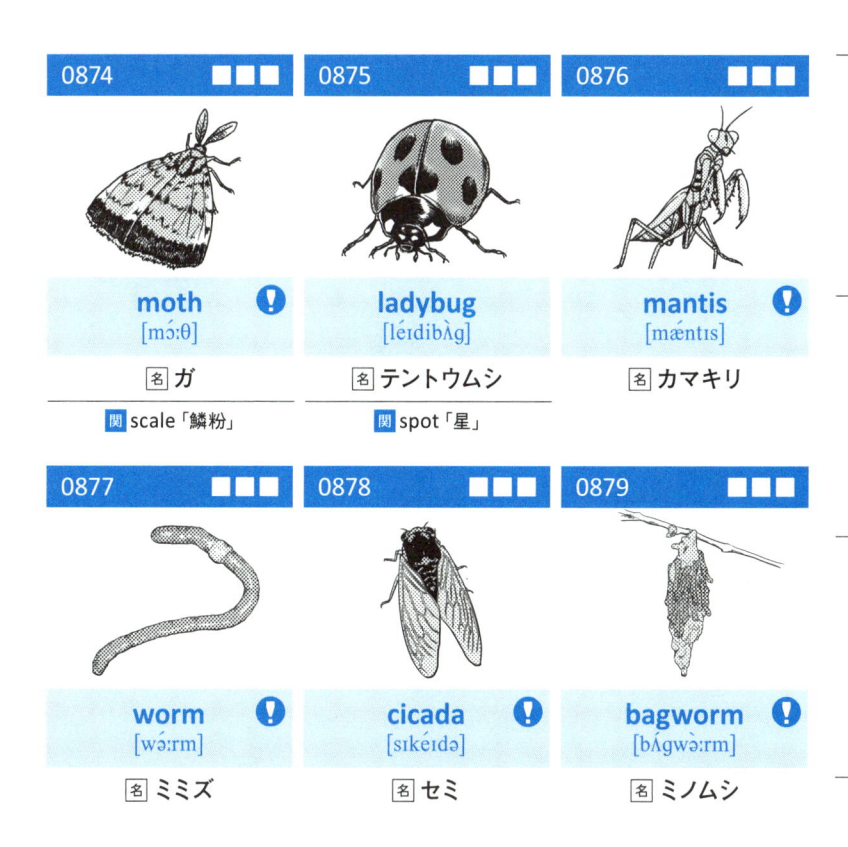

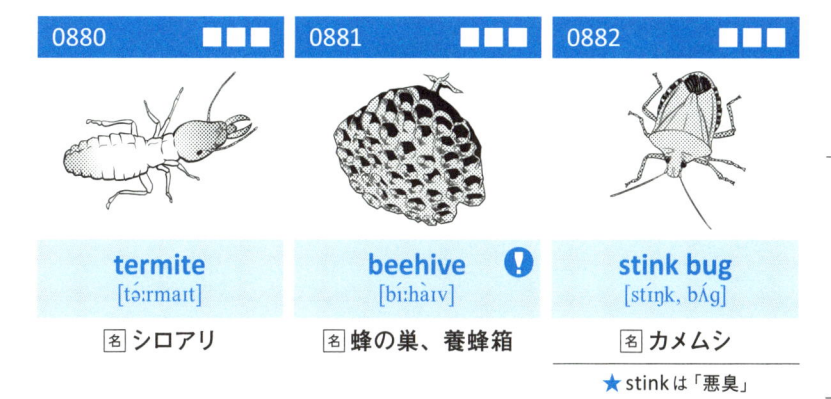

0874	0875	0876
moth [mɔ́ːθ]	**ladybug** [léɪdibʌ̀g]	**mantis** [mǽntɪs]
名 ガ	名 テントウムシ	名 カマキリ
関 scale「鱗粉」	関 spot「星」	

0877	0878	0879
worm [wə́ːrm]	**cicada** [sɪkéɪdə]	**bagworm** [bʌ́gwə̀ːrm]
名 ミミズ	名 セミ	名 ミノムシ

0880	0881	0882
termite [tə́ːrmaɪt]	**beehive** [bíːhaɪv]	**stink bug** [stíŋk, bʌ́g]
名 シロアリ	名 蜂の巣、養蜂箱	名 カメムシ

★ stinkは「悪臭」

1 植物
2 動物
3 鳥
4 魚類・海洋生物
5 昆虫・その他の生き物

247

0883	0884	0885
pill bug [píl, bʌ́g]	**grasshopper** [grǽshɑ̀pər]	**cricket** [kríkət]
名 ダンゴムシ	名 バッタ、キリギリス	名 コオロギ
類 roly poly		

0886	0887	0888
water strider [stráidər]	**measuring worm** [méʒərɪŋ, wə́:rm]	**centipede** [séntəpì:d]
名 アメンボ	名 シャクトリムシ	名 ムカデ
類 pond skater	類 inchworm, looper	

0889	0890	0891
web [wéb]	**ant lion** [ǽnt, láɪən]	**scarab beetle** [skǽrəb, bíːtl]
名 クモの巣	名 アリジゴク	名 コガネムシ

248

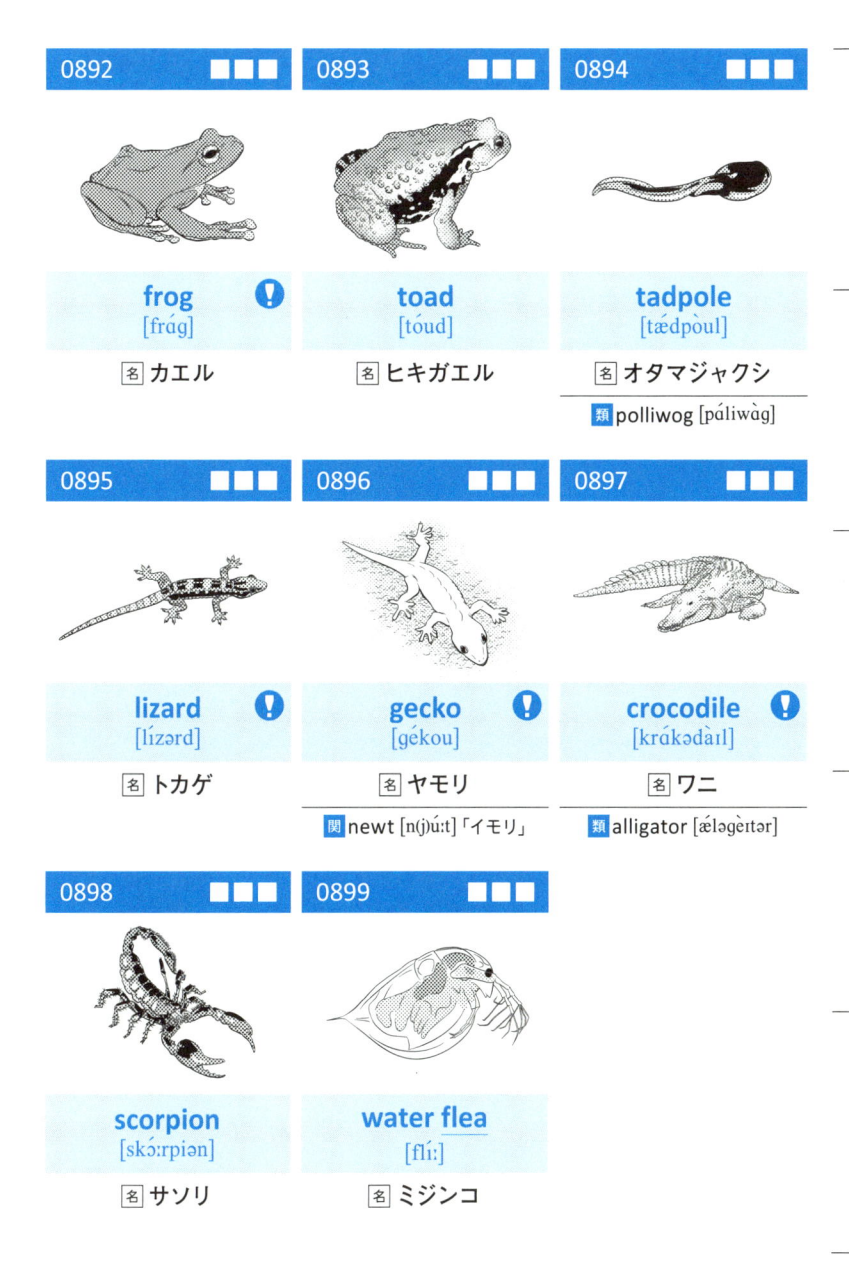

0892 ■■■	0893 ■■■	0894 ■■■
frog ❗ [frág]	**toad** [tóud]	**tadpole** [tǽdpòul]
名 カエル	名 ヒキガエル	名 オタマジャクシ
		類 polliwog [páliwàg]

0895 ■■■	0896 ■■■	0897 ■■■
lizard ❗ [lízərd]	**gecko** ❗ [gékou]	**crocodile** ❗ [krákədàɪl]
名 トカゲ	名 ヤモリ	名 ワニ
	関 newt [n(j)úːt]「イモリ」	類 alligator [ǽləgèɪtər]

0898 ■■■	0899 ■■■
scorpion [skɔ́ːrpiən]	**water flea** [flíː]
名 サソリ	名 ミジンコ

1 植物

2 動物

3 魚

4 魚類・海洋生物

5 昆虫・その他の生き物

249

Hints and Tips !

| 0709 | **cherry blossom**「サクラ（の花）」
★blossomは主に木に咲く花を指す。 |

| 0710 | **dandelion**「タンポポ」
★タンポポの綿毛はdandelion fluff。 |

| 0711 | **orchid**「ラン」
★発音注意。「オーキッド」。 |

| 0712 | **cactus**「サボテン」
★複数形はcacti。
関 thorn「とげ」 |

| 0713 | **pine cone**「松ぼっくり」
★「マツの木」はpine treeと言う。
★「松脂」はresin「樹脂」を使って、pine resinと言う。
関 conifer「針葉樹」 |

| 0714 | **walnut**「クルミ」
★挟み込んでクルミを割る道具は、nutcrackerと呼ぶ。また、チャイコフスキー作曲の「くるみ割り人形」は"The Nutcracker"である。これは、人形の形をしたクルミ割りの道具のこと。 |

| 0715 | **acorn**「どんぐり」
関 ginkgo nut「ぎんなん」（ginkgoは「イチョウ」） |

| 0716 | **chestnut**「クリ」
★クリのイガ部分はchestnut bur。burは「イガ」の意味。 |

| 0717 | **plum blossom**「ウメ（の花）」
★blossomは主に木に咲く花を指す。 |

0719 **chrysanthemum**「キク」
★長いので口語では省略してmumとも呼ばれる。

0726 **gourd**「ウリ類、ヒョウタン」
★干瓢（かんぴょう）は、ウリ科のユウガオの実を乾燥させ、紐状に剥いて作ることから、dried gourd stripなどと説明される。
関 bitter gourd「ゴーヤー」　関 loofah「ヘチマ」

0728 **willow**「ヤナギ」
★日本で言う「柳」はたいてい「シダレヤナギ」のことで、英語ではweeping willow。

0729 **pollen**「花粉」
★花粉症はhay feverと言うが、医学用語ではpollinosisと呼ぶ。

0730 **knot**「木の節」
関 knothole「節穴」

0731 **tree rings**「年輪」
★tree ringで年輪の輪1本を指すので、全体を指すなら複数形にする。

0732 **trunk**「幹」
★trunkにはこの他、「車のトランク」(p.175)や「ゾウの鼻」(p.236)という意味があるので、併せて覚えておこう。
関 bark「樹皮」

0733 **stump**「切り株」
★stamp「切手」との混同注意。

0734 **root**「根」
関 root vegetable「根野菜」

0735 **petal**「花びら」
★花びら1枚を指す。

0736 **branch**「枝」
★特に幹から出た大きい枝を指す。小さな枝はtwig「小枝」。
★「支店」の意味も覚えておきたい。
I work at the Paris branch.「パリ支店で勤務している」

0737 **leaf**「葉」
関 turn over a new leaf「心機一転する、再出発する」

0738 **bulb**「球根」
★「電球」の意味もある。
The light bulb burned out.「電球が切れた」

0739 **stem**「茎」
★ワイングラスの脚や、タバコ用パイプの柄の部分を指すのにも使われる。

0740 **bud**「つぼみ」
★「(問題など)をつぼみのうちに摘む」という言い方は英語にもあり、nip 〜 in the bud。nipは「〜を摘み取る」の意味。
nip the problem in the bud「その問題をつぼみのうちに解決する」

0741 **seed**「種」
★「シード選手」の意味もある。

0742 **weed**「雑草」
★grassは不可算だが、weedは可算名詞。
★動詞「(場所)の雑草を取る」という使い方もある。
weed the garden「庭の草むしりをする」

0743 **shoot**「若い芽」
関 bamboo shoot「たけのこ」

0744 **thorn**「とげ」
★小さな木片などの「とげ」はsplinter。(p.294)
関 rose thorn「バラのとげ」

0745 **squirrel**「リス」
★発音が難しいので注意。
★イギリスの公園や庭先に住んでいるものは大型で灰色のものが多い。

0749 **zebra**「シマウマ」
★イギリスでは、横断歩道をzebra crossingと呼ぶ。

0750 **camel**「ラクダ」
★「コブ」はhump。
★日本語では「ヒトコブラクダ」「フタコブラクダ」とコブの数を名前にしているが、英語ではそれぞれ、次のように別の名前である。
Arabian camel「ヒトコブラクダ」
Bactrian camel「フタコブラクダ」

0751 **platypus**「カモノハシ」
★くちばし (bill) がアヒル (duck) に似ているので、duckbillとも。

0752 **raccoon**「アライグマ」
★日本の「タヌキ」はraccoon dogとも呼ばれるが、ネイティブでもタヌキを知らない人には通じない可能性もある。カナダ人ネイティブにraccoon dogの話をしたら、「raccoonはdogじゃない」と言われたという話も聞くので、その場合は説明する必要がある。

0753 **sea otter**「ラッコ」
★otterは「カワウソ」の意味。つまり、「海のカワウソ」である。また、実際、ラッコも同じカワウソ亜科に属している。

0754 **seal**「アザラシ」
★動物園などで人気のあるゴマフアザラシはspotted sealと言う。
★「オットセイ」はfur seal。furは「毛皮」の意味で、その名の通り高級な毛皮が取れるということで乱獲の対象となった。

0757 **red panda**「レッサーパンダ」
★lesser pandaも通じるが、red pandaのほうが一般的なので、こちらを覚えておきたい。

0761 **orangutan**「オランウータン」
★発音注意。スペル通り読めばよいだけなのだが、日本語の「オランウータン」に引きずられてgを発音するのに抵抗があるかもしれない。

0762 **turtle**「カメ」
★アメリカ英語ではカメを指す一般的な語。イギリス英語では「ウミガメ」を指す。また、陸に生息するカメはtortoiseと呼ばれる。

0763 **badger**「アナグマ」
★米国Wisconsin州が公式にstate animal「州の動物」として認定している。また、Wisconsin州のニックネームはBadger Stateである。
★この他に動詞で「何度も繰り返し何かを頼む」の意味もある。
He badgered me for days to lend him money.
「彼はお金を貸してほしいと何日も私にせがんだ」

0767 **goat**「ヤギ」
★鳴き声は「メー」ではなくbaa「バー」。また、bleatで「(ヒツジ、ヤギが)鳴く」の意味。
The goat bleated loudly.「ヤギが大きな声で鳴いた」

0769 **hedgehog**「ハリネズミ」
★hedge「生け垣」＋hog「ブタ」で、「生け垣のブタ」である。
★ハリネズミとヤマアラシは大きく異なる。ハリネズミは手に乗る大きさで、ほぼ全身が短い針毛に覆われている。ヤマアラシは体長が1メートル近くあり、背中からお尻にかけて長い針毛に覆われて、クジャクのように広げる。

0771 **reindeer**「トナカイ」
★deer「鹿」と同じように、単複同型なので複数形でも-sはつかない。ただし、不可算ではないので数えられる。
★ちなみに、サンタクロースの乗る「ソリ」はsleigh。

0772 **sloth**「ナマケモノ」
★ナマケモノは英語でもやはり怠惰と関連づけられており、slothには硬い言い方だが「怠惰、ものぐさ」の意味がある。さらに、

キリスト教におけるseven deadly sins「7つの大罪」のうち、「怠惰」としてslothが使われている。

0773 **flying squirrel**「モモンガ、ムササビ」
★ モモンガとムササビは別の動物だが、ともにリス科で英語ではflying squirrelの一種として扱われる。

0774 **calico cat**「三毛猫」
★ 米国メリーランド州の公式ネコthe official cat of Marylandとして指定されている。
★ イギリス英語ではtortoiseshell and whiteと、やや長い呼び名になる。tortoiseshellは「さび猫」で、白色の部分が極めて少ないものを指す。それに白を加えたものが三毛猫というわけだ。
★ 三毛猫は、遺伝的な事情からほぼすべてがメスである。

0778 **puppy**「子犬」
★ 動物の子どもには成獣とは別の単語が使われることが多い。主なものは以下の通り。
puppy「子犬」 kitten「子猫」 cub「ライオンやトラの子ども」
calf「子牛」 fawn「子鹿」 chick「ひよこ」
hatchling「羽化したばかりの鳥、両生類、爬虫類の子ども」
duckling「アヒルやカモの子ども」
★ ちなみに、童話「みにくいアヒルの子」は英語では"The Ugly Duckling"である。

0780 **leash**「犬の紐、リード」
★ 日本語でリードと言うが、これはイギリス英語。
★ リードをつけているか外しているかはon/offを使う。
Keep your dog on the leash.
「犬のリードをつけたままにしておいてください」
walk my dog off leash「リードを外して犬を散歩させる」

0797 **claw**「(動物・鳥の) 爪」
★ 犬や鳥などのカギ爪を指す。
★ この他には、エビやカニなどのはさみの意味もある。

0804 **ostrich**「ダチョウ」
★ダチョウは危険なことが迫ると、砂の中に頭を突っ込んで、何も見えなくし、それで危険が去ったと思い込むという逸話がある。そこから、
play ostrich「現状を見ようとしない」
bury my head in the sand「危険から目を背ける」
といった表現が生まれた。

0806 **stork**「コウノトリ」
★赤ちゃんを運んで来るという伝説から、stork visit で「赤ちゃんの誕生」の意味。
Kate and Paul had a stork visit last year.
「昨年KateとPaulに赤ちゃんが生まれた」

0807 **pelican**「ペリカン」
★米国ルイジアナ州の公式ニックネームはPelican State である。州の旗にもペリカンが大きく描かれている。

0808 **goose**「ガチョウ」
関 wild goose chase 「当てのない探索、くたびれもうけ」

0810 **swan**「ハクチョウ」
関 swan boat「(公園の池などの)スワンボート」関 Swan Lake「(チャイコフスキーの)白鳥の湖」

0811 **owl**「フクロウ」
★鳴き声はhootで、動詞「ホーホー鳴く」の意味もある。
★night owl は「夜更かしする人」の意味。

0813 **peacock**「クジャク」
★厳密にはオスを指すので、メスを指す場合はpeahen。ただし、female peacockと言えば済むので、それほど厳格ではない。

0814 **duck**「アヒル」
★「首や体を下げて避ける」の意味もある。(p.32)
関 spot-billed duck「カルガモ」

0815 **pigeon**「ハト」
★公園などで見かけるハト。類義語のdoveは白いハトを指すことが多い。

0816 **swallow**「ツバメ」
★swallowには「飲み込む」の意味もある。(p.32)

0817 **seagull**「カモメ」
関 gull-wing door「ガルウイング（上方に開く車のドア）」

0818 **crow**「カラス」
★鳴き声はcaw [kɔ́ː]。
★crowとともに、raven「オオガラス、ワタリガラス」も併せて覚えておきたい。

0819 **woodpecker**「キツツキ」
★peckは「くちばしでつつく」の意味。

0820 **crane**「ツル」
★クレーン車の意味もある。

0821 **ibis**「トキ」
★日本のトキはJapanese crested ibisと呼ばれる。ちなみに学名はNipponia Nippon。

0822 **beak**「くちばし」
★billもくちばしの意味だが、beakは比較的鋭いもの、鉤型のものに対して使われる。

0825 **wing**「翼」
★建物の翼棟（本館から突き出た建物）の意味でも使われる。空港で北ウイングなどと呼ばれているのがこれ。

0830 **sea urchin**「ウニ」
★海外の寿司屋でウニをuniとして置いているところもあるため、寿司愛好家にはuniでも通じる可能性はある。

0834 **crab**「カニ」
★「横歩きする」は walk sideways。

0844 **squid**「イカ」
★cuttlefish もイカだが、特に、体内に硬い殻 (cuttlebone) を持つコウイカを指す。
関 squid ink「イカの墨」

0845 **shrimp**「エビ」
★prawn とも言うが、その差は明確ではなく、両方ともに用いられる。

0846 **flounder**「ヒラメ、カレイ」
★ヒラメやカレイなどの平べったい魚を指す。flatfish とも。

0848 **porcupinefish**「ハリセンボン」
★porcupine は「ヤマアラシ」の意味。

0849 **salmon roe**「イクラ」
★roe は「魚類の卵」のこと。

0856 **pond loach**「ドジョウ」
★l と r の発音に注意。loach の l を r と発音してしまうと、roach「ローチ」という別の魚に間違えられるか、極端な場合、roach「ゴキブリ」と取られる。

0858 **carp**「コイ」
★野球の広島東洋カープがカープスとなっていないのは、carp が単複同形だから。設立時は「カープス」だったが、指摘を受けて「カープ」に修正したという逸話がある。
関 sweet fish「アユ」 関 crucian carp「フナ」

0859 **archerfish**「テッポウウオ」
★archer は「弓を射る人」。

0862 **pincer**「カニやエビのはさみ」
★鳥や犬の爪を指す claw にも同じ意味がある。

0865 **rhinoceros beetle**「カブトムシ」
★rhinocerosは「サイ」の意味。
★beetleはコガネムシやクワガタなどを含めた甲虫類全般を指すので、カブトムシだけではないことに注意。したがって、単にbeetleと言うと、相手によっては違う昆虫を思い浮かべる可能性がある。
★日本のカブトムシはJapanese rhinoceros beetle。

0866 **stag beetle**「クワガタ」
★stagは「雄鹿」の意味。

0867 **cockroach**「ゴキブリ」
★口語ではroachとも言う。

0868 **firefly**「ホタル」
★lightning bugとも言う。

0869 **dragonfly**「トンボ」
関 compound eye「複眼」

0870 **snail**「カタツムリ」
★emailに比べて配達に時間がかかることから、一般の郵便をsnail mailと呼ぶことがある。
関 shell「殻」　関 tentacles「角」

0871 **fly**「ハエ」
★次の関連語句や表現も併せて覚えておきたい。
a fly on the wall「気づかれずに人の動向を観察する人」
a fly in the ointment「玉にきず」
fly swatter「ハエたたき」fly ribbon / flypaper「ハエ取り紙」

0872 **mosquito**「蚊」
関 mosquito bite「蚊に刺された跡」　関 itchy「形 痒い」

0873 **hornet**「スズメバチ」
関 sting「(ハチが)刺す」
関 stir up a hornet's nest「大騒ぎを引き起こす(スズメバチの巣を引っかき回す)」

0874 **moth**「ガ」
関 mothball「(ナフタリンなどの) 防虫剤」 関 moth-eaten「形 (衣服が) 虫に食われた」

0876 **mantis**「カマキリ」
★praying mantisとも言う。

0877 **worm**「ミミズ」
★ミミズっぽい虫の総称。発音注意。「ワーム」。
★「解決しようとすると余計にややこしくなりそうな複雑な状況や問題」をcan of wormsと言う。

0878 **cicada**「セミ」
★「セミの抜け殻」はcicada shell。

0879 **bagworm**「ミノムシ」
★日本語では「蓑 (藁を編んだ雨具)」だが、英語ではbag。
★ただし、人間もキャンプ中はsleeping bag「寝袋」で寝る。

0881 **beehive**「蜂の巣、養蜂箱」
★米国ユタ州の愛称はBeehive State。
関 apiary「養蜂場」(bee yard) 関 honeycomb「ミツバチの巣(六角形の構造物)」

0883 **pill bug**「ダンゴムシ」
★「丸くなる」は、roll up into a ballと言う。
The pill bug rolled up into a ball when I touched it.
「私が触ると、ダンゴムシは丸くなった」

0884 **grasshopper**「バッタ、キリギリス」
★grasshopperはバッタだけではなく、キリギリスなども含めた総称である。
★イソップ物語の「アリとキリギリス」は英語では "The Ant and the Grasshopper"。

0885 **cricket**「コオロギ」
★スポーツのクリケットとスペルが同じなので文脈から判断しよう。

0887 **measuring worm**「シャクトリムシ」
★指で長さを測っているように見えることからこの名前がついた。この他にinchwormやlooperとも呼ばれる。
関 caterpillar「毛虫、イモムシ」

0888 **centipede**「ムカデ」
★centi-は「100」を表し-pedeは「足」を表す。つまり、漢字の「百足」と同じ作りになっている。

0889 **web**「クモの巣」
★「クモの巣を張る」と言うときの動詞はspinを使って、spin a webなどとする。また、spinの活用は、spin - spun - spun。

0892 **frog**「カエル」
★croakは「カエルの鳴き声」あるいは「(カエルが) 鳴く」の意味。
関 have a frog in my throat「声がしわがれている」

0895 **lizard**「トカゲ」
★以前日本で大流行した「エリマキトカゲ」はfrilled lizard。つまり、フリルのついたトカゲである。

0896 **gecko**「ヤモリ」
★ヤモリはreptile「爬虫類」、イモリはamphibian「両生類」。見た目が似ているので区別はややこしいが、ヤモリは「家守」という漢字が当てられていることからわかるように、民家など、陸上に住む。また、壁に張りつく能力を持つ。イモリは水田や池など、水のある場所に生息する。「井守」という漢字は、井戸あるいは水田を守るという意味で当てられたという説があり、ここからもわかりやすい。

0897 **crocodile**「ワニ」
★alligatorもワニだが、この2つは別種。上から見たときに、口先がVに見えるものがcrocodile, Uに見えればalligatorである。
★ただし、ネイティブでも知らない人はいるので、あまり気にする必要はない。

復習テスト 1〜3

この章の復習です。次の絵が示すものを英語で言ってみましょう。

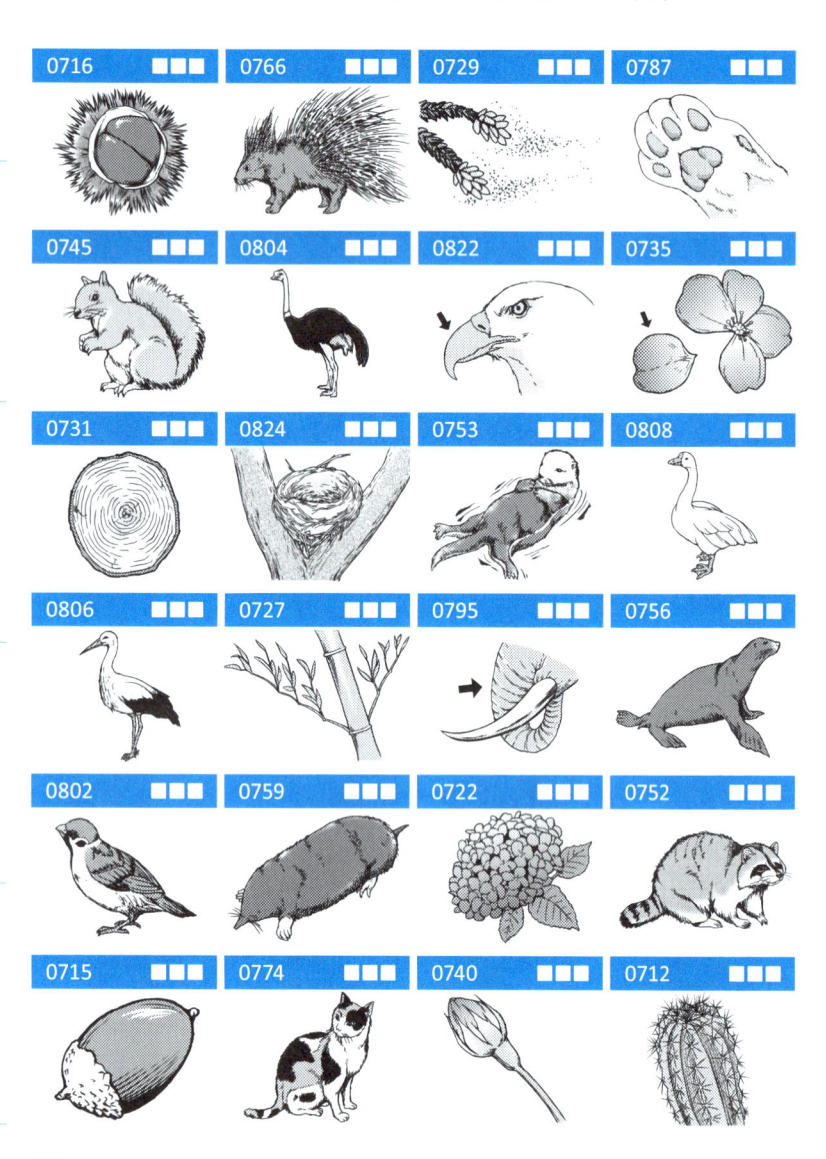

0716	0766	0729	0787
0745	0804	0822	0735
0731	0824	0753	0808
0806	0727	0795	0756
0802	0759	0722	0752
0715	0774	0740	0712

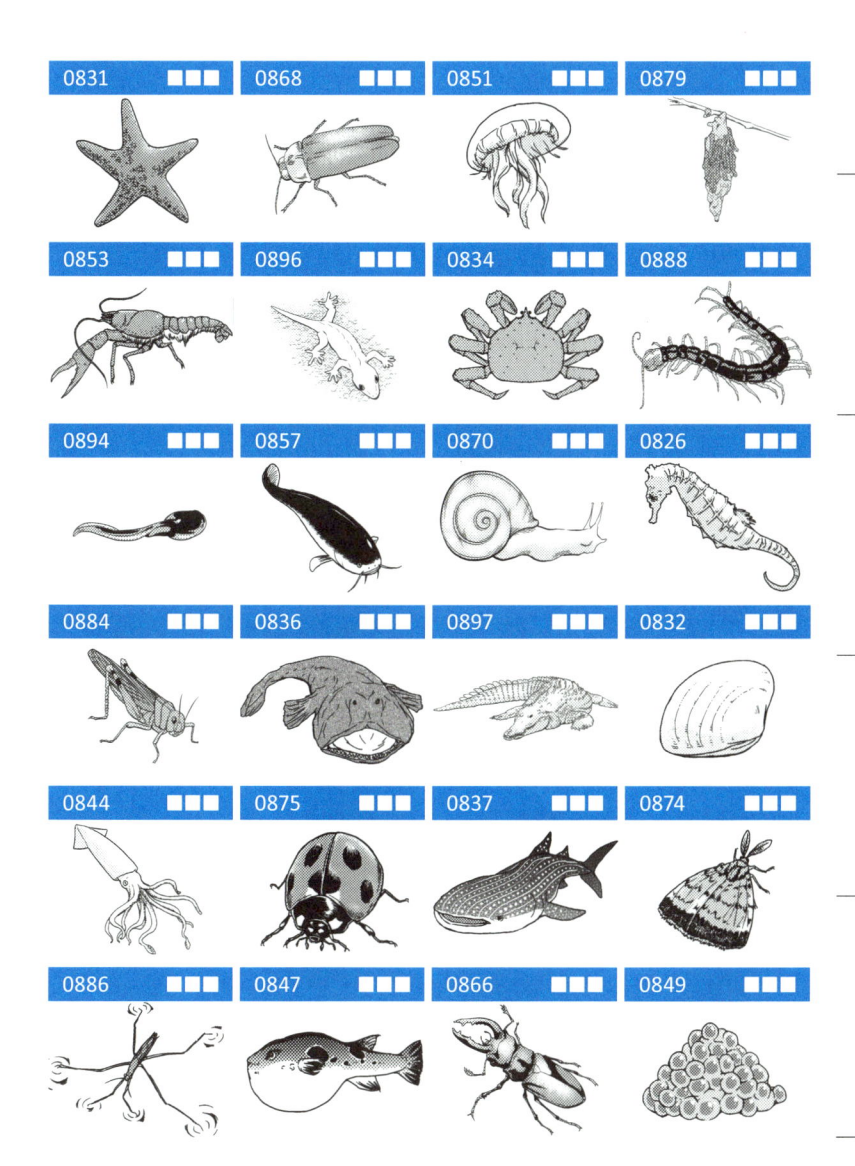

4〜5

0831	0868	0851	0879
0853	0896	0834	0888
0894	0857	0870	0826
0884	0836	0897	0832
0844	0875	0837	0874
0886	0847	0866	0849

1 植物

2 動物

3 鳥

4 魚類・海洋生物

5 昆虫・その他の生き物

解 答

1～3

0716▶chestnut クリ	0766▶porcupine ヤマアラシ	0729▶pollen 花粉	0787▶paw pads 肉球
0745▶squirrel リス	0804▶ostrich ダチョウ	0822▶beak くちばし	0735▶petal 花びら
0731▶tree rings 年輪	0824▶nest 巣	0753▶sea otter ラッコ	0808▶goose ガチョウ
0806▶stork コウノトリ	0727▶bamboo タケ	0795▶trunk ゾウの鼻	0756▶sea lion アシカ
0802▶sparrow スズメ	0759▶mole モグラ	0722▶hydrangea アジサイ	0752▶raccoon アライグマ
0715▶acorn どんぐり	0774▶calico cat 三毛猫	0740▶bud つぼみ	0712▶cactus サボテン

4～5

0831▶starfish ヒトデ	0868▶firefly ホタル	0851▶jelly fish クラゲ	0879▶bagworm ミノムシ
0853▶crayfish ザリガニ	0896▶gecko ヤモリ	0834▶crab カニ	0888▶centipede ムカデ
0894▶tadpole オタマジャクシ	0857▶catfish ナマズ	0870▶snail カタツムリ	0826▶sea horse タツノオトシゴ
0884▶grasshopper バッタ、キリギリス	0836▶anglerfish アンコウ	0897▶crocodile ワニ	0832▶clam ハマグリ、あさりなどの二枚貝
0844▶squid イカ	0875▶ladybug テントウムシ	0837▶whale shark ジンベエザメ	0874▶moth ガ
0886▶water strider アメンボ	0847▶pufferfish フグ	0866▶stag beetle クワガタ	0849▶salmon roe イクラ

COLUMN 薬局と錬金術師

これは以前、英会話学校で働いていたときに起こった出来事です。

ある日、昼休みに近くの薬局で目薬を買うためオフィスを出ようとしたときです。同僚のアメリカ人にどこに行くのか尋ねられたので、

"I'm just popping out to the chemist's."「ちょっと薬局に行ってくる」

と答えました。しかし、不思議そうな顔で"Pardon?"と聞き返され、もしかして、pop outという単語が間違っていたのかと思い、

"I'm going to the chemist's down the street."「通りを下ったところの薬局に行ってくるよ」

と言い直しました。しかし、それでもわからないという顔をした彼はやがてニヤリと笑い、手に持っていたコーラの空き缶を私に差し出して、「じゃあ、これを金に変えてきてよ」と、それこそ訳のわからないことを言い出したのです。「は？」今度は私が理解不能になってしまいました。

その後いろいろやりとりがあった結果、ようやく通じなかったわけがわかりました。chemist'sの「薬局」はイギリス英語で、彼には私が「薬局」のことを言っているとは理解できなかったのです。そこで、彼はalchemist「錬金術師」と引っかけて、「この空き缶を金に変えてきて」とからかったのでした。

アメリカ英語では「薬局」のことは drug store/pharmacy と言い、イギリス英語では chemist's/pharmacyと言います。

ただ、これは比較的まれな例で、実際の英語では、イギリス英語とアメリカ英語にそこまで敏感になる必要はありません。

単語1つだけを取り出してテストし合うわけではありませんし、文脈や状況から自動的に判断して理解するので、例えば、アメリカ人にイギリス英語の単語を使ったからといって、通じないわけではないのです。先ほどの例でも、"to get some eye drops"「目薬を買いに」と言っておけば、聞き返されることもなかったでしょう。

日本語でも、方言の異なる人同士でも、よほどでなければ問題がありませんし、全体的な意味が理解できれば、知らない言葉を使われても1つひとつ尋ねたりしないはずです。何より、わからなければ聞き返せば済みますよね。

また、英語はアメリカ英語とイギリス英語だけがあるわけではなく、オーストラリア、ニュージーランド、カナダをはじめ、アイルランド、香港やシンガポール、インドなど、英語が母語、あるいは公用語である英語圏は世界に散在し、それぞれに特徴のある英語を話しています。そして、イギリス・アメリカ国内でも、生まれや育ち、両親の出身国によって、話す英語は一律ではありません。

したがって、イギリス英語とアメリカ英語というのは、あくまでも目安であり、絶対的なものでもなく、それ以外の国で必ず誤解を生じさせるものではないのです。

特に、学習者が英語を話す場合、英米の違いよりも、ネイティブとノンネイティブの英語の乖離のほうが大きいわけですし、通じない原因がむしろ自分のつたない英語のせいだったということはざらにあります。

ですので、本書でも英米ともに記載していますが、あまり気にせず、覚えたほうをどんどん使っていただければと思います。

[Chapter 6]

地理・気象

地理・地形や気象、天文など、自然に関わる語句です。火山から十二宮の星座まで。

Section 1	地形・地理
Section 2	気象・自然災害・天文
Section 3	十二宮の星座

1 地形・地理

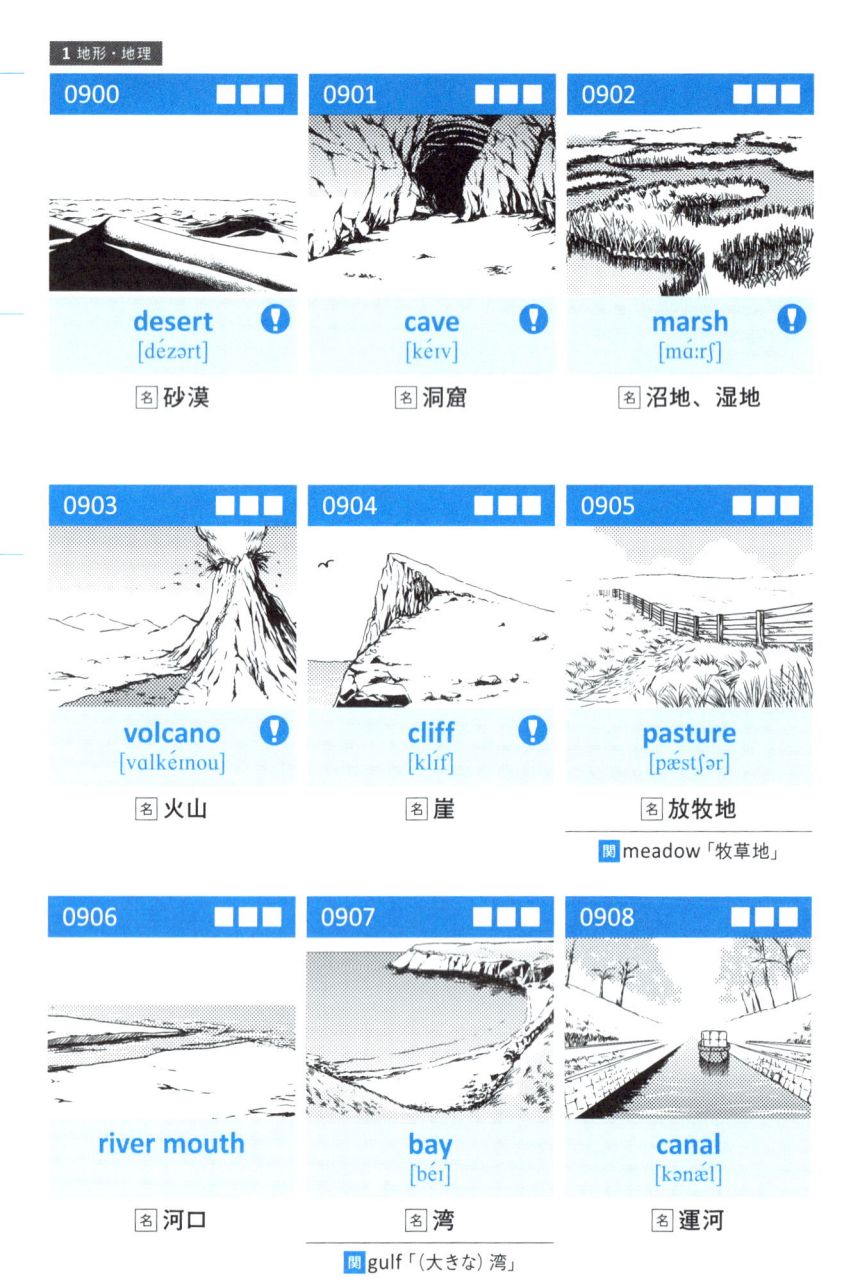

0900
desert
[dézərt]
名 砂漠

0901
cave
[kéɪv]
名 洞窟

0902
marsh
[máːrʃ]
名 沼地、湿地

0903
volcano
[vɑlkéɪnou]
名 火山

0904
cliff
[klíf]
名 崖

0905
pasture
[pǽstʃər]
名 放牧地

関 meadow「牧草地」

0906
river mouth
名 河口

0907
bay
[béɪ]
名 湾

関 gulf「(大きな) 湾」

0908
canal
[kənǽl]
名 運河

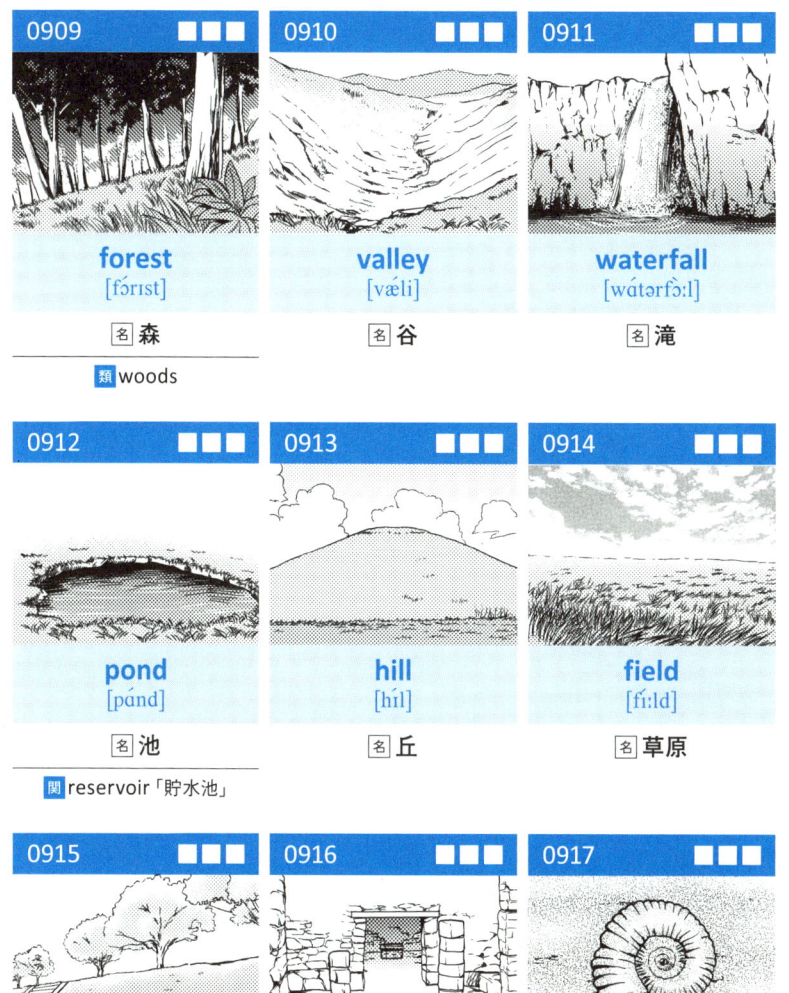

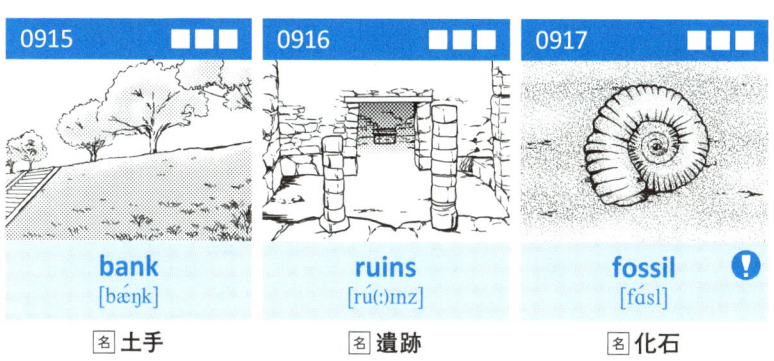

0909	0910	0911
forest [fɔ́ːrɪst]	**valley** [vǽli]	**waterfall** [wɔ́ːtərfɔ̀ːl]
名 森	名 谷	名 滝

類 woods

0912	0913	0914
pond [pάnd]	**hill** [híl]	**field** [fíːld]
名 池	名 丘	名 草原

関 reservoir「貯水池」

0915	0916	0917
bank [bǽŋk]	**ruins** [rúː(ː)ɪnz]	**fossil** [fάsl]
名 土手	名 遺跡	名 化石

1 地形・地理

2 気象・自然災害・天文

3 十二宮の星座

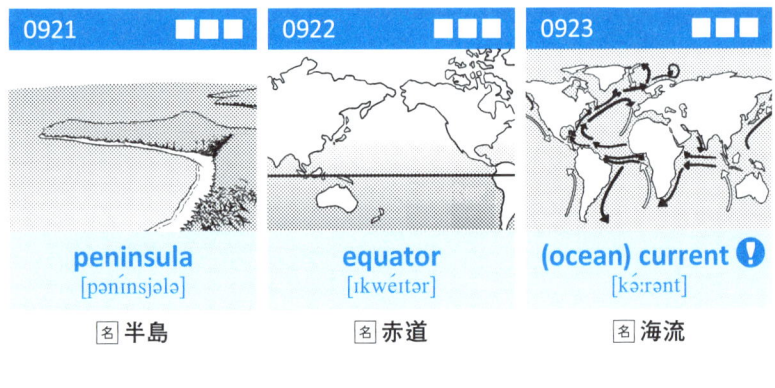

0918	0919	0920
coral reef [kɔ́ːrəl] 名 サンゴ礁	**island** [áɪlənd] 名 島	**date line** ❗ 名 日付変更線

0921	0922	0923
peninsula [pənínsjələ] 名 半島	**equator** [ɪkwéɪtər] 名 赤道	**(ocean) current** ❗ [kɔ́ːrənt] 名 海流

0924	0925	0926
iceberg ❗ [áɪsbəːrg] 名 氷山 関 glacier「氷河」	**strait** [stréɪt] 名 海峡	**archipelago** [ὰːrkəpéləgou] 名 群島、列島

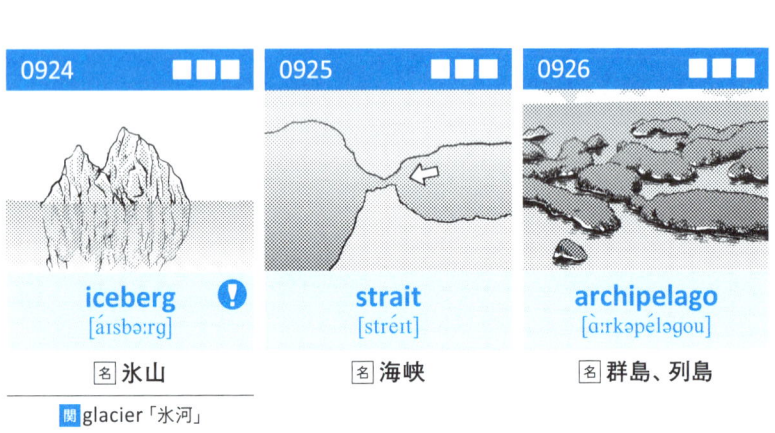

270

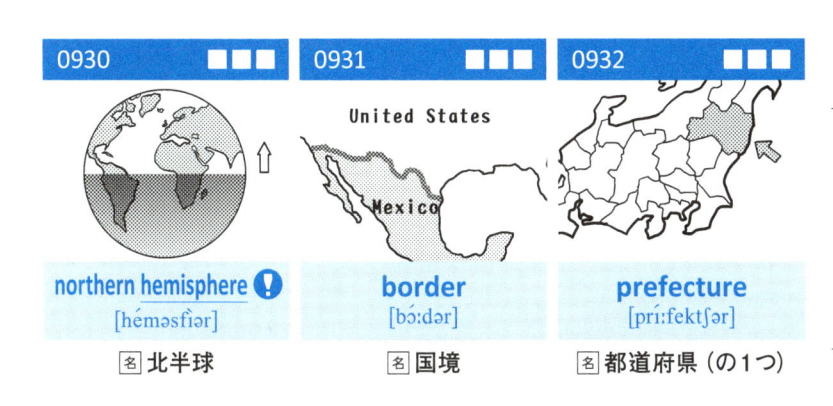

0927	0928	0929
continent [kɑ́ntɪnənt]	**the Antarctic** ❗ [æntɑ́ːrktɪk]	**latitude** ❗ [lǽtət(j)ùːd]
名 大陸	名 南極	名 緯度

0930	0931	0932
northern hemisphere ❗ [héməsfìər]	**border** [bɔ́ːdər]	**prefecture** [príːfektʃər]
名 北半球	名 国境	名 都道府県(の1つ)

1 地形・地理

2 気象・自然災害・天文

3 十二宮の星座

271

2 気象・自然災害・天文

0933 fog [fάg]
名 霧

The **fog** was so thick that I could only see five meters ahead.
霧が深くて5メートル先しか見えなかった。
関 foggy「形 霧のかかった」

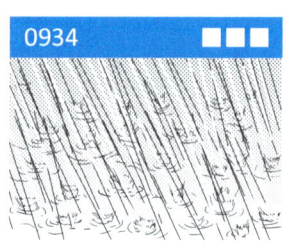

0934 downpour [dáunpɔ̀ːr]
名 （突然の）土砂降り　類 torrential rain

get caught in the **downpour** without an umbrella
傘なしで土砂降りに遭う

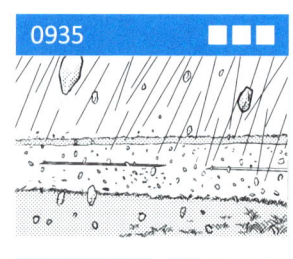

0935 hail [héɪl]
名 あられ、ひょう　動 あられ、ひょうが降る

The **hail** caused a lot of damage to the crops.
あられが作物にたくさんの被害を引き起こした。

0936 lightning [láɪtnɪŋ]
名 雷、稲光

The tree was struck by **lightning**.
その木が雷に打たれた。

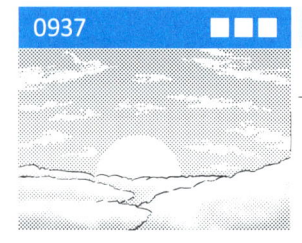

0937 sunrise [sʌ́nrὰɪz]
名 日の出

watch the **sunrise** from the summit of Mount Fuji
富士山の頂上から日の出を見る
関 sunset「日の入り」

0938 shooting star

名 流れ星

I made a wish as the **shooting star** passed overhead.
流れ星が頭上を通過したときに願いごとをした。

0939 weather forecast [wéðər, fɔ́ːrkæst] ❗

名 **天気予報** 類 weather report

According to the **weather forecast**, the rain is going to stop soon.
天気予報によると雨はすぐにやみそうだ。

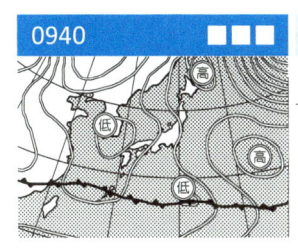

0940 weather map [wéðər]

名 天気図

The **weather map** showed that everywhere would be sunny.
天気図によると、どこも晴れそうだった。

関 front「前線」

0941 snowflake [snóuflèɪk]

名 雪片、ひとひらの雪

Large **snowflakes** fell from the sky.
ぼた雪が空から降ってきた。

★通例、可算名詞。

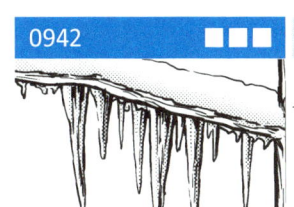

0942 icicle [áɪsɪkl]

名 つらら

Several **icicles** were hanging from the roof of my house.
つららが何本か、自宅の屋根から下がっていた。

1 地形・地理

2 気象・自然災害・天文

3 十二宮の星座

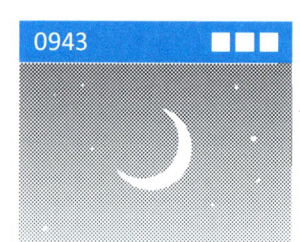

0943 crescent moon [krésnt]

名 三日月

It was a dark night, but the **crescent moon** was beautiful.
暗い夜だったが、三日月が美しかった。

0944 full moon

名 満月

The **full moon** came out from behind the clouds.
満月が雲の後ろから現れた。

関 new moon「新月」

0945 solar eclipse [ɪklíps]

名 日食

The sky went dark during the **solar eclipse**.
日食の間、空が暗くなった。

0946 leap year [líːp]

名 うるう年

I was born on February 29 in a **leap year**.
私はうるう年の2月29日に生まれた。

関 leap second「うるう秒」

0947 whirlpool [hwɚ́ːrlpùːl]

名 渦、渦巻き

My little son was fascinated to see a **whirlpool** form in the bathtub when I drained it.
私が浴槽の水を流したときにできた渦巻を見て、幼い息子は魅了された。

0948 flood [flʌ́d]

名 洪水、冠水

The river burst its banks, and the road was closed due to the flood.
川が土手から氾濫し、冠水のため道路が閉鎖された。

0949 fire [fáɪər]

名 火事

There was a fire at the factory.
その工場で火事があった。

★この場合のfireは可算名詞。

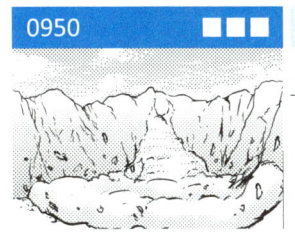

0950 avalanche [ǽvəlæ̀ntʃ]

名 雪崩

Fortunately, there was no one on the mountain when the avalanche happened.
幸運なことに、雪崩が起きたとき、山には誰もいなかった。

0951 earthquake [ə́ːrθkwèɪk]

名 地震

The earthquake last night was magnitude 6.5 on the Richter scale.
昨晩の地震はマグニチュード6.5だった。

0952 landslide [lǽndslàɪd]

名 地すべり、土砂崩れ

A landslide has blocked the road.
土砂崩れがその道路を塞いでしまっている。

関 mud「泥」

1 地形・地理

2 気象・自然災害・天文

3 十二宮の星座

0953 (ground) subsidence [səbsáɪdns]

名 地盤沈下

Subsidence at one end of the building caused the wall to crack.
その建物の片側が地盤沈下したことで壁にひびが入った。

0954 drought [dráʊt]

名 干ばつ

People have been trying to conserve water because of the drought.
干ばつのため、人々は水を節約しようとしてきた。

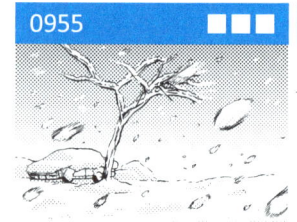

0955 blizzard [blízərd]

名 吹雪

The blizzard caused the skiing race to be canceled.
吹雪のためにスキー競技は中止となった。

0956 tornado [tɔːrnéɪdoʊ]

名 竜巻

The tornado ripped off the roof of the building, but no one was hurt.
竜巻が建物の屋根を引き剥がしたが、けが人はなかった。

関 whirlwind「つむじ風」

0957 tsunami [tsunɑ́ːmi]

名 津波　類 tidal wave

The earthquake didn't trigger a tsunami.
その地震は津波を引き起こさなかった。

★元は日本語だが、定着してきている。

0958 quicksand [kwíksænd]

名 流砂

I sank up to my knees in the **quicksand**, but my friend then pulled me out.
私は流砂で膝まで沈んだが、友人が引き上げてくれた。

0959 lightning strike [láɪtnɪŋ, stráɪk]

名 落雷

The **lightning strike** didn't cause any damage to my house thanks to the lightening rod.
私の家に雷が落ちたが、避雷針のおかげで何ともなかった。

0960 Northern lights

名 オーロラ　類 aurora

I went on a tour to Finland to see the **Northern lights**.
オーロラを見るためにフィンランドのツアーに行った。

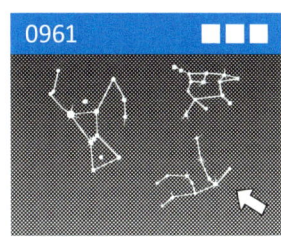

0961 constellation [kɑ̀nstəléɪʃən]

名 星座

Officially, there are 88 **constellations**, but I can only recognize a few of them.
公式には88の星座があるが、私はそのうち2、3個しか見てもわからない。

0962 Earth [ˈɔːrθ]

名 地球

The **Earth** is the fifth largest planet in the solar system.
地球は太陽系の中で5番目に大きい。

1 地形・地理

2 気象・自然災害・天文

3 十二宮の星座

0963 Big Dipper [dípər]

名 北斗七星　英 Plough

The **Big Dipper** is easy to spot from anywhere in the northern hemisphere.
北斗七星は北半球のどこからでもたやすく見つけられる。

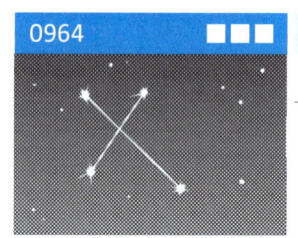

0964 Southern Cross

名 南十字星　類 crux

Not many people know the **Southern Cross** can be seen from Japan.
南十字星が日本から見えるということはあまり多くの人に知られていない。

0965 North Star

名 北極星　類 pole star

If you look at the **North Star**, you can tell which way is north.
北極星を見れば、どの方向が北かわかる。

0966 Milky Way

名 天の川

Our solar system is located near the edge of the **Milky Way**.
太陽系は天の川の端に近いところに位置している。

3 十二宮の星座

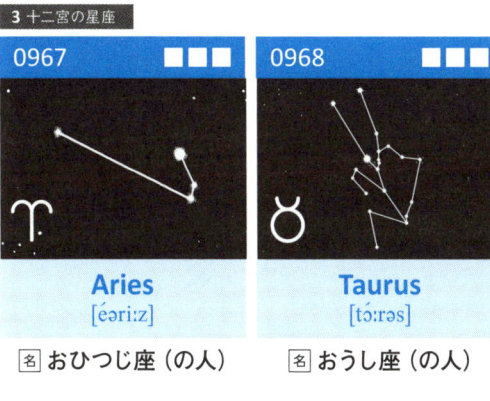

0967
Aries
[éəriːz]
名 おひつじ座（の人）

0968
Taurus
[tɔ́ːrəs]
名 おうし座（の人）

0969
Gemini
[dʒémənàɪ]
名 双子座（の人）
類 twins

0970
Cancer
[kǽnsər]
名 かに座（の人）

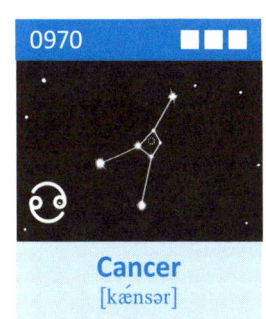

0971
Leo
[líːou]
名 しし座（の人）

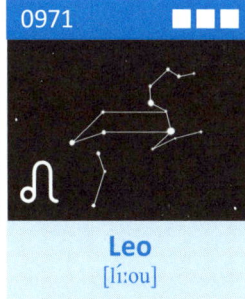

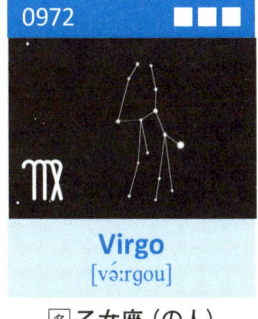

0972
Virgo
[vɚ́ːrgou]
名 乙女座（の人）

0973
Libra
[líːbrə]
名 てんびん座（の人）

0974
Scorpio
[skɔ́ːrpiòu]
名 さそり座（の人）

0975
Sagittarius
[sædʒɪtéəriəs]
名 いて座（の人）

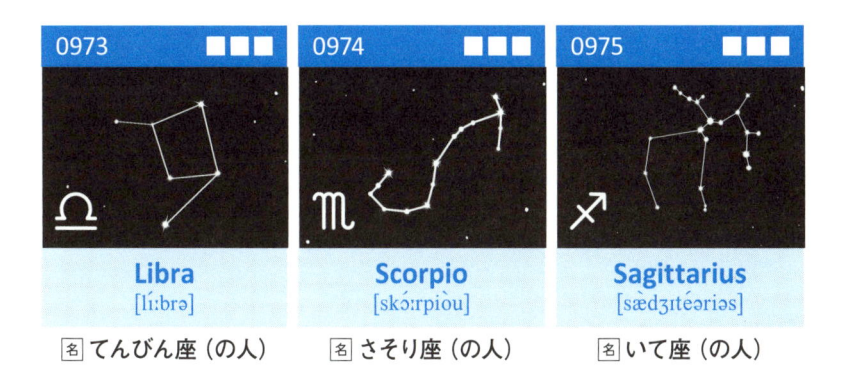

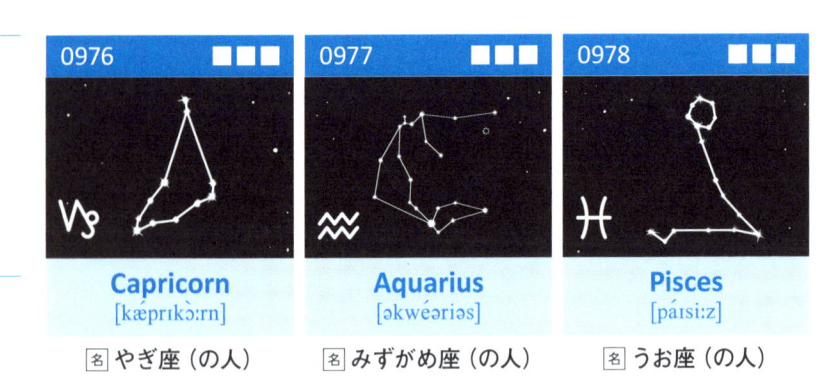

0976	0977	0978
Capricorn [kǽprɪkɔ̀ːrn]	**Aquarius** [əkwéəriəs]	**Pisces** [páɪsiːz]
名 やぎ座（の人）	名 みずがめ座（の人）	名 うお座（の人）

Hints and Tips

0900	**desert**「砂漠」

★dessertは「(食後の) デザート」なので混同注意。スペルだけでなく、強勢の位置も違う。desertは最初を強く読み、dessertは後ろを強く読む。
関 sand dune「砂丘」

0901	**cave**「洞窟」

★規模の大きい洞窟はcavernと言う。
★鍾乳洞はlimestone cave/cavern。limestoneは「石灰石」の意味。

0902	**marsh**「沼地、湿地」

★通例、木がなく草が生える湿地や沼地を指す。これに対してswampは森の中にあるような、木々や低木が育つ湿地や沼地を指す。

0903	**volcano**「火山」

関 ash「灰」　関 lava「溶岩」　関 erupt「噴火する」

0904	**cliff**「崖」

★「崖から落ちる」はfall off the cliff。fall offで「〜から落ちる」。fall off the ladder「はしごから落ちる」
★ドラマなどで、ハラハラするシーンであえて終了し次話まで視聴者の興味を惹かせる手法をcliffhangerと言う。

0917	**fossil**「化石」

★化石燃料はfossil fuel。

0920	**date line**「日付変更線」

★正式にはInternational Date Line「国際日付変更線」
★cross the date line「日付変更線を越える」

0923 **(ocean) current**「海流」
★currentは水や空気の流れ、または電流の意味。何の流れか相手がわかるようならcurrentだけでよい。

0924 **iceberg**「氷山」
★日本語では「氷山の一角」と言うが、英語でも、ほぼ同じようにthe tip of the icebergと言う。

0928 **the Antarctic**「南極」
関 South Pole「南極点」　関 the Arctic「北極」

0929 **latitude**「緯度」
★経度は longitude。
★ちなみに、アメリカやヨーロッパの都市は、日本人の印象より緯度が高い場合が多い。例えば、ニューヨークは青森県付近、ロンドンは北海道よりさらに北のサハリン付近、ローマは青森より北にある。
関 sextant「六分儀」

0930 **northern hemisphere**「北半球」
★hemisphereは「半球」の意味。「南半球」はsouthern hemisphere。sphereは「球体」。

0935 **hail**「あられ、ひょう（が降る）」
★あられの1粒は、hailstoneと言う。
Hailstones as big as golf balls smashed the windows.
「ゴルフボール大のあられが窓を割った」

0936 **lightning**「雷、稲光」
★日本語では「雷」1語で表すものを、英語ではlightning「稲光」とthunder「雷の音」の2つに分けて考える。
★be struck by lightning「雷に打たれる」
関 thunderbolt「落雷」関 thunder「雷鳴、雷の音」

0939 **weather forecast**「天気予報」
★日本の気象庁は Meteorological Agency。
関 be under the weather「体調が良くない」

0947 **whirlpool**「渦、渦巻き」
★whirlは「渦巻く、くるくる回る」の意味。
★鳴門の渦潮はNaruto whirlpoolsと訳される。

0949 **fire**「火事」
関catch fire「火がつく」 関fire drill「火災訓練」

0951 **earthquake**「地震」
★例文中の「リヒタースケール」はあまり馴染みのない言葉かもしれないが、日本で「マグニチュード5.2」といった場合のマグニチュードは、このリヒタースケールという指標上の強さを示す。英字新聞では頻出なので覚えておきたい。
★「震度」はseismic intensity scale。ただし、国際的な基準ではなく、国や地域によって異なるため、震度3などと聞いてもピンと来ない可能性は高い。

0952 **landslide**「地すべり、土砂崩れ」
★日本語で、選挙などにおいて「地滑り的勝利」と言うが、英語でも同じような発想で、landslide victoryと言う。

0960 **Northern lights**「オーロラ」
★通例複数形。
★北半球の高緯度で見られるものを指す。南極付近で見られるものはSouthern lights。

0962 **Earth**「地球」
★太陽系のその他の惑星は次の通り。
Mercury「水星」 Venus「金星」 Mars「火星」
Jupiter「木星」 Saturn「土星」 Uranus「天王星」
Neptune「海王星」
準惑星に格下げになったが、冥王星も覚えておこう。
Pluto「冥王星」

0963 **Big Dipper**「北斗七星」
★dipperは「ひしゃく」の意味。北斗七星はひしゃくの形に見える。

復習テスト 1

この章の復習です。次の絵が示すものを英語で言ってみましょう。

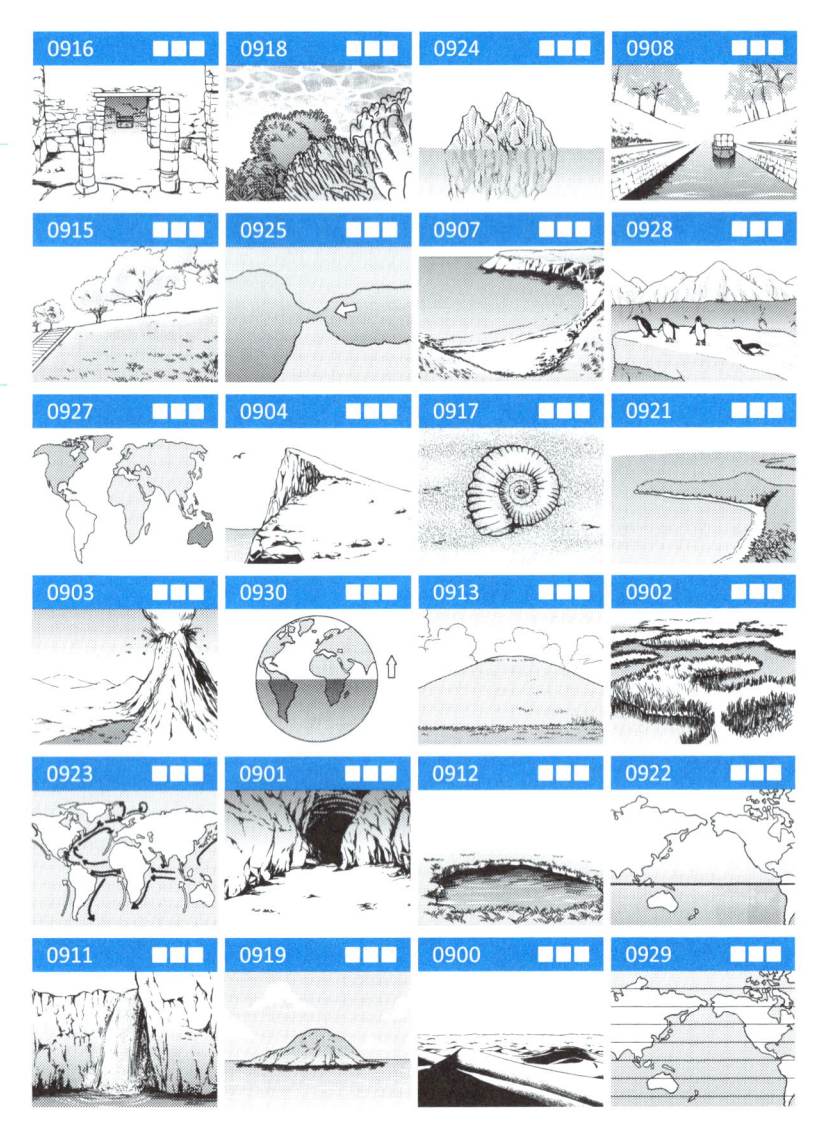

2〜3

0942	0950	0965	0960
0963	0958	0952	0968
0939	0961	0940	0954
0936	0938	0964	0941
0949	0962	0935	0975
0946	0947	0967	0934

1 地形・地理

2 気象・自然災害・天文

3 十二宮の星座

解答

1

0916▶ruins 遺跡	0918▶coral reef サンゴ礁	0924▶iceberg 氷山	0908▶canal 運河
0915▶bank 土手	0925▶strait 海峡	0907▶bay 湾	0928 ▶the Antarctic 南極
0927▶continent 大陸	0904▶cliff 崖	0917▶fossil 化石	0921▶peninsula 半島
0903▶volcano 火山	0930▶northern hemisphere 北半球	0913▶hill 丘	0902▶marsh 沼地、湿地
0923 ▶(ocean) current 海流	0901▶cave 洞窟	0912▶pond 池	0922▶equator 赤道
0911▶waterfall 滝	0919▶island 島	0900▶desert 砂漠	0929▶latitude 緯度

2～3

0942▶icicle つらら	0950▶avalanche 雪崩	0965 ▶North Star 北極星	0960 ▶Northern lights オーロラ
0963 ▶Big Dipper 北斗七星	0958▶quicksand 流砂	0952▶landslide 地すべり、土砂崩れ	0968▶Taurus おうし座
0939▶weather forecast 天気予報	0961 ▶constellation 星座	0940 ▶weather map 天気図	0954▶drought 干ばつ
0936▶lightning 雷、稲光	0938 ▶shooting star 流れ星	0964 ▶Southern Cross 南十字星	0941▶snowflake 雪片、ひとひらの雪
0949▶fire 火事	0962▶Earth 地球	0935▶hail あられ、ひょう	0975 ▶Sagittarius いて座
0946▶leap year うるう年	0947▶whirlpool 渦、渦巻き	0967▶Aries おひつじ座	0934 ▶downpour (突然の) 土砂降り

[Chapter 7]

健康・医療

医療と健康に関わる語は、人々の関心事なだけに話す機会も多いです。

Section 1	体の状態・症状
Section 2	医療器具
Section 3	体の部位

1 体の状態・症状

0979 sneeze [sníːz]

名 くしゃみ 動 くしゃみをする

I **sneezed** because my nose tickled.
鼻がくすぐったかったので、くしゃみをした。

0980 cough [kɔ́(ː)f]

名 咳 動 咳をする

I **coughed** so much it was hard to breathe.
あまりにも咳をしたので、息をするのが苦しかった。

0981 hiccup [híkʌp]

名 しゃっくり 動 しゃっくりをする

I held my breath to stop the **hiccups**.
しゃっくりを止めようとして息を止めた。

★ hold my breath「息を止める」

0982 yawn [jɔ́ːn]

名 あくび 動 あくびをする

I **yawned** many times during the meeting.
会議の間何回もあくびをした。

★ 発音注意。「ヨーン」に近い。

0983 burp [bə́ːrp]

名 げっぷ 動 げっぷする 類 belch

My brother let out a loud **burp** after eating.
食事後に弟が大きなげっぷをした。

★ let out「〜を外に出す、口から出す」

288

0984 goose bumps [gúːs, bʌ́mps]

名 鳥肌　英 goose flesh

The cold air gave me **goose bumps**.
冷たい空気で鳥肌が立った。

★bumpは「隆起、こぶ」の意味。

0985 pimple [pímpl]

名 ニキビ　関 pockmark「あばた、くぼみ」

put some cream on the face to get rid of the **pimples**
ニキビを取るために顔にクリームを塗る

関 spot cream「ニキビ用クリーム」

0986 hangover [hǽŋòuvər]

名 二日酔い

I drank too much wine and had a **hangover** the next morning.
ワインの飲みすぎで、次の朝二日酔いだった。

0987 chilblain [tʃílblèɪn]

名 しもやけ

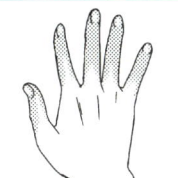

I got **chilblains** after I put my cold feet in front of the fire.
冷たい足を火にかざしたらしもやけになった。

関 frostbite「凍傷」

0988 fracture [frǽktʃər]

名 骨折

The doctor showed me the **fracture** on an x-ray.
医者がX線写真で骨折箇所を見せてくれた。

関 break my arm「腕を骨折する」

1 体の状態・症状

2 医療器具

3 体の部位

0989 sprain [spréɪn]

名 捻挫　動 〜を捻挫する

I fell and **sprained** my ankle, so I couldn't walk.
転倒して足首を捻挫したので歩けなかった。

0990 nosebleed [nóuzblìːd]

名 鼻血

I put tissue up my nose to stop the **nosebleed**.
鼻血を止めようとしてティッシュを鼻に詰めた。

0991 stomachache [stʌ́məkèɪk]

名 腹痛、胃痛

have a **stomachache** after eating too much
食べすぎて腹痛になる

関 appendicitis「盲腸炎」

0992 toothache [túːθeɪk]

名 歯痛

I went to the dentist because my **toothache** was so bad.
歯痛があまりにもひどかったので歯医者に行った。

0993 headache [hédèɪk]

名 頭痛

I got a bad **headache** after working at my PC all day.
パソコンの前で1日中仕事をした後、頭がひどく痛くなった。

0994 sore throat [sɔ́ːr, θróut]

名 喉の痛み

The hot lemon and honey soothed my **sore throat**.
はちみつ入りのホットレモンで喉の痛みが和らいだ。

0995 fever [fíːvər]

名 熱

My **fever** came down, and I felt much better.
熱が下がり、私はだいぶ気分が良くなった。

形 feverish「熱っぽい」

0996 burn [bə́ːrn]

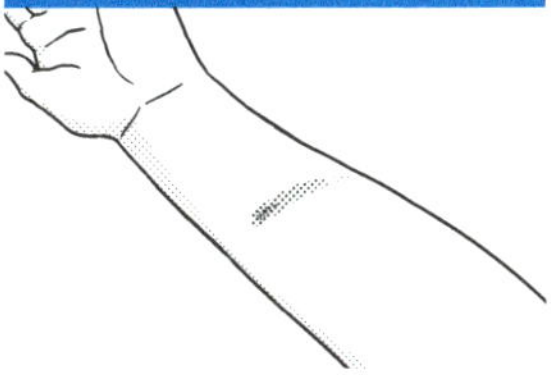

名 やけど

I got a **burn** when I touched the hot pan.
私は熱い鍋を触ってやけどした。

0997 cut [kʌ́t]

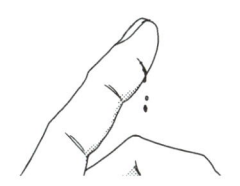

名 切り傷

The **cut** was small, but it bled a lot.
その切り傷は小さかったが、たくさん血が出た。

0998 bruise [brúːz]

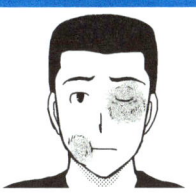

名 打撲、あざ

There was a big **bruise** where the player was kicked.
その選手が蹴られた箇所は大きなあざになっていた。

0999
graze [gréɪz]

名 擦り傷

I had a **graze** on my knee after falling over.
転倒して私は膝に擦り傷を負った。

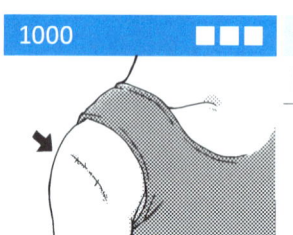

1000
scar [skάːr]

名 傷あと

The wound healed with only a slight **scar**.
その傷はかすかな傷あとだけで治った。

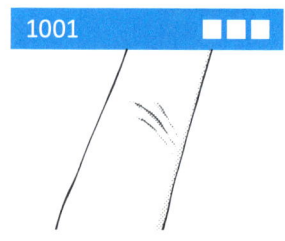

1001
scratch [skrǽtʃ]

名 引っかき傷

I had **scratches** on my hand after playing with the cat.
私はネコと遊んで、手に引っかき傷ができた。

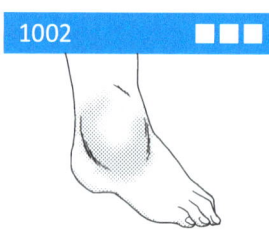

1002
swelling [swélɪŋ]

名 腫れ

I couldn't put my shoe on because of the **swelling** of my ankle.
足首の腫れのために靴を履けなかった。

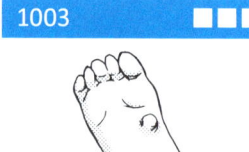

1003
blister [blístər]

名 水ぶくれ

I got a **blister** because of badly fitting shoes.
合わない靴のせいで水ぶくれができた。

1004 hay fever [héɪ, fíːvər]

名 花粉症

I always get **hay fever** in April, and I can't stop sneezing.
私はいつも4月に花粉症になって、くしゃみが止まらなくなる。

1005 rash [ræʃ]

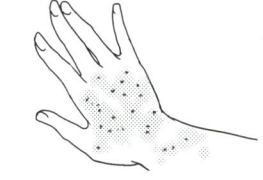

名 発疹

get a **rash** after touching a poisonous plant
毒のある植物を触って発疹が出る

★「おむつかぶれ」は diaper rash。

1006 sunburn [sʌ́nbəːrn]

名 (痛みを伴う) 日焼け

I spent all day in the sun and got a **sunburn**.
私は1日中太陽に照らされて、日焼けした。

★ 健康的な日焼けは tan。
関 sunscreen「日焼け止め」

1007 runny nose

名 鼻水の出る鼻

I blew my nose all the time because of a **runny nose**.
私は鼻水が出て、ずっと鼻をかんでいた。

関 stuffy nose「詰まった鼻」

1008 cavity [kǽvəti]

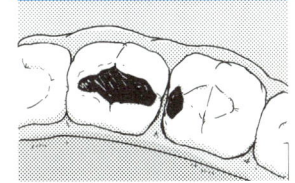

名 虫歯の穴   類 bad teeth, tooth decay

The dentist treated a couple of my **cavities**.
歯科医は私の2本の虫歯を治療した。

1009 cramp [krǽmp]

名 筋肉がつること、こむらがえり

Many players got **cramps** during extra time.
多くの選手が延長時間中に足がつった。

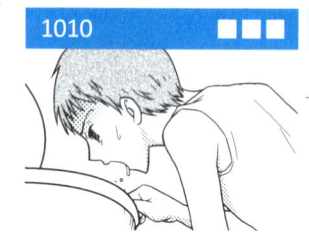

1010 throw up

嘔吐する 類 vomit, be sick

I didn't feel well and **threw up** in the toilet.
私は気分が悪く、トイレで吐いた。

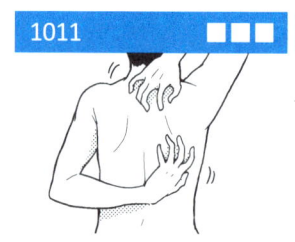

1011 itchy [ítʃi]

形 痒い 関 scratch [skrǽtʃ]「掻く」

My leg was very **itchy** where the mosquito bit me.
蚊に刺された足がとても痒かった。

1012 crick [krík]

名 (首や腰の) 筋違い

I got a **crick** in the neck while sleeping.
私は寝違えた。

1013 splinter [splíntər]

名 木片などのとげ

I got a **splinter** in my finger when I grabbed the rough piece of wood.
粗い木材をつかんだとき、指にとげが刺さった。

★木片やガラスなどの、小さく鋭い破片を指す。

1014 dandruff [dǽndrəf]

名 (頭皮の) ふけ

I used a medicated shampoo to get rid of my **dandruff**.
ふけを取り除くために薬用シャンプーを使った。

1015 food poisoning

名 **食中毒、食あたり** 関 the runs「下痢(diarrhea)」

I think the **food poisoning** was caused by a bad egg.
腐った卵で食あたりになったんだと思う。

1016 stiff shoulder

名 **肩こり**

I gave my wife a massage to help her **stiff shoulders**.
妻の肩こりを楽にするために肩を揉んだ。

1017 blink [blíŋk]

名 **瞬き** 動 **瞬きをする**

I **blinked** several times to remove a piece of dirt from my eye.
私は目からほこりを取るために何度か瞬きをした。

1018 feel dizzy [dízi]

めまいがする

feel dizzy after spinning round many times
何度もくるくると回ってめまいがする

1 体の状態・症状
2 医療器具
3 体の部位

295

1019 (bowel) movement

名 お通じ、便通

The doctor asked me if I had regular **bowel movements**.
医者は私に定期的なお通じがあるか尋ねた。

1020 break wind

おならする　類 fart

I **broke wind** on the bus, and I was embarrassed.
バスの中でおならをしてしまい恥ずかしかった。

2 医療器具

1021 injection [ɪndʒékʃən]

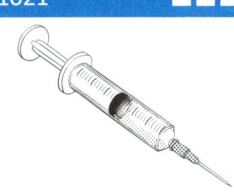

名 注射

The child cried when the doctor gave her an **injection**.
医者が注射したとき、その子どもは泣いた。

★口語ではshotとも言う。

1022 stretcher [strétʃər]

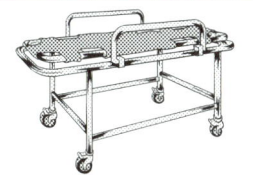

名 担架

put the injured person on a **stretcher**
怪我人を担架に乗せる

1023 earplug [íərplʌ̀g]

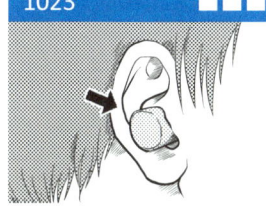

名 耳栓

I put my **earplugs** in to protect my ears from the noise.
私は騒音から耳を守るために耳栓をつけた。

1024 stethoscope [stéθəskòup]

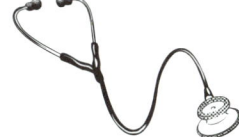

名 聴診器

The doctor held the **stethoscope** to my chest and listened.
医者は聴診器を私の胸に当てて聞いた。

1025 prescription [prɪskrípʃən]

名 処方箋

go to the drugstore to get a **prescription** filled
処方箋の薬を出してもらうために薬局に行く

1026 hearing aid

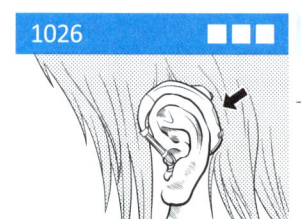

名 補聴器

My grandfather can hear better with his new **hearing aid**.
私の祖父は新しい補聴器のおかげで耳がより聞こえるようになった。

1027 first-aid box

名 救急箱　類 first-aid kit

I got a Band-Aid out of the **first-aid box**.
私は救急箱から絆創膏を取り出した。

1028 ice pack

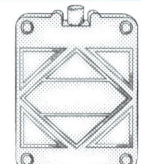

名 保冷剤、氷嚢

put an **ice pack** on the ankle to stop the swelling
腫れを抑えるために保冷剤を足首に当てる

1029 suppository [səpázətɔ̀:ri]

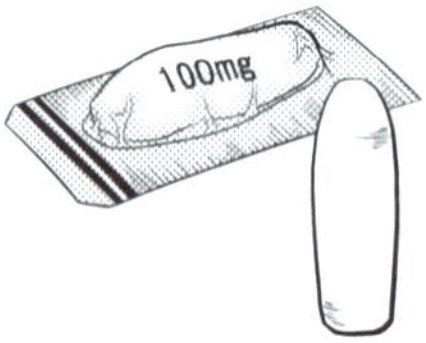

名 坐薬

I had to take the medication by **suppository** because I kept being sick.
私は吐き続けたので、座薬で薬を摂取しなければならなかった。

1030 medical records

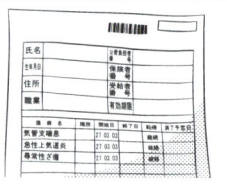

名 カルテ、医療記録

I had my **medical records** transferred to my new doctor.
私は自分の医療記録を新しい医者のもとに移してもらった。

1031 Band-Aid [bǽndèɪd]

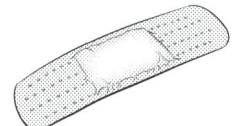

名 絆創膏　英 sticking plaster

put a **Band-Aid** on the grazed knee
擦りむいた膝に絆創膏を貼る

1032 ointment [ɔ́ɪntmənt]

名 軟膏

put some **ointment** on the rash
湿疹に軟膏を塗る

1033 tablet [tǽblət]

名 錠剤　類 pill, capsule

I took two **tablets** after every meal.
毎食後に2錠飲んだ。

関 sleeping pill「睡眠薬」

1034 eye drops

名 目薬

The **eye drops** stopped my eyes from itching.
その目薬で私の目の痒みが止まった。

1035 plaster cast [plǽstər]

名 ギプス

wear a **plaster cast** for six weeks after breaking an arm
腕を骨折した後、6週間ギプスを着用する

1036 ■■■

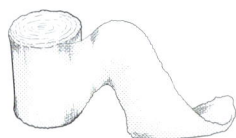

bandage [bǽndɪdʒ]

名 包帯

wrap the **bandage** around the swollen knee
腫れた膝に包帯を巻く

1037 ■■■

gauze [gɔ́ːz]

名 ガーゼ

cover the burn with **gauze** to keep it clean
火傷を清潔に保つためにガーゼで覆う

★発音注意。「ゴーズ」に近い。

1038 ■■■

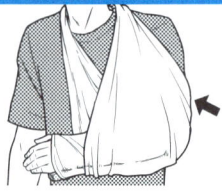

sling [slíŋ]

名 三角巾

I had my arm in a **sling** after I broke it.
私は腕を骨折して三角巾で吊っていた。

1039 ■■■

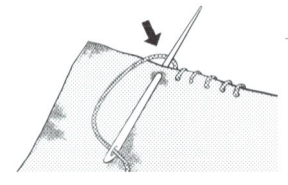

stitch [stítʃ]

名 1 縫い

The cut was so bad it needed ten **stitches**.
その切り傷はひどくて10針縫う必要があった。

★衣服を縫うことも指す。

1040 ■■■

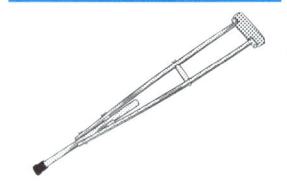

crutch [krʌ́tʃ]

名 松葉杖

I was walking with **crutches** after breaking my leg.
私は足を骨折して松葉杖で歩いていた。

1041 drip [dríp]

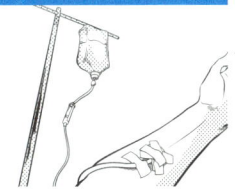

名 点滴、IV (intravenous drip)

I was put on a **drip**, because I couldn't eat normally.
私は普通に食べることができなかったので、点滴を受けていた。

1042 wheelchair [hwíːltʃèər]

名 車いす

The patient couldn't walk, so the nurse brought a **wheelchair**.
患者は歩けなかったので、看護師が車いすを持ってきた。

1043 tweezers [twíːzərz]

名 ピンセット

pull out the splinter with **tweezers**
ピンセットでとげを抜く

★通例複数形。

1044 dentures [déntʃərz]

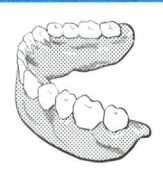

名 入れ歯　類 false teeth

go to the dentist to have **dentures** fitted
入れ歯を入れてもらうために歯医者に行く

★通例複数形。

1045 antiseptic [æntəséptɪk]

名 消毒剤

dab **antiseptic** on the wound to prevent infection
感染を防ぐために傷に消毒薬を少量塗る

★dab「(少量の)〜を塗る、つける」

1 体の状態・症状
2 医療器具
3 体の部位

1046 surgeon [sə́ːrdʒən]

名 外科医

talk to the **surgeon** who performed the operation
手術をした外科医と話す

1047 physician [fɪzíʃən]

名 内科医

There were only two **physicians** in the outpatient clinic of the hospital.
その病院の外来には２人しか内科医がいなかった。

1048 obstetrician [àbstətríʃən]

名 産科医

My wife gave birth before the **obstetrician** arrived.
妻は産科医が到着するまでに出産していた。

★「婦人科医」は gynecologist [gainikάlədʒist]。

1049 pediatrician [pìːdiətríʃən]

名 小児科医

The **pediatrician** said my 5-year-old son was well enough to go home.
小児科医は、私の５歳の息子が家に帰っても大丈夫だと言った。

1050 (medical) checkup

名 健康診断

go to the hospital for my annual **medical checkup**
年１回の健康診断のために病院に行く

1051 inpatient [ínpèɪʃənt]

名 **入院患者** 関 outpatient「外来患者」

All **inpatients** are required to wear an identification band on their wrist.
すべての入院患者は手首にIDバンドを着用するように求められている。

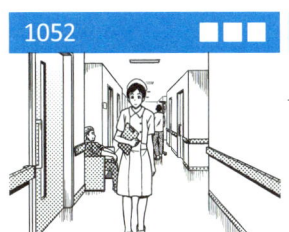

1052 ward [wɔ́ːrd]

名 **病棟**

My 4-year-old daughter was admitted to the children's **ward** at a local hospital.
私の4歳の娘は近くの病院の小児病棟に入院した。

1 体の状態・症状

2 医療器具

3 体の部位

3 体の部位

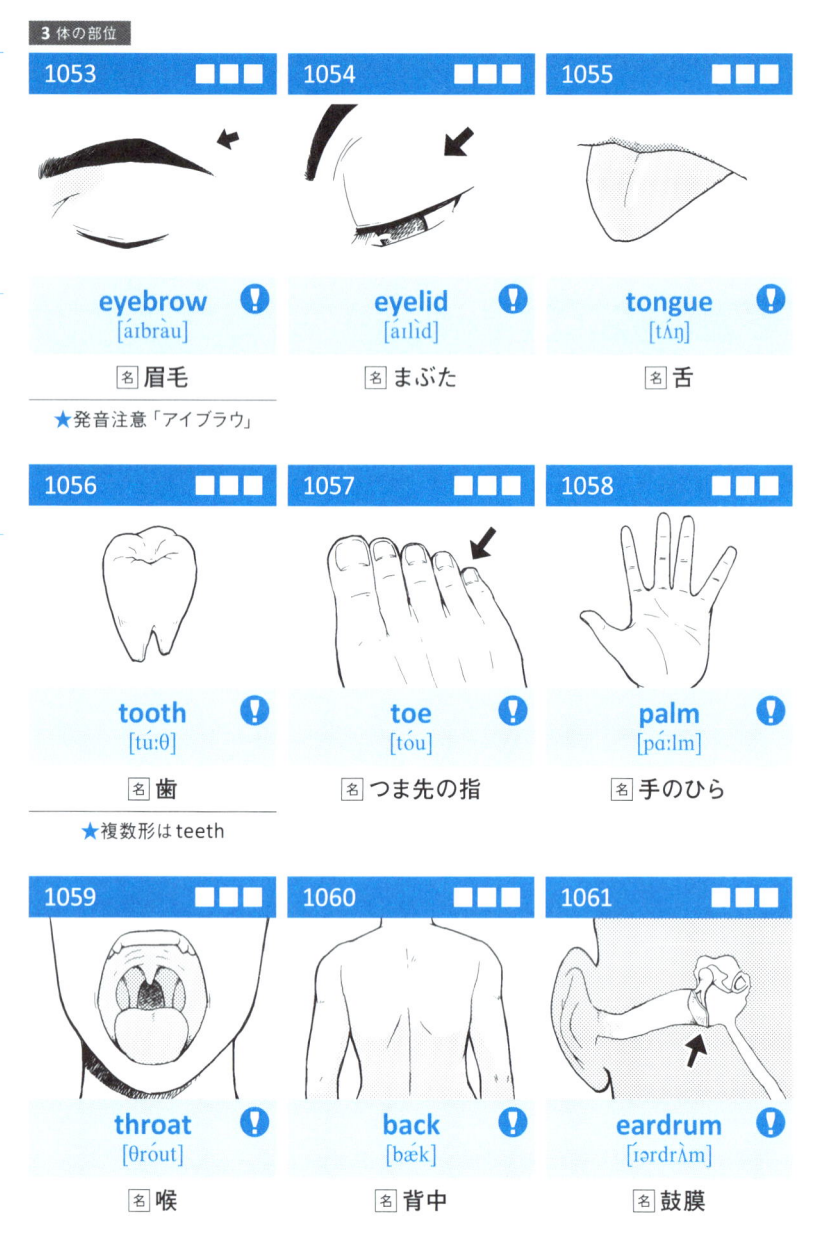

1053
eyebrow
[áɪbràu]
名 眉毛
★発音注意「アイブラウ」

1054
eyelid
[áɪlìd]
名 まぶた

1055
tongue
[tʌ́ŋ]
名 舌

1056
tooth
[túːθ]
名 歯
★複数形は teeth

1057
toe
[tóu]
名 つま先の指

1058
palm
[páːlm]
名 手のひら

1059
throat
[θróut]
名 喉

1060
back
[bǽk]
名 背中

1061
eardrum
[íərdrʌ̀m]
名 鼓膜

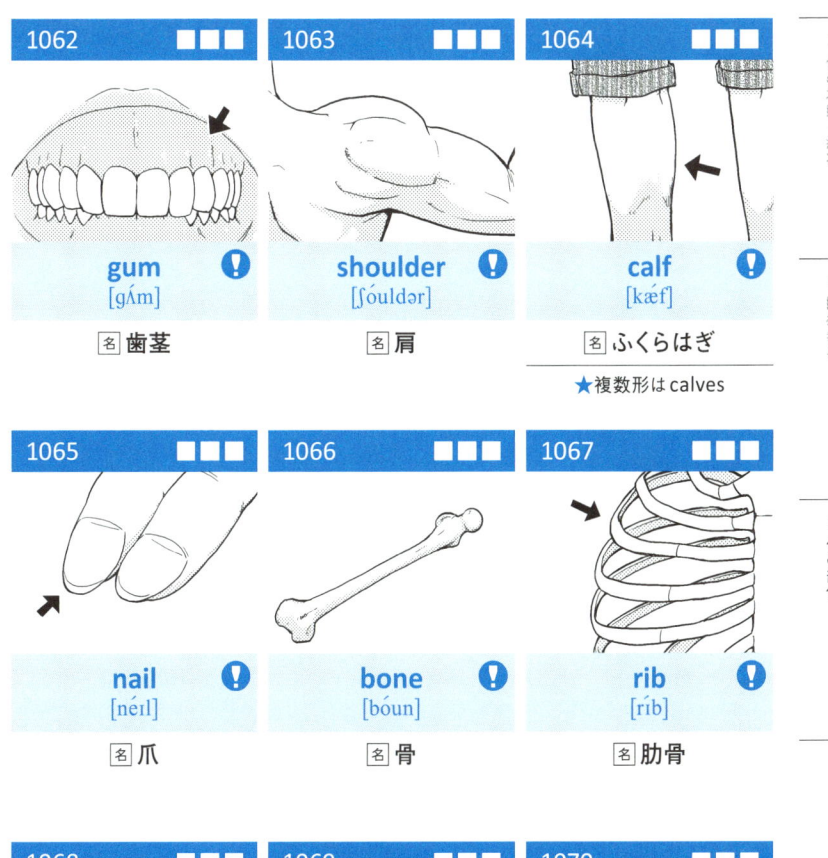

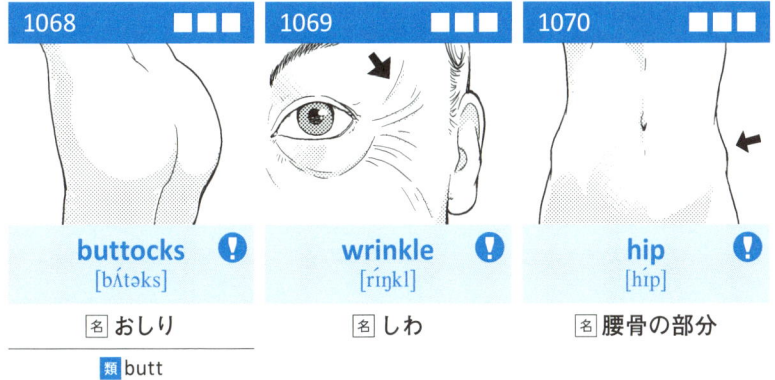

1062	1063	1064
gum [gÁm]	**shoulder** [ʃóuldər]	**calf** [kǽf]
名 歯茎	名 肩	名 ふくらはぎ

★複数形は calves

1065	1066	1067
nail [néɪl]	**bone** [bóun]	**rib** [ríb]
名 爪	名 骨	名 肋骨

1068	1069	1070
buttocks [bʌ́təks]	**wrinkle** [ríŋkl]	**hip** [híp]
名 おしり	名 しわ	名 腰骨の部分
類 butt		

1 体の状態・症状

2 医療器具

3 体の部位

305

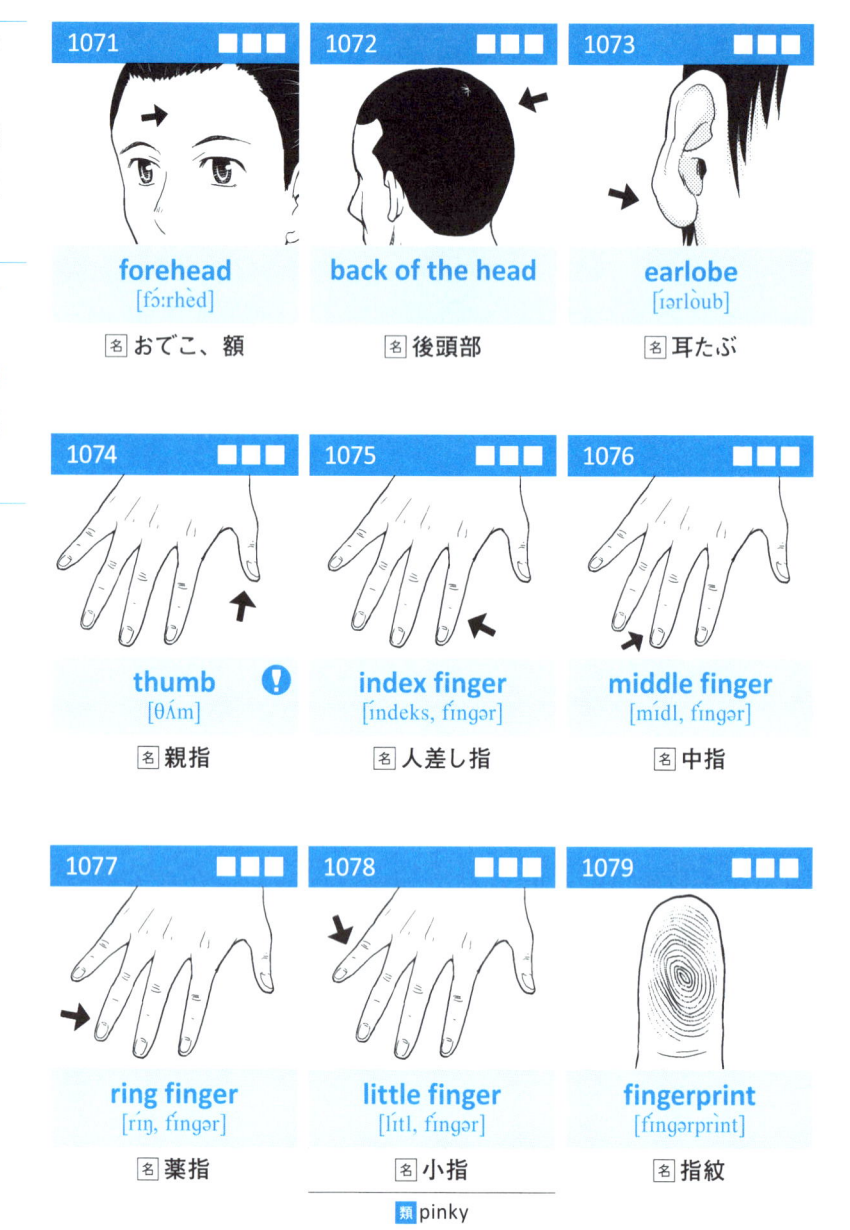

1071 **forehead** [fɔ́ːrhèd] 名 おでこ、額	**1072** **back of the head** 名 後頭部	**1073** **earlobe** [íərlòub] 名 耳たぶ
1074 **thumb** ❗ [θʌ́m] 名 親指	**1075** **index finger** [índeks, fíŋgər] 名 人差し指	**1076** **middle finger** [mídl, fíŋgər] 名 中指
1077 **ring finger** [ríŋ, fíŋgər] 名 薬指	**1078** **little finger** [lítl, fíŋgər] 名 小指 類 pinky	**1079** **fingerprint** [fíŋgərprìnt] 名 指紋

1080
heel [híːl]

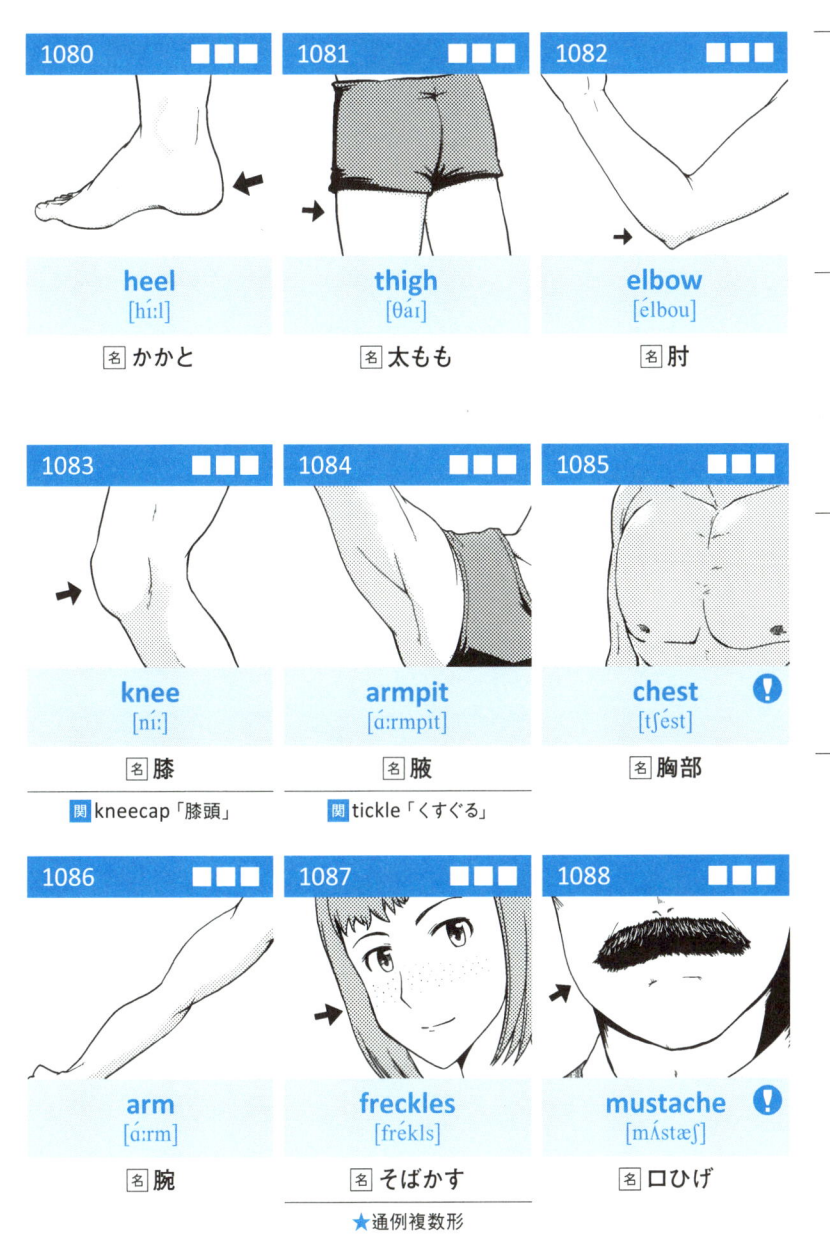

名 かかと

1081
thigh [θái]

名 太もも

1082
elbow [élbou]

名 肘

1083
knee [níː]

名 膝

関 kneecap「膝頭」

1084
armpit [áːrmpìt]

名 腋

関 tickle「くすぐる」

1085
chest [tʃést] ❗

名 胸部

1086
arm [áːrm]

名 腕

1087
freckles [fréklz]

名 そばかす

★通例複数形

1088
mustache [mʌ́stæʃ] ❗

名 口ひげ

1 体の状態・症状

2 医療器具

3 体の部位

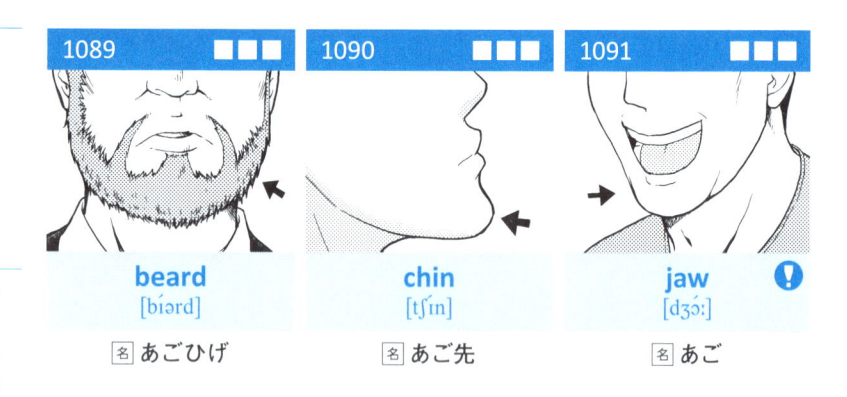

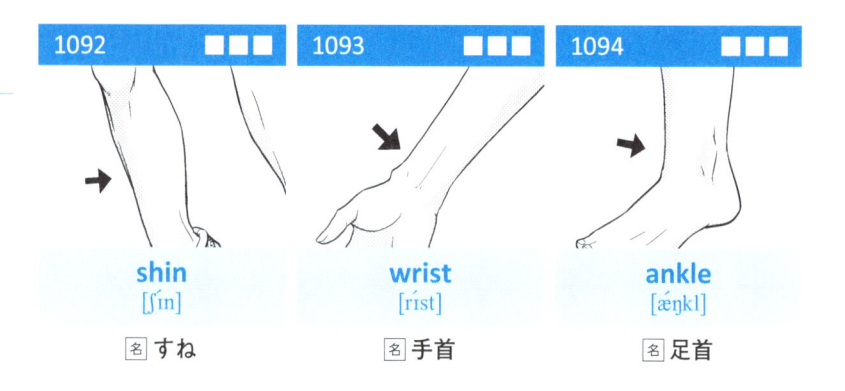

1089	1090	1091
beard [bíərd] 名 あごひげ	**chin** [tʃín] 名 あご先	**jaw** [dʒɔ́ː] 名 あご

1092	1093	1094
shin [ʃín] 名 すね	**wrist** [ríst] 名 手首	**ankle** [ǽŋkl] 名 足首

1095	1096	1097
mole [móul] 名 ほくろ	**dimple** [dímpl] 名 えくぼ	**temple** [témpl] 名 こめかみ

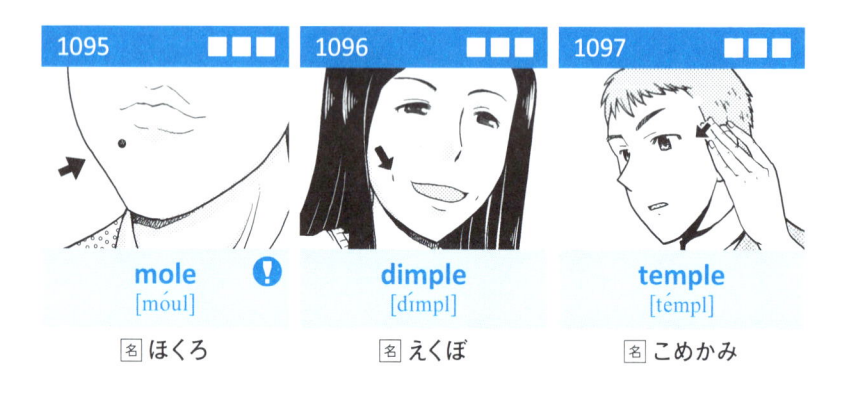

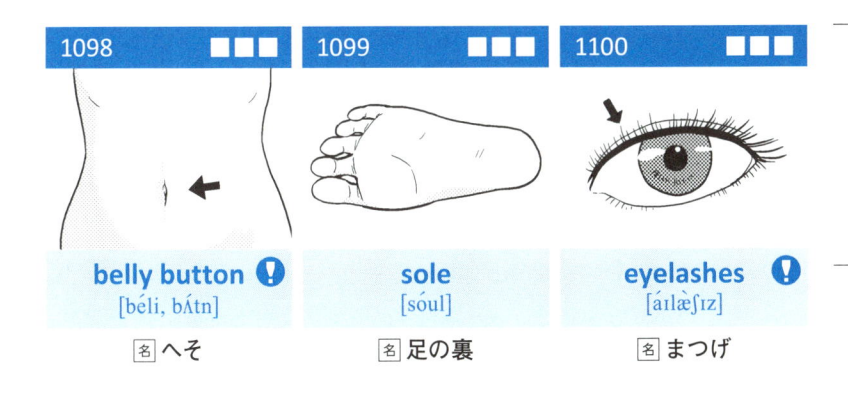

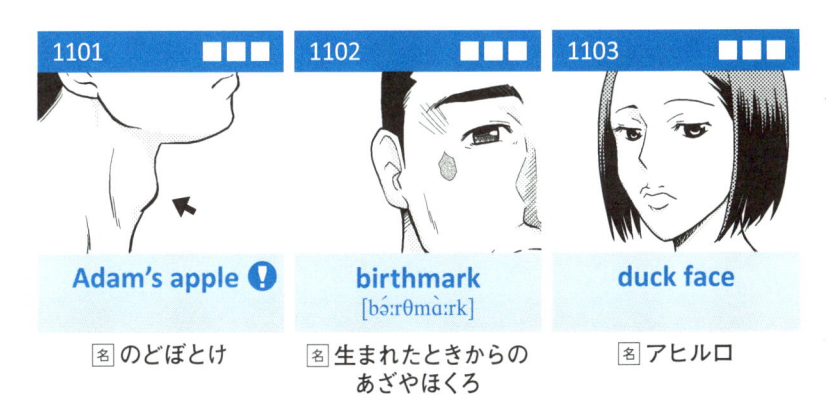

1098	1099	1100
belly button [béli, bʌ́tn]	**sole** [sóul]	**eyelashes** [áɪlæʃɪz]
名 へそ	名 足の裏	名 まつげ

1101	1102	1103
Adam's apple	**birthmark** [bə́ːrθmɑ̀ːrk]	**duck face**
名 のどぼとけ	名 生まれたときからのあざやほくろ	名 アヒル口

1104	1105	1106
lung [lʌ́ŋ]	**stomach** [stʌ́mək]	**blood vessel** [blʌ́d, vésl]
名 肺	名 胃	名 血管

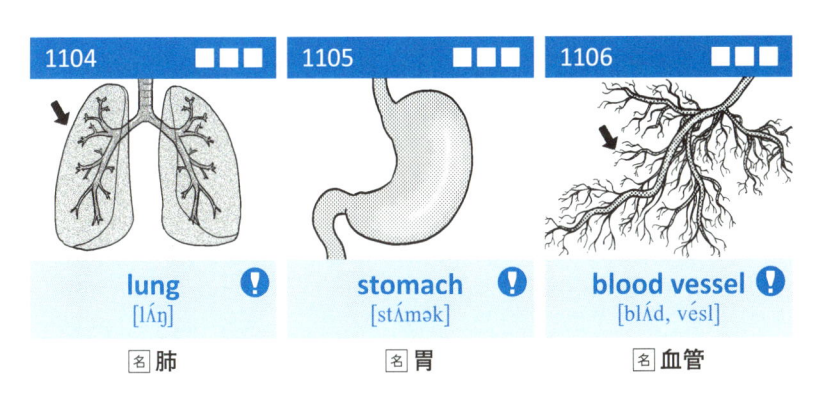

1 体の状態・症状

2 医療器具

3 体の部位

309

Hints and Tips

0991 stomachache「腹痛、胃痛」
★stomach は「胃」だが、胃痛に限らず腹部の痛みも指す。

0994 sore throat「喉の痛み」
★sore は形容詞で「痛い、ひりひりする」の意味。筋肉痛の痛みを言うのにも使われる。
My legs are sore from too much exercise.
「運動のしすぎで足が痛い」

0998 bruise「打撲、あざ」
★cut と bruise は、cuts and bruises という形で、一緒によく用いられる。
He was covered with cuts and bruises.「彼は傷だらけだった」

1002 swelling「腫れ」
★形容詞の swollen「腫れた」も覚えておきたい。
My ankle got swollen after I sprained it.「捻挫をして足首が腫れた」

1004 hay fever「花粉症」
★hay は「(牧草の)干し草」の意味。花粉とは関係がないが、これは、花粉症が発見された当時、干し草が原因と考えられたためである。ちなみに、花粉症の医学用語は pollinosis であり、こちらは「花粉」pollen から。

1005 rash「発疹」
★可算名詞だが、発疹全体を指す。
★「発疹が出る」は
I come out / break out in a rash.
と言う。主語が人になることに注意。
★じんましんは hives。

1009 cramp「筋肉がつること、こむらがえり」
★アメリカ英語の口語では charley horse とも言う。

1010 **throw up**「嘔吐する」

★be sick にも「吐く」の意味がある。
I'm going to be sick.「吐きそうだ」
I was sick three times last night.「私は昨晩、3回吐いた」
be＋形容詞を動作動詞のように使うのは違和感があるかもしれないが、問題はない。また、feel sick で「気分が悪い」の意味。
I'm feeling sick.「吐き気がする」

1012 **crick**「(首や腰の) 筋違い」

★get a crick で「筋を違える」、have a crick で「筋を違えた状態である」の意味。
★主に首や腰の筋違いに使われる。
★click「クリックする」との混同に注意。
★類似表現として pull a muscle「筋を違える」も覚えておきたい。
I pulled a muscle because I didn't warm up before the race.
「競技の前にウォーミングアップをしなかったので筋を違えた」

1017 **blink**「瞬き、瞬きをする」

★瞬きをするのは一瞬なので、in a blink of an eye「あっという間に」という表現がある。
関 on the blink「(機械の) 調子が悪い」

1019 **(bowel) movement**「お通じ、便通」

★フォーマルで婉曲的な表現。bowel は「腸、おなか」の意味。何の話かがわかれば bowel は省略可能。
★movement は「動き、移動」の意味の他に「楽章」の意味を持つ。
the second movement of the symphony
「その交響曲の第2楽章」
関 constipation「便秘」 関 diarrhea「下痢」

1020 **break wind**「おならする」

★婉曲的な表現。fart も同じ意味で口語ではよく使われるが、下品と感じる人も多いので使用には注意が必要。

1026 **hearing aid**「補聴器」

★listening device だと「盗聴器」の意味になるので要注意。

1031 **Band-Aid**「絆創膏」
★Band-Aidは登録商標だが、普通名詞化している。正式にはadhesive bandageと言う。adhesiveは「粘着性の」の意味。

1032 **ointment**「軟膏」
★a fly in the ointment「玉にきず、唯一の欠点」

1039 **stitch**「1縫い」
★怪我で縫う場合と、衣服を縫う場合の両方に使える。
★a stitch in time saves nine「転ばぬ先の杖」
　時宜を得た一針は九針の手間を省くという意味から。

1041 **drip**「点滴」
★正式にはintravenous drip。intravenousは「静脈の」。日本の病院でも医師や看護師にはIVと呼ばれている。
★点滴を受けている状態を指すのはon a drip。
　I was on a drip, so I couldn't move around freely.
　「点滴中だったので、自由に動き回れなかった」
★自分が点滴を受けるという場合には、put 人 on a dripか、例文のように受動態を使えばよい。

1042 **wheelchair**「車いす」
★車いすに座っていることを表す前置詞はin。
　a man in a wheelchair「車いすの男性」

1053 **eyebrow**「眉毛」
関 raise an eyebrow「眉をひそめる」（片方の眉毛を上げることから）

1054 **eyelid**「まぶた」
★lidは「ふた」の意味。
関 single/double eyelid「一重/二重まぶた」

1055 **tongue**「舌」
★「舌」を使った動作を覚えておこう。
　stick my tongue out「舌を突き出す、あかんべえをする」

click my tongue「舌打ちする」burn my tongue「舌をやけどする」
関 saliva「唾液」 関 with tongue in cheek「冗談で、ふざけて」
関 on the tip of the tongue「喉の端まで出かかって」

1056 **tooth**「歯」
★複数形はteeth。
関 wisdom tooth「親知らず」 関 double tooth「八重歯」

1057 **toe**「つま先の指」
★通例、足の指はfingerとは呼ばないことに注意。
big toe「足の親指」 second toe「足の人差し指」
third toe「足の中指」 fourth toe「足の薬指」 little toe「足の小指」

1058 **palm**「手のひら」
★手の甲は、the back of the hand。
★手相を見るのはread my palm。つまり、「手のひらを読む」である。

1059 **throat**「喉」
関 clear my throat「咳払いをする」

1060 **back**「背中」
★「腰」はlower backと言う。つまり、背中の下部である。
関 back bone「背骨」

1061 **eardrum**「鼓膜」
★「鼓膜が破れる」にはsplitやruptureなどが使われる。
I had my eardrum ruptured.「鼓膜が破れた」

1062 **gum**「歯茎」
★上下の歯茎を指す場合は、複数形にする。

1063 **shoulder**「肩」
★give him the cold shoulderで「彼に冷たくする」の意味。
関 dislocated shoulder「脱臼した肩」

1064 **calf**「ふくらはぎ」
★複数形はcalves。また、calfには「子牛」の意味もある。

1065 **nail**「爪」
★「釘」の意味もある。
関 nail polish「マニキュア液」 関 bite my nails「爪を噛む」

1066 **bone**「骨」
関 bone marrow「骨髄」

1067 **rib**「肋骨」
★肋骨の1本を指す。肋骨全体を指す場合は、rib cage「胸郭」と言う。
関 punch 〜 in the ribs「〜のみぞおちをパンチする」

1068 **buttocks**「おしり」
★単数形だとおしりの片側を指すので、おしり全体を指す場合は複数形となる。ちなみに、bottomにも「おしり」の意味があるが、この語は臀部全体を指すので単数形のままでよい。
I fell over and hit my buttocks/bottom hard.
「私は転倒しておしりを強く打った」

1069 **wrinkle**「しわ」
★服のしわにも使える。

1070 **hip**「腰骨の部分」
★日本語の「ヒップ」につられて臀部と取らないように注意。腰の両側にある出っ張った部分である。また、hipはその片方を指すので、両側を指すなら複数形にする。

1074 **thumb**「親指」
★五指の中で唯一fingerがつかない。これを利用して、
Q. How many fingers does a person have on a hand?
「人は片方の手に何本の指がありますか?」
A. Four.「4本です」
というなぞなぞもある。

1085 **chest**「胸部」
★胸部全体を指す語。乳房を指す場合はbreastを使う。
★get 〜 off my chest「〜を打ち明けて胸のつかえを下ろす」

1088	**mustache**「口ひげ」

★鼻の下に生やすひげ。可算名詞であることに注意。

1091	**jaw**「あご」

★upper jaw「上顎」か lower jaw「下顎」の片方を指すので、両方なら複数形にする。また、発音注意。「ジョウ」ではなく「ジョー」。
★「あんぐりと口を開ける」は drop my jaw、つまり「あごを落とす」。

1095	**mole**「ほくろ」

★mole にはこの他、「モグラ」の意味がある。(p.232)

1098	**belly button**「へそ」

★正式には navel。belly は「腹部」の幼児語。

1100	**eyelashes**「まつげ」

★eyelash はまつげの1本を指すので、全体を言うなら複数形にする。

1101	**Adam's apple**「のどぼとけ」

★Adam's apple は旧約聖書のアダムが食べた禁断の実のこと。のどぼとけがなぜこのような名前で呼ばれるようになったのかは定かではないが、アダムが禁断の実を食べてしまったとき、その一部が喉につっかえたという俗説がある。

1104	**lung**「肺」

★片肺しか指さないので、両側を指すなら複数形。
関 lung capacity「肺活量」　関 lung cancer「肺がん」

1105	**stomach**「胃」

関 stomachache「胃痛」　関 the pit of the stomach「みぞおち」
関 intestines [ɪntéstɪnz]「胃腸」

1106	**blood vessel**「血管」

関 transfusion [trænsfjúːʒən]「輸血」　関 vein [véin]「静脈」
関 artery [áːrtəri]「動脈」　関 bleeding [blíːdɪŋ]「出血」　関 scab [skæb]「かさぶた」
関 take my blood「採血する」

復習テスト 1〜2

この章の復習です。次の絵が示すものを英語で言ってみましょう。

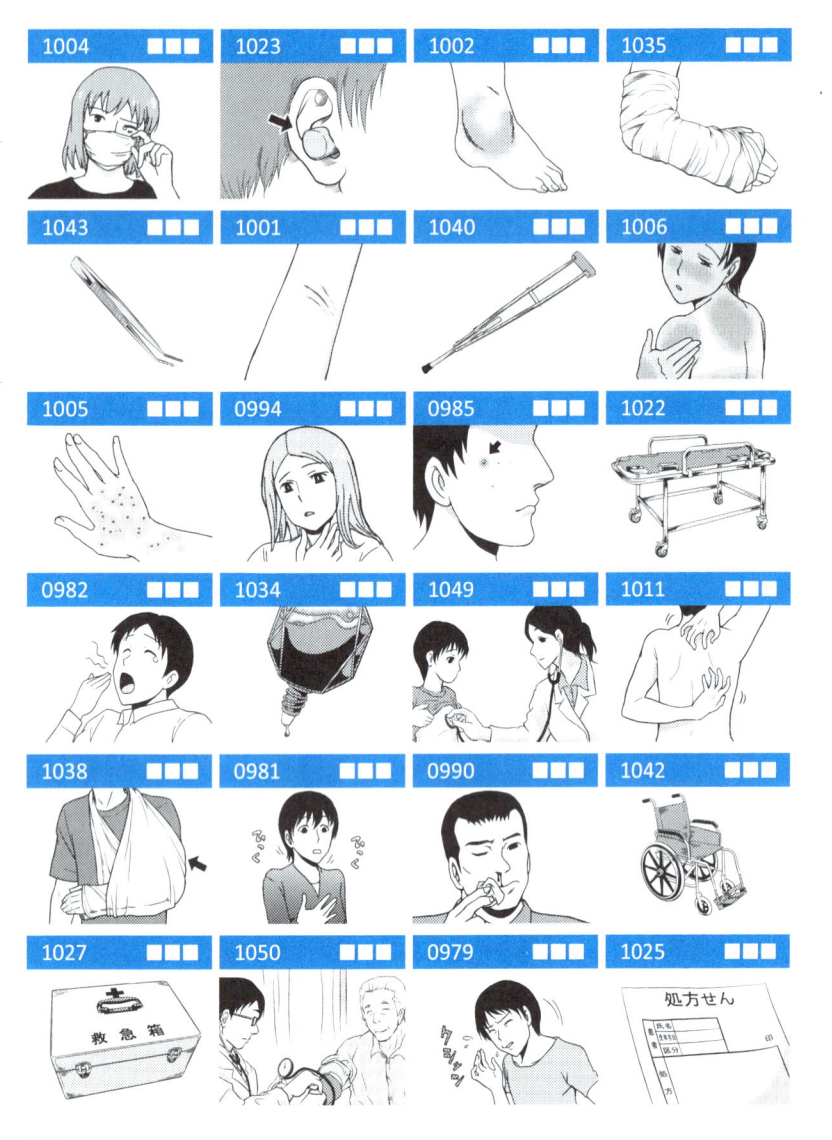

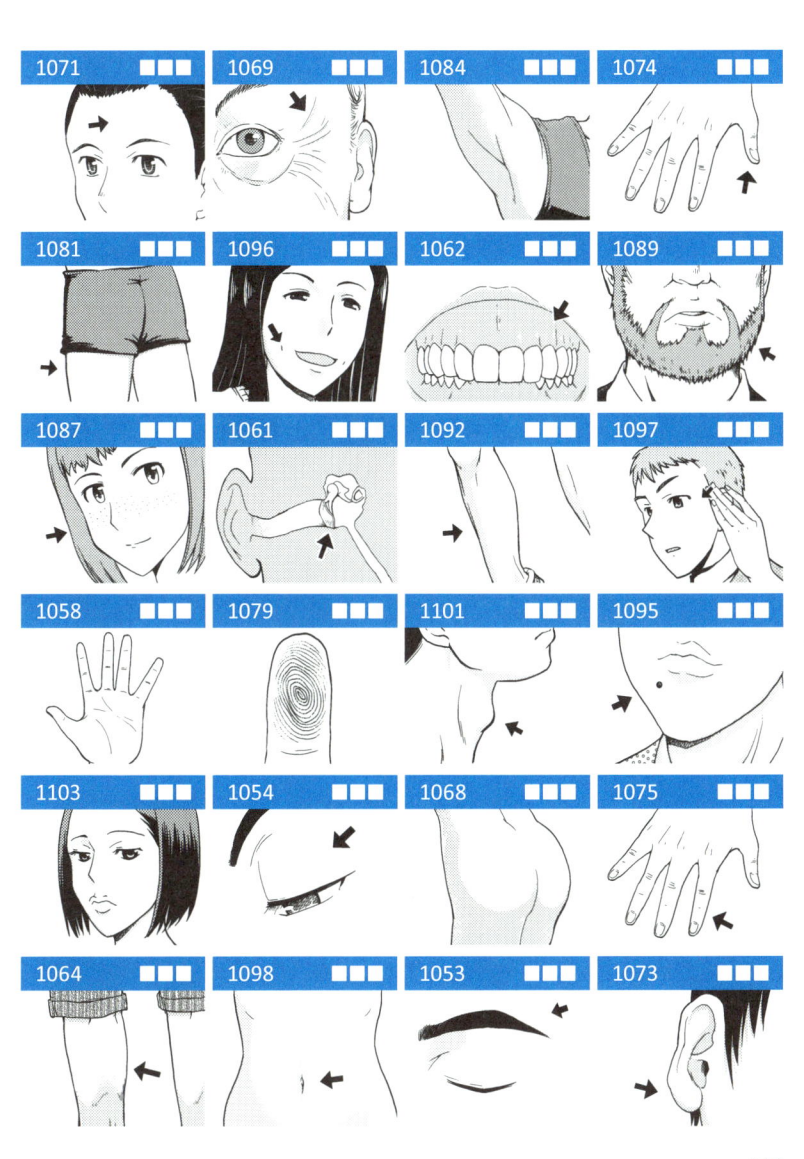

3

1071	1069	1084	1074
1081	1096	1062	1089
1087	1061	1092	1097
1058	1079	1101	1095
1103	1054	1068	1075
1064	1098	1053	1073

1 体の状態・症状

2 医療器具

3 体の部位

解 答

1～2

1004▶hay fever 花粉症	1023▶earplug 耳栓	1002▶swelling 腫れ	1035 ▶plaster cast ギプス
1043▶tweezers ピンセット	1001▶scratch 引っかき傷	1040▶crutch 松葉杖	1006▶sunburn (痛みを伴う)日焼け
1005▶rash 発疹	0994 ▶sore throat 喉の痛み	0985▶pimple ニキビ	1022▶stretcher 担架
0982▶yawn あくび(する)	1034▶eye drops 目薬	1049 ▶pediatrician 小児科医	1011▶itchy 痒い
1038▶sling 三角巾	0981▶hiccup しゃっくり(する)	0990 ▶nosebleed 鼻血	1042 ▶wheelchair 車いす
1027 ▶first-aid box 救急箱	1050 ▶ (medical) checkup 健康診断	0979▶sneeze くしゃみ(する)	1025 ▶prescription 処方箋

3

1071▶forehead おでこ、額	1069▶wrinkle しわ	1084▶armpit 腋	1074▶thumb 親指
1081▶thigh 太もも	1096▶dimple えくぼ	1062▶gum 歯茎	1089▶beard あごひげ
1087▶freckles そばかす	1061▶eardrum 鼓膜	1092▶shin すね	1097▶temple こめかみ
1058▶palm 手のひら	1079 ▶fingerprint 指紋	1101 ▶Adam's apple のどぼとけ	1095▶mole ほくろ
1103▶duck face アヒル口	1054▶eyelid まぶた	1068▶buttocks おしり	1075 ▶index finger 人差し指
1064▶calf ふくらはぎ	1098 ▶belly button へそ	1053▶eyebrow 眉毛	1073▶earlobe 耳たぶ

COLUMN 言いたいことは言えるように言う

　流暢に話せるようになるために、ぜひとも身につけたい能力があります。それは、「言いたいことを、自分が言えるように言う」ことです。つまり、自分の言いたいことが難しすぎるとわかったとき、どうにかして相手にわかってもらう能力ですね。

　例えば、京都に観光に行ったと言いたかったとします。そのときに、sightseeingをど忘れしたらどうしますか？

　よくありがちなのが、話しているときに凍りついたように止まって悩み出すということです。しかし、それだと会話が進みません。

　ここで、違う言い方に切り替えるのです。「観光」をど忘れしたと気がついた瞬間に、違う言い方で同じような意味になる文を言うわけですね。

I went to Kyoto to see interesting places like old temples and castles.「古い寺や城のような興味深い場所を見るために、京都に行った」

こう言えば、sightseeingを使わなくても同じことですね。しかも、

I went to Kyoto for sightseeing.

と言うよりも長く話せることになります。

　スピーキングが上手な方を見ると、「何でも話せる」と思いがちです。もちろん、素で言えることも多いのですが、同時に、この「言えるように言う」能力にとても長けているのです。

　英語を話すときには、ぜひこの点にも気をつけて練習してみてください。

INDEX

A

a leak in the roof	69
accelerator	176
acorn	226, 250
Adam's apple	309, 315
admission ticket	144
air conditioner	81, 133
air freshener	94
airship	170, 191
alcove	65, 126
Alice band	101
alligator	249
aluminum foil	72
ambulance	169, 191
amusement park	162
angle	111
anglerfish	242
ankle	308
answer the phone	12
answering machine	123
ant lion	248
anteater	233
antiseptic	301
antler	236
apartment	68, 127
apiary	260
appendicitis	290
application form	115
aquarium	162
Aquarius	280
archerfish	244, 258
archipelago	270
area code	120
Aries	279
arm	307
arm wrestling	181
armpit	307
artery	315
article	119
as cool as a cucumber	216
ash	281
ashtray	85
assemble	15
atlas	118
attic	64
aubergine	210
auditorium	164
aurora	277
autograph	116
avalanche	275
avert my eyes	43
award ceremony	156

B

baboon	232
baby carriage	107
baby formula	106, 141
back	304, 313
back bone	313
back extension	182
back of the head	306
back up	21, 48
back yard	67
backdoor	125
backstroke	182
bad reception	120
bad teeth	293
badger	233, 254
bagworm	247, 260
Bakelite handle	129
ball	157, 188
ballpoint pen	110
ballroom dance	185
bamboo	228
bamboo shoot	212, 218, 252
bandage	300
Band-Aid	299, 312
bang my little toe against the chair	36, 56
bank	269
bankbook	123
banknote	122
banquet	157
bark	22, 49
bark	251
basement	65, 126
bath plug	96, 138
battery	92, 136
bay	268
bay window	126
be carrying a baby	142
be caught in a traffic jam	42
be drowning	40, 57
be off sick	34
be out of breath	30
be put on hold	36
be running low on battery	39, 57
be sick	294
be under the weather	282
beak	240, 257
beam	64
bean	212, 219
bean curd	203
bean sprouts	212, 218
beard	308

become engaged	187
beehive	247, 260
belch	288
belly button	309, 315
belt loop	98
best-before date	209, 216
bib	104, 140
bicycle pump	87
Big Dipper	278, 283
bill	122, 145
bill	240
billfold	103
binoculars	113
biro	110
birthmark	309
bite my nails	314
bitter gourd	251
blanket	102, 139
bleach	137
bleeding	315
blimp	170
blink	295, 311
blinker	175
blister	292
blizzard	276
blood vessel	309, 315
blow my nose	30
blow out the candles	28
blowfish	243
blush	26
bolt	88
bone	305, 314
bone marrow	314
bonfire	159
bonnet	175
bookcase	80, 132
bookend	111, 143
bookmark	111
bookshelf	80
boot	175
border	271
botanical garden	162
bow	25, 50
bow out	25
(bowel) movement	296, 311
bowl	79
bowling alley	160, 189
braces	99
braid	101
Braille	119, 144
branch	229, 252
bread crumbs	203, 214
break my arm	289
break wind	296, 311
breaker panel	69, 127
breast milk	106
breast-feed	106
breaststroke	182
breathe in	27
breathe out	27
brick	68
brim	77
bring forward a meeting	25, 50
bristles	93, 136
broccoli	213
brochure	118
broom	97, 139
browse a magazine	22, 48
bruise	291, 310
Brussels sprout	211, 218
bubble wrap	84
bucket	95
bucket down	95
bud	229, 252
budgerigar	239
buggy	107
building blocks	180, 194
bulb	229, 252
bully a little boy	24, 49
bullying	49
burdock root	212
burn	291
burn the fish	41
burnt-out	85
burp	288
bury	28, 188
bus stop	173
business card	122
butt	305
buttocks	305, 314
button up my shirt	17, 46

C

cabbage	210, 217
cabinet	71
cable car	172
cactus	226, 250
calculator	112
calf	305, 313
calico cat	234, 255
call in sick	34
calligraphy	115, 143
camel	231, 253
can opener	72
canal	268

321

Cancer	279
candidate	159
candy floss	209
canned	72
canned tuna	207
Capricorn	280
capsule	299
car park	163
carbonated drink	204
cardboard box	92, 136
car-free zone	173
carp	244, 258
carrot	211, 217
cash the check	123
cashbox	83
casket	158, 188
catch a train	40
catch fire	283
caterpillar	261
catfish	244
cauliflower	210
cave	268, 281
cavity	293
cedar	227
ceiling	64, 125
celery	211, 218
cell phone	120
cemetery	161, 189
centipede	248, 261
cereal	207
chair swing ride	179
change	122
chart	114, 143
check	123
chemist	160
cheque	123
cherry blossom	226, 250
cherry tomato	212
chest	307, 314
chest of drawers	80, 132
chestnut	226, 250
chew	53
chilblain	289
chimney	66
chin	308
chipmunk	233
chips	204
chisel	90
choke	53
chopping board	73
chopsticks	78, 131
chrysanthemum	227, 251
cicada	247, 260

cigarette butt	85
cinema	164
circle	111
clam	241
clam digging	183
clap my hands	41
claw	236, 255
clay	112
clean up my room	35
clear my throat	313
cleaver	73
cliff	268, 281
climb down the ladder	86
clingfilm	72
clip my nails	16
cloth	103, 140
clothes	140
clothes drying rack	93
clothes peg	93
clothespin	93
cockroach	246, 259
coffin	158
(coin) purse	103
colander	75
collar	235
collide with a bus	20
column	65
comb	94, 137
combustible garbage	12
come off	16
comforter	102
comic strip	119, 144
commemorative coin	122
compass	111, 143
complain	29
complimentary ticket	144
compound eye	259
condo	127
condominium	127
conifer	250
constellation	277
constipation	311
construction	166
continent	271
contract	114
contrail	174
copier	42
coral reef	270
corkscrew	73
corn	213, 219
correction fluid	110
correction tape	110
cot	104

cotton ball	93
cotton bud	93
cotton candy	209
cotton swab	93
cough	288
counterfeit	145
court	159
crab	241, 258
cradle	105
cram	34
cramp	294, 310
crane	240, 257
crawl	182
crawl on my hands and knees	37
crayfish	244
cream puff	207
creamer	208
crease	100
cremate	188
crescent moon	274
crest	236
crib	104
crick	294, 311
cricket	248, 260
crisps	204
crocodile	249, 261
crop	101
cross my legs	27
crossroad	174
cross-section	116
crosswalk	169
crouch down	39
crow	239, 257
crowbar	90
crucian carp	258
crumple the letter	23
crust	202, 214
crutch	300
crux	278
cucumber	210, 216
cul-de-sac	165
cupboard	71, 128
curb	48, 173
cursive (writing)	119, 144
cut	291
cut in line	24
cutting board	73
CV (curriculum vitae)	114

D

daffodil	227
daikon radish	212, 219
dairy products	209
dandelion	226, 250
dandruff	295
date line	270, 281
dead end	165, 190
definition	30
defrost meat	128
dehumidifier	133
delivery	142
dentures	301
desert	268, 281
destination	117
diaper	104, 140
diarrhea	311
dig a hole	28
dimple	308
dining car	171
dish soap	74
dishwasher	70, 127
dishwashing liquid	74, 129
dishwashing soap	74
dislocated shoulder	313
dismantle the stage	15
ditch	167
divorce	187
do my hair	41
do the ironing	28, 81
do the laundry	12
dog paddle	182
doggy paddle	182
doghouse	235
donkey	232
double eyelid	312
double tooth	313
dough	204
dove	239
down	102
downpour	272
downstairs	125
doze off	21, 48
dragonfly	246, 259
drain stopper	96
drain the pasta	75
drawer	80, 132
dresser	80
dried persimmon	220
drink a toast	33, 54
drinking fountain	168, 190
drip	301, 312
driver's seat	193
driving range	161, 189
drool	140
drop off	21

323

drop tower 179
drought 276
drug store 160
dry my hands with a towel 38
duck 32, 53
duck 239, 256
duck face 309
dummy 105
dumpling 206, 216
dust my knee 36, 56
dustpan 97
duvet 102

E

eagle 238
eardrum 304, 313
earlobe 306
earmuffs 99
earplug 297
Earth 277, 283
earthquake 275, 283
eaves 64
eavesdrop 33, 53
eel 244
egg roll 205
egg white 205
egg yolk 205
eggplant 210
eggshell 205
elastic band 112
elbow 307
electric fan 81, 133
electric griddle 71, 128
electric kettle 130
electron microscope 113
emergency exit 166
encyclopedia 114, 143
entry word 30
envelope 121
equator 270
erase the chart 41
eraser 111, 142
erupt 281
excursion 156
exhibition 155
extendable 84
extension cord 83, 134
extinguish 91
eye drops 299
eyebrow 304, 312
eyelashes 309, 315
eyelid 304, 312

F

fall over 38
false eyelashes 94
false teeth 301
fang 237
farewell party 156
fart 296
faucet 70, 127
feather 240
feel dizzy 295
fern 227
Ferris wheel 179, 193
festival 155
fever 291
feverish 291
fidget 27
field 164, 269
field day 156
field glasses 113
field trip 156
file 89, 135
fill a prescription 160
fill in the form 36
fill out 36
fill up the tank 161
filling 206
fin 245
fine 177, 193
fine mesh 130
fingerprint 306
fire 275, 283
fire department 160
fire drill 160, 283
fire engine 169
fire escape 166
fire extinguisher 91, 166
fire hydrant 166
fire station 160
fire truck 169
firecracker 184
firefighter 169
firefly 246, 259
fireplace 65, 126
firewood 126
fireworks show 158
first-aid box 298
first-aid kit 298
fishing pole 183
fishing rod 183, 195
fitting room 99
fizzy drink 204
flap of an envelope 121

flashlight	92, 136
flat	68
flatter	29
flea market	154, 186
flick my cigarette ash	15, 46
flicker	15
flier	119
flip through a magazine	18, 47
flipper	75
flipper	237
float	155, 187
flood	275
flounder	243, 258
flour	129, 202, 214
flower bed	67
flower pot	87
fluorescent tube	85
flush the toilet	13
fly	246, 259
flyer	119
flying fish	242
flying squirrel	234, 255
fog	272
foggy	272
fold my arms	26, 51
fold the letter in four	37
folding umbrella	84
food booth	155
food poisoning	295
food stall	155
foot file	96, 138
footbridge	173, 192
forehead	306
forest	269
fork	174
fossil	269, 281
fountain	167
fountain pen	110
fracture	289
freckles	307
freestyle	182
freezer	72
freight train	171, 191
French fries	204, 215
fried egg	205, 215
fried rice	206, 215
frog	249, 261
front	273
front door	64, 125
frostbite	289
frown	25, 50
frozen food	208
frying pan	73, 129
frypan	73
fuel gauge	176
full moon	274
full of beans	219
funeral	158, 188
funnel	75

G

garage	65, 125
garbage bag	79, 131
garbage truck	170
garbled	124, 145
garden shears	86, 134
garden shed	67
gargle	13
garlic	210, 217
gas canister	79
gas gauge	176
gas range	71
gas station	161
gas stove	71, 128
gauze	300
gecko	249, 261
geese	238
Gemini	279
get a flat tire	23, 49
get a perm	29, 51
get a ticket	42
get engaged	187
get in line	24
get in the car	30
get jammed	24
get out of breath	30
get out of the car	30, 52
get towed	42, 57
gill	245
ginger	211
ginkgo nut	250
giraffe	231
give birth to a baby	107
give me a piggyback	20
glacier	270
globe	109
glue	108, 142
go bad	209
go flat	13
go into labor	106, 141
go off	13, 15, 45
go on a vacation	31
goat	233, 254
goldfish	244
gondola	172

325

goose	238, 256
goose bumps	289
goose flesh	289
gourd	228, 251
graduation	155, 187
graffiti	118
grapes	213, 220
grasshopper	248, 260
grater	77, 130
grave	189
graveyard	161
graze	292
green pepper	210, 217
greenhouse	67
greenhouse effect	67
grind my teeth	30, 52
groom	154, 187
ground meat	208, 216
(ground) subsidence	276
groundbreaking (ceremony)	156, 187
gulf	268
gull-wing door	257
gum	305, 313
gutter	68
gynecologist	302

H

hail	272, 282
hair salon	164
hand brake	176
hand in	36
hand-me-downs	99, 139
handrail	125
hang my coat on a hanger	35
hang out the laundry	12, 44
hang up (the phone)	12, 44
hangover	289
harvest	164
haunted house	179, 194
have a frog in my throat	261
have an argument	23
have bad reception	18
have my hair cut	164
hawk	238
hay fever	293, 310
headache	290
head-on collision	20
heads	122
headstand	185, 196
hearing aid	298, 311
hearse	170
hedge	67

hedgehog	233, 254
heel	307
hem	101
hermit crab	242
hiccup	288
hide-and-seek	181
high chair	105
hill	269
hinge	88
hip	305, 314
hippopotamus	231
hoe	90
hold onto a strap	20
hole punch	109
honey	207
honeycomb	260
hood	175
hooded sweatshirt	98
hoodie	98
hoof	235
hook and loop fastener	100
hoover	81
horn	82, 236
hornet	246, 259
horseradish	218
hot-air balloon	172
house warming party	154
housebreak my dog	35, 55
housetrain	35
hum a tune	40
humidifier	133
hump	236
hydrangea	227

I

ibis	240, 257
ice cube tray	72, 128
ice pack	298
ice pop	207
iceberg	270, 282
icicle	273
illegal parking	177
in a mint condition	190
inauguration (ceremony)	157, 188
incandescent bulb	85
incense stick	85
inchworm	248
incinerator	168
incubator	105, 141
index finger	306
indicator	175
induction range	71, 128

326

infant	104
inflatable raft	182, 194
infographic	114
inherit	117
inheritance	117
injection	297
inpatient	303
instant noodles	208
instruction manual	115
insurance policy	116, 143
intersection	174
intestines	315
intravenous drip	301
ironing board	81
island	270
it	181, 194
itchy	53, 259, 294
itinerary	117

J

jack	91, 135
jaw	308, 315
jelly fish	243
job interview	157
jot down	109
jump rope	180

K

kabocha squash	213, 219
keep-warm feature	128
kennel	235
kerb	173
kerosene heater	81, 132
kettle	74, 129
key chain	103
keyring	103, 140
kick-the-can	181
killer whale	242
kindergarten	189
kitten	234
knead	204
knee	307
kneecap	307
knife	73
knock over the chair	38
knot	228, 251
knothole	251

L

ladder	86
ladle	75, 130
ladybug	247
landfill	165
landing	125
landslide	275, 283
lather	97
latitude	271, 282
launderette	161
laundromat	161
laundry detergent	95
lava	281
lawn	67, 126
lawn mower	126
lay bricks	68
lead	108
lead	234
leaf	229, 252
leaky roof	69
leap second	274
leap year	274
leapfrog	181, 194
learn by rote	34, 55
learner's permit	178, 193
leash	234, 255
Leo	279
letter box	66
lettuce	210, 216
level crossing	174
Libra	279
license plate	175
lid	138
lie on my back	26
lie on my stomach	26
lighthouse	162
lightning	272, 282
lightning conductor	69
lightning rod	69
lightning strike	277
lily	227
lint roller	83, 133
lint shaver	134
lipstick	94, 136
listen in on	33
little finger	306
lizard	249, 261
loft	64
log ride	179
lollypop	209
loofah	251
look for the key	37
look up a word in the dictionary	30
looper	248
loosen	88

327

loosen my tie	18
lottery ticket	123
lotus root	212, 219
lump	129
lung	309, 315
lung cancer	315
lung capacity	315

M

magnifying glass	113
mailbox	66
make a copy	42
mallard	238
mane	235
mantis	247, 260
marble	184
marsh	268, 281
mascara	136
mattress	102
mayonnaise	203
maze	180
meadow	268
measuring tape	101
measuring worm	248, 261
mechanical pencil	108, 142
(medical) checkup	302
medical records	298
memo pad	109
memorial service	158, 188
memory foam pillow	139
merry-go-round	179
metro	169
microscope	113
microwave (oven)	70, 127
microwave-safe	131
middle finger	306
Milky Way	278
mimic	238
mince	208
mint	163, 190
minutes	117
miss a step on the stairs	19, 47
miss a train	40
mitten	99
mobile (phone)	120
mole	232
mole	308, 315
moneybox	84
monocycle	183
morning glory	227
morning sickness	107
mortar	75, 130

mosquito	246, 259
mosquito bite	259
mosquito coil	82
moth	247, 260
mothball	260
moth-eaten	260
mouse trap	83
movie theater	164, 190
mud	275
mushroom	212, 218
mustache	307, 315

N

nail	89
nail	305, 314
nail clippers	93
nail polish	95, 137, 314
nappy	104
national anthem	184
national flag	184
needle threader	100
nest	240
new moon	274
newsstand	160
newt	249
nib	110
nod off	21
North Star	278
northern hemisphere	271, 282
Northern lights	277, 283
nosebleed	290
notice	117
nursery school	163, 189
nursing home	163
nut	88

O

observatory	112
obstetrician	302
(ocean) current	270, 282
octopus	243
ointment	299, 312
on display	155
on the blink	311
on the tip of the tongue	313
onion	211, 217
orangutan	232, 254
orchid	226, 250
oscillating fan	81
ostrich	238, 256
outpatient	303

oven mitt 76, 130
ovenproof 78, 131
overdue 145
oversleep 23, 49
overtake a truck 40
owl 239, 256

P

Pacific saury 241
pacifier 105, 141
package 121
paddle 195
paddy field 164
padlock 87
pail 95
palm 304, 313
palm tree 227
paper weight 112
paraffin heater 81
parakeet 239
paramedic 169
parasol 84
parcel 121
park a car 12, 44
parking brake 176, 192
parking lot 163, 189
parrot 238
party 159
pass 40
passbook 123, 145
passenger seat 177, 193
pastry 76, 206
pasture 268
pat me on the shoulder 34, 54
pavement 173
paw 235
paw pads 235
peach 213, 220
peacock 239, 256
pear 213, 220
peas 211, 217
pedestrian 169
pedestrian overpass 173
pedestrian zone 173
pediatrician 302
pedometer 183
pee 141
peel an apple 14
peeler 76, 130
peep 53
pelican 238, 256
peninsula 270

perforated 124
perforation 124
Persian cat 234
persimmon 213, 220
persimmon seed 220
pestle 76
petal 229, 251
petrol station 161
petting zoo 179, 193
pharmacy 160
photocopier 115
physician 302
pick me up 33, 54
pick my nose 25
pick my teeth 25, 72
pickaxe 88
pigeon 239, 257
piggy bank 84, 134
pill 299
pill bug 248, 260
pillar 65
pillow 102, 139
pillow case 139
pimple 289
pincer 245, 258
pinch my cheek 27, 51
pine cone 226, 250
pine tree 227
pinky 306
piranha 242
Pisces 280
pitch a tent 39
pitchfork 86
place mat 77
plane 90, 135
plant bed 67
plant seeds 14, 45
planter 87
plaster cast 299
plastic bag 84, 134
plastic wrap 72
platter 78, 131
platypus 231, 253
play 157, 190
play dead 40, 57
play possum 40
playing cards 184, 195
playpen 104, 140
pleat 100
pliers 89, 135
Plough 278
plug in the TV 14, 45
plug the drain in the bathtub 16, 46

329

plum blossom	227, 250
plumbing	190
pockmark	289
podium	183, 195
pole star	278
police car	171
police station	160
pollen	228, 251
polliwog	249
pond	269
pond loach	244, 258
pond skater	248
poo	141
porch	125
porcupine	233
porcupinefish	243, 258
portable gas stove	79, 131
post box	66
post code	121
post office box	121
postage	121
post-it	109
postmark	121
postmarked stamp	121
pot	73, 129
potato chips	204
potluck	158, 188
potluck dinner	158
potter's wheel	184
pottery	112, 184
potty	105, 141
pouch	236
pour some water into the glass	14
pout	33
power plant	161, 189
power pole	165
power strip	83
praise	29
pram	107
prawn	243
prefecture	271
pregnant	106, 141
premium	144
prescription	297
press conference	159
press-up	181
price tag	118
prop up the bike against the wall	21, 48
propelling pencil	108
protractor	111
provisional driver's license	178
puddle	178

puffer	243
pufferfish	243
pull over	20, 48
pull-up	182, 194
pump up a tire	87
pun	184, 196
punch ~ in the ribs	314
puppy	234, 255
push chair	107
pushpin	108
push-up	181
put a calendar on the wall	19
put away the dishes	35
put my seat up	43
put on my seat belt	21, 48
put out	91
put out a cigarette	22
put out the fire	126
put the book back	38
put together the desk	15
put up	19
put up a tent	39
pylon	168

Q

Q-tip	93
quail	238
questionnaire	114
quicksand	277
quill	110

R

raccoon	231, 253
radio telescope	112
radish	211, 218
radish sprouts	212, 219
raft	170
railroad crossing	174
raise an eyebrow	312
rake	86
rash	293, 310
rattle	106, 142
ray	243
reach out for	82
read lips	120
rear seat	193
rearview mirror	176
reception bars	120
recipe	117
recline my seat	43
red panda	232, 253

reef	162
refrigerator	70
reindeer	233, 254
remora	241
reservoir	269
résumé	114
rhinoceros	231
rhinoceros beetle	246, 259
rib	305, 314
rice ball	206
rice cooker	71, 128
rice cracker	208
rice paddle	78, 131
rice paddy	164
ring finger	306
ringtone	120
rinse my mouth out	13
rip out a page	19, 47
river mouth	268
roach bait	133
roach motel	82, 133
roach trap	82
road sign	166
rock-paper-scissors	181
roll	202, 214
roll over	17
roll up my sleeve	16, 46
roller coaster	179
rolling pin	76
roly poly	248
roof	125
root	228, 251
root vegetable	251
rose thorn	252
rub my eye	26, 50
rubber band	112
rubber fingertip	110, 142
ruins	269
ruler	109
run an errand	38
run into a bus	20, 47
run up the stairs two steps at a time	19
runny nose	293

S

safe	83
safety pin	100
safety razor	93, 136
Sagittarius	279
saliva	313
salmon roe	243, 258
sand dune	281
sandbox	180
saucepan	74, 129
saw	89
scab	315
scaffolding	166
scale	247
scales	76
scales	244
scallop	242
scar	292
scarab beetle	248
scarecrow	165
scarf	98, 139
school trip	156
scold a child	29, 51
scoop	77, 130
scorch my shirt	28
Scorpio	279
scorpion	249
scour a frying pan	29, 51
scouring pad	29
scratch	292, 294
scratch my head	32, 52
screw	88, 134
screwdriver	88, 134
scribble	115
scrub	51
scrunchie	101
scrunchy	101
sea anemone	241
sea cucumber	242
sea horse	241
sea lion	232
sea otter	231, 253
sea urchin	241, 257
seagull	239, 257
seal	232, 253
seam	102, 139
seaweed	204
seed	229, 252
seesaw	180
sesame (seeds)	203, 214
set off a firework	158
set square	109
sew ~ on a sewing machine	102
sewing machine	102
sextant	282
share a table with another customer	43
shark sucker	241
shaved ice	207
sheet	102
sheet music	116, 144

331

shell	241, 259
shin	308
Shinto	163
shiver	31
shoehorn	82
shoelace	98
shoestring	98
shoot	229, 252
shooting range	189
shooting star	273
shortcut	172
shorthand	144
shotgun wedding	154, 186
shoulder	305, 313
shovel	87
shrimp	243, 258
shrine	163
shrub	68, 126
shrug my shoulders	25
Siamese cat	234
sidewalk	173
sieve	73, 129
sigh	27
sign language	120
signal bars	120
signature	116, 143
single eyelid	312
sink	70, 127
sit cross-legged	26, 51
sit on my knees	26
sit-up	182
skeleton in the closet	128
skeleton in the cupboard	128
skid	42
skillet	73
skip a class	31
slap me across the face	34
slap my face	34
sled	183
sledge	183
sleeping bag	103
sleeping pill	299
sleeve	98, 139
slide	180
sliding door	69
sling	300
slope	178
sloth	234, 254
smokestack	171
smudge	23, 49
snail	246, 259
snap (fastener)	100
snap button	100
snap my fingers	21
sneeze	288
sniff	32, 52
snore	31
snout	236
snowflake	273
snowplow	172, 191
soap dispenser	96, 138
solar eclipse	274
sole	309
sore throat	291, 310
sour grapes	220
South Pole	282
Southern Cross	278
sow seeds	14
soy milk	217
soy sauce	202, 217
soybean	202, 211, 217
spade	87
sparrow	238
spatula	74, 75
speeding	177, 193
spill coffee	14, 45
spill the beans	219
spinach	210, 217
spit out the seeds	37, 56
splinter	294
split the bill	39, 56
sports day	156
spot	247
spot cream	289
spot-billed duck	256
sprain	290
spread butter	31
spring roll	205
squeeze the toothpaste	41
squib	184
squid	243, 258
squid ink	258
squirrel	231, 253
stag beetle	246, 259
stain	97, 138
stairs	64, 125
stamp	121
stand in line	24
staple	108
stapler	108
starfish	241
stay behind	28
steam locomotive	171
steamer	171
steering wheel	177, 193
stem	229, 252

step ladder	86
step on my foot	34
step on the brakes	34
step stool	82
stethoscope	297
sticking plaster	299
sticky note	109, 142
stiff shoulder	295
stilts	180, 194
sting	259
stink bug	247
stir the coffee	12, 44
stir up a hornet's nest	259
stirrer	44
stitch	300, 312
stomach	309, 315
stomachache	290, 310, 315
stone skipping	184
stop sign	166
storage room	162
stork	238, 256
straighten up	35
strait	270
stray dog	235
street lamp	165
streetcar	172
stretch on my tiptoes	24, 50
stretcher	297
string	91
stroller	107
strong suits	195
stub	118, 144
stud	100
stuffed toy	185, 196
stuffy nose	293
stumble	19
stump	228, 251
submit	36
subway	169, 191
suck my thumb	141
sucker	91, 243
suckerfish	241
suction cap	91
suction cup	91
sugar cube	203, 215
sugar lump	203
suits	184, 195
sun visor	176
sunburn	293
sundial	166
sunfish	242
sunflower	226
sunrise	272
sunscreen	293
sunset	272
suppository	298
surgeon	302
suspenders	99
swallow	32, 53
swallow	239, 257
swan	239, 256
swan boat	256
Swan Lake	256
sweep	29, 97
sweet fish	258
swelling	292, 310
swerve	20
swim ring	182
swim tube	182
swing	180
swordfish	241

T

tabby cat	234
table cloth	140
tablet	299
tadpole	249
tag	181, 194
tail	235
tails	122
take apart the bookcase	15
take my blood	315
take out the garbage	12
take up	39
tangerine	213, 219
tangled rope	46
tap	70
tap an egg on the table	13
tape measure	101
tapir	233
Taurus	279
taxi rank	173
taxi stand	173
tea cozy	78
tea strainer	74, 130
telegram	122, 144
telescope	112
temple	308
tentacle	244
tentacles	259
termite	247
the Antarctic	271, 282
the Arctic	282
the eye of a needle	43
the pit of the stomach	315

the runs	295
thigh	307
thimble	101
thimblette	110
thinning scissors	95, 137
thorn	230, 250, 252
thread	100
thread a needle	43
throat	304, 313
throw away old clothes	35, 55
throw up	294, 311
thumb	306, 314
thumb war	181
thumb wrestling	181
thumbtack	108
thunder	282
thunderbolt	282
tickle	307
tidal wave	276
tidy up	35
tie a bow	17
tighten	88
tin opener	72
tinfoil	72
tissue	94, 137
toad	249
toadstool	218
toddler	104
toe	304, 313
tofu	203, 214
toilet bowl	138
toilet seat	96, 138
tollgate	167, 190
tomato	210, 216
tongs	79, 131
tongue	304, 312
tongue twister	184
toolbox	135
tooth	304, 313
tooth decay	293
toothache	290
toothpick	72
top	180, 194
torch	92
tornado	276
torrential rain	272
tortoise	232
toss and turn	17
tote bag	134
tow truck	170
track	174, 192
traffic light	173, 192
traffic signal	173

tram	172
transfusion	315
transparent	131
tree rings	228, 251
trial	159
triangle	109
tricycle	183
trip over the cord	19, 47
tripod	84
trowel	90, 135
trunk	175, 192
trunk	228, 251
trunk	236
tsunami	276
tube	169
tuck my shirt in	16
tug of war	183
turn over a new leaf	252
turner	75
turnip	211, 218
turnip greens	218
turtle	232, 254
tusk	236
tweezers	301
twins	279

U

umbrella stand	80
unbutton the shirt	46
underground	169
undo my shoelaces	18
unicycle	183
unplug the TV	45
untangle the cord	18, 46
upstairs	125
utility pole	165

V

vacuum cleaner	81, 132
vacuum the carpet	28
valley	269
vapor trail	174
vase	82, 133
vein	315
Velcro	100, 139
vending machine	164
vice	89
vinegar	202
Virgo	279
vise	89
volcano	268, 281

vomit 294
vote 159

W

wag its tail 22
walk my dog 22
wall outlet 66
wall socket 66
wallet 103
walnut 226, 250
walrus 232
ward 303
warehouse 162
washing machine 95, 137
washing powder 95, 137
wasp 246
wastebasket 80
wastepaper basket 80
water bill 123, 145
water flea 249
water fountain 168
water main 167, 190
water polo 183
water slide 179
water strider 248
waterfall 269
watering can 87
watermark 124
watermelon 213, 220
wave at me 32
wear a T-shirt back to front 17
wear a T-shirt inside out 17, 46
weather forecast 273, 282
weather map 273
weather report 273
weather vane 68
weathercock 68
web 248, 261
webbed feet 237
wedding reception 154
weed 229, 252
wet wipe 96
whale shark 242
wheat 202
wheelbarrow 86
wheelchair 301, 312
whirlpool 274, 283
whirlwind 276
whisk 77
whiskers 235
whisper in my ear 27
whistle 33, 53

whiteout 110
wild boar 233
wild goose chase 256
will 117
willow 228, 251
wind turbine 167
windmill 167
window screen 66
windowsill 66, 126
windshield 175
wing 240, 257
wisdom tooth 313
with tongue in cheek 313
wok 79
woodpecker 240, 257
woods 269
work gloves 91, 135
workshop 159
worm 247, 260
wrecker 170
wrecking bar 90
wring out the towel 15, 45
wrinkle 305, 314
wrist 308
write down the address 37

Y

yawn 288

Z

zebra 231, 253
zebra crossing 169
zip code 121

著者略歴

石井辰哉(いしい・たつや)【著】
TOEIC・TOEFL・英検専門校TIPS English Qualificationsを滋賀県に設立。半年間の語学留学でTOEIC 500点強から900点まで伸ばした経験を生かし、驚異的なスピードで受講生のスコアをアップさせている。計2年近くにわたるイギリス語学留学で、現地の日常生活に触れたことから、単なる知識の習得ではなく、「使える」英語の習得を信条としている。日本各地から新幹線やマンスリーマンションを利用して通学するなど、熱心な受講生が多い。
著書に『イラストだから覚えられる 日常生活や仕事で使う英単語1200』『TOEIC® L&Rテスト新形式スピード攻略』(クロスメディア・ランゲージ)、『TOEIC® TEST文法完全攻略』(明日香出版社)など多数。ウェブサイト: https://www.tip-s.jp/

カミムラ晋作(かみむら・しんさく)【絵】
漫画家。2005年『サイカチ〜真夏の昆虫格闘記』で週刊少年チャンピオンにて連載デビュー。代表作に『ベクター・ケースファイル〜稲穂の昆虫記』。2015年より、コミックウォーカーで『おとうふ次元』連載。

イラストだから覚えられる
会話で必ず使う英単語1100

2016年 5月11日 第 1刷発行
2024年11月20日 第15刷発行

著者	石井辰哉
発行者	小野田幸子
発行	株式会社クロスメディア・ランゲージ
	〒151-0051 東京都渋谷区千駄ヶ谷四丁目20番3号
	東栄神宮外苑ビル　http://www.cm-language.co.jp
	■本の内容に関するお問い合わせ先
	TEL (03)6804-2775　FAX (03)5413-3141
発売	株式会社インプレス
	〒101-0051 東京都千代田区神田神保町一丁目105番地
	■乱丁本・落丁本などのお問い合わせ先
	FAX (03)6837-5023　service@impress.co.jp
	古書店で購入されたものについてはお取り替えできません。

カバーデザイン	竹内雄二	印刷・製本	中央精版印刷株式会社
本文デザイン・DTP	木戸麻実	ISBN 978-4-8443-7477-0 C2082	
編集協力	出田恵史、余田志保、白石智寛	©Tatsuya Ishii 2016	
英文校閲	David de Pury, Colleen Sheils	Printed in Japan	
ナレーション	Carolyn Miller, 原田桃子		

■本書のコピー、スキャン、デジタル化等の無断複製は、著作権法上での例外を除き禁じられています。本書を代行業者等の第三者に依頼して複製することは、たとえ個人や家庭内での利用であっても、著作権上認められておりません。
■乱丁本・落丁本はお手数ですがインプレスカスタマーセンターまでお送りください。送料弊社負担にてお取り替えさせていただきます。